中国与印度尼西亚人文交流发展报告

发展报告

(2023)

华中师范大学中印尼人文交流研究中心

主　编／韦　红　刘明周

副主编／陈　菲

社会科学文献出版社
SOCIAL SCIENCES ACADEMIC PRESS (CHINA)

本书受华中师范大学政治学一流学科建设经费资助

特致谢忱

华中师范大学政治学一流学科建设成果文库
总编委会

中国与印度尼西亚人文交流发展报告（2023）
编委会

主要编撰者简介

韦　红　1964 年 10 月生，华中师范大学政治与国际关系学院教授，博士生导师，华中师范大学中印尼人文交流研究中心主任，中国国际关系学会常务理事，中国东南亚研究会理事。主要研究方向为东南亚地区国际关系、当代东南亚问题。曾主持"总体国家安全观下的中国东南周边地区安全机制构建""中国参与国际体系变革进程""亚太地区救灾合作机制建设对策""东南亚城市化与乡村发展研究"等多项国家社科基金重大、重点课题。出版《东南亚五国民族问题研究》《地区主义视野下的中国—东盟合作研究》《东南亚国家城市化与乡村发展研究》《新加坡精神》等多部著作，主编《中国与印度尼西亚人文交流发展报告》（2019）（2020）（2021）、《印度尼西亚国情报告》等。在《当代亚太》《国际问题研究》《现代国际关系》《东南亚研究》等刊物上发表论文 60 多篇。

刘明周　1980 年 6 月生，华中师范大学政治与国际关系学院暨中印尼人文交流研究中心教授，博士生导师。主要研究方向为英国殖民与外交、印尼政治与外交、海洋政治等。主持多项国家社科基金项目、教育部人文社科基金项目，参与多项国家社科基金重大项目、教育部重大攻关项目。出版专著《英帝国的终结》《国家形象建构比较研究——以中英在非洲殖民主义指责下形象塑造为例》，翻译世界历史文库系列《大西洋史》，参与著述《英帝国的衰落》（第二作者）、《英国通史》第四卷（第三作者）、《世界主要国家安全体制机制研究》（统筹英国部分）、《印度尼西亚国情报告》（负责政治部分）等。《中国与印度尼西亚人文交流发展报告》（2019）（2020）（2021）副主编。在《世界历史》《北京大学学报》等刊物上发表多篇文章。

陈　菲　1981年4月生，华中师范大学政治与国际关系学院副教授，硕士生导师。华中师范大学中印尼人文交流研究中心副主任。主要研究方向为国际关系理论、"一带一路"、大数据与国家安全研究、印尼政治与外交等。主持多项教育部人文社科基金项目，参与多项教育部重大攻关项目。参与著述《中国与印度尼西亚人文交流发展报告》（2019）（2020）（2021）、《世界主要国家安全体制机制研究》（统筹印度部分）、《印度尼西亚国情报告》（负责中印尼关系部分）等。在《世界经济与政治》《国际观察》《国际展望》《欧洲研究》《西亚非洲》《拉丁美洲研究》等刊物上发表多篇文章。

目　录

Ⅰ　总报告

Ⅱ　分报告

Ⅲ 专题篇

Ⅳ 附 录

总 报 告

2022年中国与印度尼西亚人文交流
新进展、问题及展望

张 辰 韦 红*

摘 要： 2022年新冠疫情的影响仍在持续，但中国和印度尼西亚在人文交流方面依然保持着高水平互动，为后疫情时代两国关系的长远健康发展奠定了良好基础。一年来，两国教育、文体、科技等交流合作全方位深化，旅游、卫生、减贫及各项民生事业持续推进。但人文交流还需精耕细作。两国应以问题和目标为导向，携手提升人文交流质量，抓实抓细人文交流工作，持续发挥教育的孵化作用；改进人文交流策略，增强两国互信和国际舆论引导力；以科技合作多元化供给促进人文交流多主体参与，创新文化、体育和旅游互动形式，拓展海洋人文交流，推动中印尼人文交流高质量发展。

---

* 张辰，华中师范大学政治与国际关系学院博士研究生；韦红，华中师范大学政治与国际关系学院教授，博士生导师，中印尼人文交流研究中心主任。

关键词： 中国 印度尼西亚 人文交流 高质量发展

中国和印度尼西亚拥有丰富的人文资源，两国开展人文交流有着坚实的社会基础和深厚的历史文化渊源。2022年尽管新冠疫情的影响仍在持续，但两国人文交流的热情不减。一年以来，中国和印度尼西亚相互支持、互学互鉴，两国元首、政府和人民为深化双边关系、巩固传统友谊、增进人民福祉付出了巨大努力，人文交流各领域均取得了积极进展。不断深入的中印尼人文交流为两国关系发展注入更多的稳定性和正能量，为推动中印尼命运共同体建设贡献了重要力量。

一 中国与印度尼西亚人文交流新进展

中国和印度尼西亚的人文交流逐年密切，2022年两国在教育、文化、体育、科技、卫生、旅游等方面继续保持友好交往，交往内容不断丰富，层次不断深入，形式不断更新，两国人文交流硕果累累。

（一）教育合作全方位深化，线上教育开启新局面

1. 海外孔子学院多方面发挥带头作用

孔子学院一直是中国与印尼人文交流的重要桥梁，是对外传播中华优秀文化的主要窗口。2022年尽管受到新冠疫情影响，印尼高校孔子学院依然以线上和线下结合的方式安排了密集的文化和学术交流活动，其中印尼三一一大学孔子学院表现亮眼。2022年1月8日，印尼三一一大学孔子学院联合韩国延世大学孔子学院、延世大学中国研究院举办了"巴蜀文旅国际大讲堂"活动第一期"走进天府名县阆中"在线讲座，使印尼等多国学子增加了对中国地方文化的认识。[①] 3月22日，印尼三一一大学中文与中国文化

---

① 《印尼与韩国孔子学院联合举办"巴蜀文旅国际大讲堂"系列讲座》，人民网，2022年1月9日，http://m.people.cn/n4/0/2022/0109/c23-15386758_1.html。

系成立，中国驻泗水总领事顾景奇线上出席揭牌仪式。① 5月13日，"孔子学院在'一带一路'倡议中的角色"院长国际论坛在印尼三一一大学孔子学院举办。② 9月28日，印尼三一一大学孔子学院举办了"中国一日"体验活动，让印尼师生从学、娱、衣、食等方面完整体验中华文化。③ 10月26日，印尼独立校园教育文化交流系列活动在印尼丹戎布拉大学举行，印尼丹戎布拉大学孔子学院助力印尼独立校园教育文化交流模式创新，推进中印尼教育文化双向交流合作模式创新发展，印尼教育部部长等高层官员出席。④ 10月27日，印尼三一一大学孔子学院举办"促进中印尼命运共同体建设"国际研讨会，中印尼近200名师生参加会议。⑤ 11月2日，印尼阿拉扎大学孔子学院举办阿拉扎院海信基金捐赠仪式，此类基金项目助力印尼中文教育工作的推广，有效帮助印尼本土家庭困难学生实现求学梦，是孔子学院成立以来首次获得企业的赞助支持。⑥ 在孔子学院的沟通和支持下，中国优秀文化得以在印尼青年群体中快速传播，这有助于两国青年交流项目的展开和未来两国关系的长远发展。

2. 两国高校与科研机构积极对接官方合作战略

高等教育和科研合作方面，中国高校积极落实和推进两国官方双边合作项目，对接"两国双园"，为中印尼合作培养短缺人才。2022年1月17日，印度尼西亚驻华大使周浩黎"大连外国语大学荣誉教授"头衔授予仪式在中国—东盟中心成功举办。此次特聘将有效推动大连外国语大学新专业建

---

① 《西华大学与印尼三一一大学共建中文与中国文化系》，人民网，2022年3月23日，http://world.people.com.cn/n1/2022/0323/c1002-32381647.html。

② 《"孔子学院在'一带一路'倡议中的角色"院长国际论坛举行》，西华大学官网，2022年5月13日，http://www.xhu.edu.cn/ba/15/c17a178709/page.htm。

③ 《印尼三一一大学孔子学院举办"中国一日"体验活动》，中国新闻网，2022年9月28日，https://www.chinanews.com.cn/gj/2022/09-28/9863026.shtml。

④ 《中国孔院助力印尼独立校园教育文化交流模式创新》，人民网，2022年10月27日，http://world.people.com.cn/n1/2022/1027/c1002-32553261.html。

⑤ 《印尼孔子学院举办"促进中印尼命运共同体建设"国际研讨会》，中国新闻网，2022年10月27日，https://www.chinanews.com.cn/gj/2022/10-27/9881465.shtml。

⑥ 《印尼阿拉扎大学孔子学院设立阿拉扎孔院海信基金》，人民网，2022年11月3日，http://world.people.com.cn/n1/2022/1103/c1002-32557858.html。

设、来华留学生招生、科研国际交流，推动其与印尼各方开展更为深入的交流合作，进一步加速大连外国语大学国际化进程，促进中国印尼高等教育合作。① 印尼科研院所积极参与中国发起的智库建设项目，在 2022 年 4 月 21 日举行的博鳌亚洲论坛 2022 年年会"全球自由贸易港发展论坛"上，海南自由贸易港—东盟智库联盟正式成立，印尼战略与国际问题研究中心、中国（海南）改革发展研究院等 9 个亚洲国家的 17 个智库和相关学者共同参与，为促进区域各国战略对接、政策协同、经验互鉴提供平台。② 4 月 22 日，由印尼茂物农业大学、印尼 IPMI 国际商学院与福建技术师范学院联合共建的"福建省—印尼海洋食品联合研发中心"在福建省福清市揭牌成立，印度尼西亚驻华使馆公使衔参赞苏亚德表示期待联合研发中心发挥重要作用，加强教育、联合研究领域的合作，为印尼、中国两国的未来合作开辟更广阔的空间。③ 9 月 14 日，福建技术师范学院中印尼产业合作研究中心正式揭牌，该中心将主动提供咨询服务，开展科研合作，为中印尼关系长期健康稳定发展搭建桥梁。此外，福建技术师范学院还依靠区位优势开设印尼语课程，与多所印尼高校签订合作协议，积极引进多名印尼籍食品专业博士和语言教育人才，初步搭建起该校与印尼合作的多元框架。④

两国高校和科研机构就全球治理、南南合作和各自感兴趣的热点议题多次展开探讨。11 月 8 日，由环球网和中国驻印度尼西亚大使馆主办的中国—印尼"Z 世代"对话专场活动在线上和线下同时举办。中印尼两国青年代表就"全球卫生治理、亚洲共同发展、数字化转型、能源转型"四个议

---

① 《周浩黎大使荣誉教授授予仪式成功举办》，中国—东盟中心官网，2022 年 1 月 17 日，http：//www.asean-china-center.org/news/xwdt/2022-01/9605.html。

② 《海南自由贸易港—东盟智库联盟正式成立》，中国政府网，2022 年 4 月 22 日，http：//www.gov.cn/xinwen/2022-04/22/content_5686593.htm。

③ 《福建与东盟高校共建海洋食品联合研发中心 助推"一带一路"科技交流合作》，中华人民共和国商务部官网，2022 年 4 月 27 日，http：//fec.mofcom.gov.cn/article/fwydyl/zgzx/202204/20220403307727.shtml。

④ 《福建技术师范学院举行中印尼产业合作研究中心揭牌暨总顾问敦聘仪式》，福建省教育厅官网，2022 年 9 月 20 日，http：//jyt.fujian.gov.cn/jyyw/xx/202209/t20220920_5996418.htm。

题展开讨论。① 11 月 15 日，2022 中印尼人文交流发展论坛以线上线下结合方式在中国华中师范大学成功举办，论坛以"共享治理经验 共谋合作发展"为主题，两国专家学者围绕双方共同关心的扶贫减贫、城乡基层治理、疫情防控与基层卫生治理、数字经济与数字治理、高校及智库交流合作、产学研合作等议题进行了深入务实的交流研讨。截至 2022 年，该论坛已连续举办四届，逐步成为中印尼人文交流品牌平台。② 11 月 19 日，印尼最高检察院助理总检察长 Mr. Bambang Sugeng Rukmono 为因疫情推迟赴华留学的检察官举行了欢送仪式和座谈，目的地高校包括华中师范大学等，他希望各位青年检察官努力学习，尽快提高各方面的能力，带动整体印尼人力资源素质的提升，同时树立良好的印尼检察官形象，回国后为印尼国家建设和发展贡献青年检察官的力量。③ 11 月 30 日，由中国河北师范大学与印尼玛拉拿达基督教大学共同主办、玛拉拿达基督教大学孔子学院承办的第五届"万隆精神"论坛在印尼万隆市落下帷幕。论坛以"教育、科技和经济行业的数字化转型"为主题，来自中印尼两国教育、科技、商业领域的专家学者与社会人士代表 150 余人参加论坛。④ 两国开展的丰富的论坛和对话活动进一步推动了双方的互学互鉴，探索出一条以教育合作增进民心相通以及服务社会经济发展的有效渠道，同时也为官方合作拓展了思路、贡献了智慧。

3. 职业教育与技能培训合作内容推陈出新

中印尼职业教育新的合作模式、合作领域不断涌现，合作更加贴近现实需要。7 月 20 日，首届中国（广西）—东南亚国际新能源汽车高质量发展

---

① 《中国—印尼"Z世代"对话专场举行，聚焦亚洲共同关切》，中华人民共和国国家国际发展合作署官网，2022 年 11 月 15 日，http://www.cidca.gov.cn/2022-11/15/c_1211701193.htm。

② 《2022 中印尼人文交流发展论坛成功举办》，教育部中外人文交流中心官网，2022 年 11 月 18 日，http://ppe.ccipe.edu.cn/info/1003/2570.htm。

③ 《潮平两岸阔风正一帆悬——中印尼教育合作又结硕果》，《国际日报》2022 年 11 月 22 日，第 A3 版。

④ 《我校与印尼玛拉拿达基督教大学共同举办第五届"万隆精神"论坛》，河北师范大学官网，2022 年 11 月 30 日，https://news.hebtu.edu.cn/a/2022/11/30/58C73AE1E6374F5E8B99EEE2215C6CB7.html。

研讨会在广西柳州市举行，泰国、越南、老挝、印度尼西亚等国专家进行了研讨。印度尼西亚汽车行业专家阿里夫·帕玛达纳指出，印尼政府一如既往地推行汽车电气化计划，将选派印尼学生前往中国学习相关技术，促进印尼当地汽车产业发展。① 2022 年 8 月 10 日，柳州职业技术学院（柳职院）、广西柳工机械股份有限公司（柳工）在中国教育国际交流协会、印尼驻华大使馆和印尼文教部的支持下与印尼雅加达州立理工学院正式签约。柳工印尼公司将负责为学生提供实习、就业岗位和教学设备；雅加达州立理工学院负责提供 1000 平方米场地、基础教学设施设备和优秀师资；柳职院负责输出标准，与柳工合作开展教师与学生培训认证，将共建"柳工—柳职院全球客户体验中心印尼分中心"和"柳工—柳职院印尼国际工匠学院"。② 2022年 8 月 25 日，在 2022 中国—东盟教育交流周"全球数字化转型背景下职业教育的共建共享研讨会"上，印度尼西亚雅加达华文教育协调机构主席蔡昌杰以黎明（印尼）海丝学院为范例，详细介绍了中国职业院校与印尼之间的政侨校教育教学合作模式，为中国与东盟国家之间的教育交流合作提供经验参考。③ 未来的中印尼职业教育合作将更有效地对接现实需求。

中文教育依旧是中印尼技能培训中的重要板块，2022 年保持着良好发展态势。6 月，湖南科技职业学院为龙目基督真理学校提供的"汉语拼音培训"开班，这是中外合作办学的又一重要实践，推动了当地中文教育事业，为培育中印尼两国友好使者增添了新动力。④ 印尼警察学院重视警察中文技能掌握，8 月 3 日，印尼阿拉扎大学孔子学院为该院印尼警察学院教学点学员举办结业仪式，来自印尼全国各地的 20 位优秀警察学员参加，两院此前

---

① 《中国校企携手东南亚共探新能源汽车国际化人才培养》，《国际日报》2022 年 7 月 21 日，第 A3 版。

② 《再到一国：柳工—柳职院印尼国际工匠学院正式签约》，柳州职业技术学院汽车工程学院官网，2022 年 8 月 23 日，http://qcx.lzzy.edu.cn/sxjd/content_74092。

③ 《2022 中国—东盟教育交流周蔡昌杰在主旨发言中介绍印尼地方政府与中国高职院校合作模式》，《国际日报》2022 年 8 月 31 日，第 A6 版。

④ 《朱兴龙总领事出席龙目基督真理学校"汉语拼音培训"开班式》，中华人民共和国驻登巴萨总领事馆官网，2022 年 6 月 28 日，http://denpasar.china-consulate.gov.cn/zyhd/202210/t20221007_10777824.htm。

开展了中文学习与培训合作。① 11 月 19 日，印尼阿拉扎大学孔子学院为中国·印尼聚龙农业产业合作区 60 名印尼籍员工开设中文水平培训班，此次中文培训提高了企业员工的中文水平，促进了公司人员之间的有效沟通。② 2022 印尼"中文+职业技能"本土师资培训在线上举办，来自印尼 100 多所职业院校的 887 名学员进行了为期 9 天的线上培训，印尼文教部为完成培训的学员授予学分，学员们既领略了中国文化的魅力、拓展了国际视野，也增进了对中国日新月异发展的了解。③ 此外，印尼首届全国中学校长及本土中文教师论坛也成功举办，来自印尼全国 81 所中学的校长代表和本土中文教师代表 100 多人现场参与活动。④ 推广中文教育并达成"中文+"模式效果是今后中印尼教育合作的重要趋势和亮点。

4. 在线教育开启教育合作新局面

两国深化教育资源共享，开启在线高等教育合作新篇章。2022 年 2 月 24 日，应印尼国家在线教育平台印尼网络教育学院的邀请，在世界慕课与在线教育联盟秘书处推动下，由中国清华大学研发的中文慕课——学堂在线与印尼网络教育学院大规模开放式在线教育合作协议签约仪式成功举办。⑤ 学堂在线携手中国 18 所高校，以捐赠的方式为印尼提供 60 门英文授课或包含英文字幕的高水平慕课，用于印尼高校学生进行在线学习并获得学分。此次签约标志着学堂在线与印尼国家在线教育平台正式达成合作，具有里程碑式意义，表明中国和印尼这两个亚太地区高等教育大国在优质高等教育资源的合作与共享方面迈出了坚实的一步。

---

① 《印尼警察踊跃到孔子学院学中文》，中国新闻网，2022 年 8 月 4 日，https://www.chinanews.com.cn/hr/2022/08-04/9819429.shtml。

② 《印尼阿拉扎大学孔子学院为聚龙集团印尼区域员工开设汉语水平培训班》，《国际日报》2022 年 11 月 22 日，第 A3 版。

③ 《"中文+职业技能"助力未来之路》，人民网，2022 年 4 月 8 日，http://edu.people.com.cn/n1/2022/0408/c1053-32394027.html。

④ 《印尼举行首届全国中学校长及本土汉语教师论坛》，人民网，2022 年 6 月 30 日，http://world.people.com.cn/n1/2022/0630/c1002-32461185.html。

⑤ 《大规模开放式在线教育合作协议签约仪式在线举行》，新华网，2022 年 2 月 24 日，http://education.news.cn/2022-02/24/c_1211586149.htm。

（二）文体活动精彩纷呈，青年交流形式多样

传统节日、纪念日及各类庆祝活动为中国和印尼保持友好交流提供了重要契机。2022年春节期间，两国人民举办了各种各样的庆祝活动，深化了彼此友谊。2022年1月22日，中国—印尼少年新春"云联欢"活动在重庆市渝北区青少年活动中心举行，来自印尼的小朋友首次通过网络互动参与中国的联欢活动。① 2月1日，印尼棉兰领区政要发来视频，祝福中国人民和印尼华人春节快乐，祝愿中印尼友好关系不断深化。② 中国驻登巴萨总领馆也组织了相关庆祝活动。4月20日，由中国驻印尼使馆和阿拉扎大学孔子学院联合主办的"国际中文日"庆祝活动在阿拉扎大学举行，中国驻印尼大使陆慷出席。③ 中方积极参与印尼相关节日活动，4月开斋节前夕，中国驻印尼使馆与印尼最大的穆斯林群众组织伊斯兰教士联合会安梭青年团以线上线下结合方式联合举办共同开斋暨慈善捐助活动。④ 中国驻泗水总领馆也向泗水印尼哈夷郑和基金会捐赠500个斋月爱心包裹。⑤ 中国有关使领馆已连续多年同当地组织举行共同开斋、慈善捐助等活动，希望印尼民众幸福安度佳节，同时促进相互认识和理解，为两国关系发展奠定坚实民意基础。2022年6月，印尼阿拉扎大学孔子学院同中国福建师范大学举办线上庆端午主题活动，增加印尼学生对中华文化的了解与认识，促进两国文

---

① 《中国—印尼少年新春"云联欢"活动在渝北举行》，渝北网，2022年1月25日，http://www.cqybq.gov.cn/ybw_content/2022-01/25/content_10297755.htm。

② 《领区政要通过视频表达春节祝福》，中华人民共和国驻棉兰总领事馆官网，2022年2月1日，http://medan.china-consulate.gov.cn/chn/zlgxw/202202/t20220201_10638108.htm。

③ 《中国驻印尼使馆举办"国际中文日"庆祝活动》，中华人民共和国驻印度尼西亚大使馆官网，2022年4月20日，http://id.china-embassy.gov.cn/sgyw/202211/t20221102_10797060.htm。

④ 《驻印尼使馆同印尼伊斯兰教士联合会安梭青年团联合举办共同开斋暨慈善捐助活动》，中华人民共和国驻印度尼西亚大使馆官网，2022年4月24日，http://id.china-embassy.gov.cn/sgyw/202211/t20221102_10797063.htm。

⑤ 《中国驻泗水总领馆向领区宗教组织捐赠斋月爱心包》，中华人民共和国驻泗水总领事馆官网，2022年5月3日，http://surabaya.china-consulate.gov.cn/xw/202205/t20220503_10681277.htm。

化交流。① 8月27日，"汉语桥"俱乐部雅加达站和印尼雅加达华文教育协调机构举办"喜迎中秋"中华文化体验活动，近200名印尼华文教育界人士、大中学生和家长参加。② 9月10日，印尼丹戎布拉大学孔子学院在该大学汉语言中心举办了主题为"悠悠月饼香，浓浓家国情"的中秋节活动。③ 9月11日，世界泉州青年联谊会印尼分会暨印尼泉州青年商会一行人到西爪哇省茂物县乡下一家儿童福利院捐赠爱心物资，该会展现了新华侨社团良好形象，让中华民族助残济困、互助友爱的传统美德在印尼传承和发扬。④

体育、竞赛活动也成为两国深化沟通的重要平台，相关活动在疫情下的举办更加凸显两国友谊弥足珍贵。在2022年北京冬奥会期间，北京冬奥会开幕式获印尼媒体点赞，《印尼新报》称赞北京冬奥会口号"一起向未来"是态度，是倡议，更是行动方案，表达了世界携手走向美好未来的共同愿望。⑤ 印度尼西亚三一一大学孔子学院也举办了"庆春节 迎冬奥"文化活动，副校长夏启丹希望孔子学院继续发挥好沟通印尼与中国文化的桥梁作用，推动两国民心相通，并祝愿北京冬奥会成功举办。⑥ 6月，中国驻印尼大使陆慷出席"汉语桥"世界中文比赛印尼赛区总决赛颁奖典礼，在致辞中表示希望印尼青年学生努力成为促进中印尼两国民相亲、心相通的友好使

---

① 《印尼孔子学院举办线上庆端午主题活动》，人民网，2022年6月2日，http：//world. people. com. cn/n1/2022/0602/c1002-32437373. html。

② 《"汉语桥"俱乐部雅加达站举办"迎中秋"活动》，中国新闻网，2022年8月27日，https：//www. chinanews. com. cn/hr/2022/08-27/9838368. shtml。

③ 《印尼丹戎布拉大学孔子学院师生共庆中秋》，中华人民共和国国务院新闻办公室官网，2022年9月13日，http：//www. scio. gov. cn/31773/35507/35514/35522/Document/1730251/1730251. htm。

④ 《印尼新华侨社团"情暖中秋"爱心捐赠当地儿童福利院》，中国新闻网，2022年9月11日，https：//www. chinanews. com. cn/gj/2022/09-11/9850345. shtml。

⑤ 《多国媒体点赞北京冬奥会开幕式：向世界传递团结与合作的讯息》，光明网，2022年2月7日，https：//m. gmw. cn/2022-02/07/content_1302792697. htm。

⑥ 《印尼三一一大学孔子学院举办"庆春节 迎冬奥"文化活动》，人民网，2022年2月3日，http：//world. people. com. cn/n1/2022/0203/c1002-32345054. html。

者，为中印尼人民的世代友好贡献才智和力量。[1] 7 月 24 日，由印尼雅加达华文教育协调机构承办的 2022 年"文化中国·水立方杯"中文歌曲大赛印尼赛区总决赛在雅加达莱佛士学校 PI 校区顺利举行，体现了中文学习在印尼形式的多样化。[2] 10 月，以"共建中印尼命运共同体"为主题的"你好，中国！"短视频大赛落下帷幕，来自印尼各地的朋友们积极通过纪录片、故事片、音乐片、动画等多种形式，分享中印尼传统友好、经贸合作、人文交流的暖心故事。[3] 10 月 23 日，由印尼阿拉扎大学孔子学院和印尼书法家协会联合主办的"2022 传承书法——全国书法比赛决赛仪式暨书法展览"在印尼阿拉扎大学礼堂举行。[4] 11 月 12 日，印尼"学中文·走进汉语桥"线上活动顺利举行，来自印尼各地的近 400 名师生相聚云端，共研共学。[5] 11 月 19 日，"2022 中印尼文化艺术交流"中国区选拔赛在深圳盛大启动，印尼驻华大使周浩黎亲自发送视频表示祝贺。文化艺术活动是深化中印尼两国友谊的重要平台，助力中印尼关系行稳致远。[6]

此外，为加强中外青少年文化交流，展示中华传统文化魅力，两国在青少年阶段就开始注重两国学生人文情怀的培养，高校和行业协会负责搭台。2022 年 2 月 15 日，汉语桥线上团组项目"遇见中国，心动广西"桂林营在广西桂林旅游学院开营，来自印尼特里莎克蒂旅游学院的 147 名师生参加活

---

[1] 《陆慷大使出席"汉语桥"世界中文比赛印尼赛区总决赛颁奖典礼》，中华人民共和国驻印度尼西亚大使馆官网，2022 年 6 月 24 日，http：//id. china－embassy. gov. cn/sgyw/202211/t20221102_10797099. htm。

[2] 《2022 年"水立方杯"中文歌曲大赛印尼赛区总决赛收官》，人民网，2022 年 7 月 25 日，http：//world. people. com. cn/n1/2022/0725/c1002-32484758. html。

[3] 《陆慷大使出席第三届"你好，中国！"短视频大赛在线颁奖仪式》，中华人民共和国驻印度尼西亚大使馆官网，2022 年 10 月 15 日，http：//id. china－embassy. gov. cn/chn/sgsd/202210/t20221015_10784192. htm。

[4] 《印尼 2022 全国书法比赛在阿拉扎大学举行》，人民网，2022 年 10 月 23 日，http：//world. people. com. cn/n1/2022/1023/c1002-32549981. html。

[5] 《印尼举办"学中文·走进汉语桥"活动》，人民网，2022 年 11 月 13 日，http：//world. people. com. cn/n1/2022/1113/c1002-32565053. html。

[6] 《印尼驻华大使视频祝贺"2022 中印尼文化艺术交流"中国区选拔赛盛大启动》，《国际日报》2022 年 11 月 22 日，第 A3 版。

动,此次活动旨在增进海外青少年对中国语言文化的了解,加强友好往来,搭建中外文化交流桥梁。① 9 月 4 日,黎明职业大学携手印尼雅加达华文教育协调机构、峇淡世界大学、峇淡慈蓉初中举行中印尼青少年"庆中秋,话团圆"线上交流活动,170 余名印尼华文教育界人士、大中学生相聚云端,共庆中秋佳节。② 11 月 30 日,中国科协青少年科技中心发起的"一带一路"海外工程科普营雅万高铁分营开营,帮助参营的印尼青少年学生增进对中国海外建设工程的认知与理解。③

2022 年中国优秀影视作品、图书在海外的传播实现新突破,帮助世界更好了解中国。11 月 7 日,"2022 视听中国·优秀视听节目印尼展播活动"在雅加达启动,两国影视制作和传播机构的代表达成了《山海情》《三十而已》等中国影视作品在印尼的落地播出合作意向。④ 影视剧《在一起》《山海情》《理想照耀中国》《大浪淘沙》纷纷在海外各媒体上播出,《在一起》仅在 YouTube 上的累计观看次数即超过 887 万次;《山海情》在 YouTube 首集上线 2 天后点击量超过 80 万次,上线两周后总播放时长超过 250 万小时。⑤ 包括印尼语在内的多版本译作正陆续登陆各大平台,获得了海外观众的广泛肯定,刷新国际社会对中国主旋律电视剧的观感,实现了中国电视剧海外传播新突破。中国主旋律书籍也深受印尼读者欢迎,11 月 9 日,印度尼西亚国际书展在雅加达会展中心开幕,一批当代中国优秀图书亮相"阅读中国"展区,《习近平谈治国理政》《习近平总书记教育重要论述讲义》等优秀图书深入介绍了习近平新时代中国特色社会主义思想,成为此次中国

---

① 《逾百名印尼师生相聚"汉语桥"云游广西 体验非遗文化特色》,中国新闻网,2022 年 2 月 15 日,https://www.chinanews.com.cn/gn/2022-02-15/9676952.shtml。
② 《黎大举行中印尼青少年"庆中秋,话团圆"线上文化体验活动》,《国际日报》2022 年 9 月 7 日,第 A3 版。
③ 《中国科协"一带一路"海外工程科普营雅万高铁分营在印尼开营》,中国新闻网,2022 年 12 月 1 日,https://www.chinanews.com.cn/gn/2022-12-01/9906606.shtml。
④ 《2022 视听中国·优秀视听节目印尼展播活动在雅加达启动》,新华网,2022 年 11 月 7 日,http://www.news.cn/2022-11/07/c_1129109474.htm。
⑤ 《主旋律题材成影视剧出海新亮点》,光明网,2022 年 5 月 11 日,https://news.gmw.cn/2022-05/11/content_35725226.htm。

展区的最大亮点，获得海外读者广泛关注。①

（三）卫生和减贫事业持续推进，民意和社会基础不断夯实

中国与印尼以携手抗疫为代表的卫生领域合作不断增加并继续扩展疫苗合作。中国是向印尼提供新冠疫苗最多的国家之一。2022 年 3 月，康希诺生物重组新型冠状病毒疫苗获得印度尼西亚药品食品监督管理局（BPOM）批准，将作为新冠灭活疫苗的序贯加强针使用；② 国药集团生产的新冠灭活疫苗也在印尼获批，将作为序贯加强针使用。同样在 3 月，中建四局印尼代表处向 WHO Sehat（印尼 Covid-19 疫苗接种社会运动）捐赠了 100 条印尼盾，用于支持 WHO Sehat 在当地开展疫苗接种活动，希望借此进一步加强属地交流与合作，为当地建设贡献智慧与力量。③ 2022 年 7 月 26 日，中国国家主席习近平在北京钓鱼台国宾馆同印度尼西亚总统佐科举行会谈，表示将继续全力支持印尼建设区域疫苗生产中心，密切公共卫生合作。④ 9 月 29 日，印度尼西亚药品食品监督管理局宣布，授予中国新型冠状病毒 mRNA 疫苗紧急使用授权，再次凸显中印尼两国互信提升。⑤ 11 月 10 日，中国海军"和平方舟"号医院船访问印尼，为当地民众提供免费医疗服务，与当地医院开展医学交流，收获一致好评。⑥

中国积极转变方式，从单纯的物资、资金援助拓展至平台共建和技术合作等方面，援助与合作相结合的方式成为后疫情时代两国卫生领域合作的新

---

① 《中国精品图书亮相印度尼西亚国际书展》，人民网，2022 年 11 月 10 日，http：//world. people. com. cn/n1/2022/1110/c1002-32563029. html。

② 《康希诺生物新冠疫苗在印度尼西亚获批序贯加强接种》，康希诺生物官网，2022 年 3 月，https：//www. cansinotech. com. cn/html/1///179/180/1471. html。

③ 《"疫"路并肩！中建四局印尼代表处助力海外新冠疫苗接种》，中建四局网站，2022 年 4 月 20 日，https：//4bur. cscec. com/xwzx/gsyw/202204/3510964. html。

④ 《习近平同印度尼西亚总统佐科会谈》，中华人民共和国商务部官网，2022 年 7 月 26 日，http：//www. mofcom. gov. cn/article/syxwfb/202207/20220703336156. shtml。

⑤ 《我国首款 mRNA 新冠疫苗在印尼获准使用》，人民网，2022 年 9 月 29 日，http：//world. people. com. cn/n1/2022/0929/c1002-32537274. html。

⑥ 《中国海军"和平方舟"号医院船抵达印尼雅加达访问》，中华人民共和国国防部官网，2022 年 11 月 10 日，http：//www. mod. gov. cn/gfbw/jsxd/rdjj_214095/4925701. html。

形态。除新冠疫苗援助之外，在 2022 年印尼举办的 G20 峰会及二十国集团工商峰会（B20）期间，中国与印尼在其他疫苗领域的合作也在扩展深化。印度尼西亚生物制药公司 Etana 在巴厘岛与康希诺生物公司、云南沃森公司和苏州艾博生物科技公司等三家中国企业签署了协议，Etana 就吸入式结核病疫苗、脑膜炎疫苗和病毒载体平台建设，PCV 13 和 PCV 15 以及 HPV2 疫苗开发，mRNA 疗法的研发（包括新冠疫苗、登革热疫苗和肿瘤产品）与三家企业分别达成了合作协议。[①] 这些疫苗合作将有效帮助印尼改善国内卫生不平等状况。

农业与减贫合作开辟两国人文交流新空间，全球发展倡议惠及印尼。2022 年 11 月 12 日，中国国务院总理李克强在东盟与中日韩领导人会议上表示，中国愿同各方就全球发展倡议开展合作，持续推进东亚减贫合作倡议二期项目，助力地区减贫发展。[②] 中印尼在农业、减贫领域的合作空间巨大。2022 年 6 月 2 日，中国驻印度尼西亚大使陆慷到任拜会印尼农村、发展落后地区与移民部长伊斯甘达尔，表示中印尼同为发展中大国和农业农村大国，两国农业农村领域合作拥有良好前景。中国愿同印尼在脱贫减贫、农村电商和人才培训等领域进一步深化交流，推动两国农业农村务实合作取得新发展。[③] 2022 年 11 月 6 日，由华中师范大学政治学部主办的 2022 年中国—印度尼西亚减贫经验交流工作坊举办，来自中国和印尼两国的专家学者分享了两国减贫的现状与有效经验，为中国和印尼的减贫工作贡献智慧。[④]2022 年中国·印尼聚龙农业产业合作区总体规划已达 8 年之期，截至 2021年 12 月底，已有 20 家企业入驻园区，合作区内的中国企业积极履行社会责

[①] 《携手抗疫基础上，中国同印尼继续扩展疫苗合作》，环球网，2022 年 11 月 16 日，https://world.huanqiu.com/article/4AUppGN8GAB。

[②] 《李克强出席第 25 次东盟与中日韩领导人会议》，《人民日报》2022 年 11 月 13 日，第 3 版。

[③] 《陆慷大使到任拜会印尼农村、发展落后地区与移民部长伊斯甘达尔》，中华人民共和国驻印度尼西亚大使馆官网，2022 年 6 月 3 日，http://id.china-embassy.gov.cn/sgyw/202211/t20221102_10797078.htm。

[④] 《"共话减贫经验·共创复苏繁荣"——华中师范大学成功举办中国—印度尼西亚减贫经验交流工作坊》，华中师范大学中印尼人文交流研究中心官网，2022 年 11 月 8 日，http://cistudy.ccnu.edu.cn/info/1130/17591.htm。

任，投身于印尼的社会公益事业，促进了当地劳动力发展，为中资企业树立了良好的形象，提升了当地民众对中企的好感。① 此前，中印尼已启动印尼村长访华交流项目，中方先后邀请两批 40 余名村长赴中国考察乡村建设，同中国同行交流减贫经验。当前两国政府正紧锣密鼓地推进政府间减贫合作。

其他诸多惠民举措促进两国人民友好往来。2022 年 4 月 6 日起，印尼重启免签、落地签程序。印尼允许来自总共 43 个国家及地区（包括东盟和中国）的外国游客在 19 个指定的入境检查站获取特殊落地签证进入印度尼西亚，签证有效期为 30 天，可再延长 30 天。4 月 15 日，中国驻棉兰总领事张敏到棉兰中国签证申请服务中心考察并表示，签证中心是展示中国形象的窗口、促进双边往来的纽带，希望中心毫不松懈抓好疫情防控，努力为申请人提供优质便捷的服务，为深化中印尼人文交流做出新贡献。② 2022 年 8 月起，中国驻印尼大使馆开始向留学中国的印尼学生开放签证办理，为计划从印尼返回中国的现有留学生和拟赴中国留学的新生办理签证。9 月，中国银行雅加达分行携手雅加达中国签证申请服务中心、中国国际航空、中国南方航空、中国厦门航空举办线上"留学中国信息分享会"，助力印尼学子赴华复学，近 800 名印尼学生及家长参加分享会。③ 11 月 5 日，中国港湾（印尼）有限公司向印尼万丹省南丹格朗县 PNIEL 乐龄老人福利院捐赠了 3300 万印尼盾爱心款，并为 26 名老人送上一批爱心物品。中国港湾（印尼）有限公司连续 11 年到该福利院开展"关爱他人，筑就爱的港湾"主题捐助和慰问活动。④ 印尼展玉地震后，印尼华社、中资企业纷纷捐款捐物，为灾后重建贡献力量，充分彰显了中印尼两国人民同舟共济、守望相助的真

---

① 《积极打造服务海外农业投资平台》，《中国贸易报》2022 年 11 月 22 日，第 A4 版。
② 《张敏总领事考察棉兰中国签证申请服务中心》，《国际日报》2022 年 4 月 18 日，第 A3 版。
③ 《中资金融机构航空公司合力助印尼学子赴华复学》，中国新闻网，2022 年 9 月 2 日，https://www.chinanews.com.cn/gj/2022/09-02/9843477.shtml。
④ 《印尼中企连续 11 年献爱心筑"爱的港湾"》，中国新闻网，2022 年 11 月 6 日，https://www.chinanews.com.cn/gj/2022/11-06/9888243.shtml。

挚情谊。① 12月14日，中国驻印尼大使馆向雅万高铁沿线部分学校和清真寺捐赠物资，用于改善学校教学和生活环境，解决其实际困难。

（四）雅万高铁联通民心路，科技合作迈向新高度

多年的人文交流助推中印尼科技合作取得重大进展，雅万高铁便是最好的见证。雅万高铁的建成是中国和印尼多年的人文交流取得的重大成果，它是中国高铁首次全系统、全要素、全产业链在海外建设项目。对于这一两国务实合作的旗舰项目，两国元首高度重视，亲自推动。2022年11月16日，中国国家主席习近平和印度尼西亚总统佐科共同视频观摩雅万高铁试验运行。作为"一带一路"倡议和"全球海洋支点"构想对接的重大标志性项目，雅万高铁架起了当地百姓通往美好生活的"幸福桥"，打通了中印尼两国民众的"连心路"。② 可以预见的是，今后雅万高铁将极大地改善印尼人民的生活状况，对印尼国家发展将产生积极、深远的影响。中国也积极向印尼对中国科技发展做出贡献的人表示感谢，凸显中国对中印尼科技合作的重视。4月26日，中国驻印尼大使陆慷代表中国政府向印尼国家研究创新署署长、印尼科学院前院长汉多科博士颁授2021年度中国政府友谊奖奖章和证书，感谢他为促进中国发展进步、推动中印尼友好交往与互利合作所做的重要贡献，同时向全体为中国现代化事业做出贡献的印尼专家及其亲属，以及关心和支持中国发展的印尼友人表示诚挚问候。③ 中印尼科技合作已成为中印尼关系发展的重要推动力量。未来中印尼将继续深化科技领域交流合作，让更多合作成果造福两国和两国人民，为促进全球科技事业发展和人类社会进步做出更大贡献。

中国还积极促成与印尼等发展中国家的技术转移和技术合作。一方面，

---

① 《印尼展玉地震致死人数升至331人，华社中企捐款捐物救灾》，中国新闻网，2022年12月3日，https://www.chinanews.com.cn/gj/2022/12-03/9907558.shtml。

② 《中印尼元首共同关心推动的这个项目，意义重大》，新华网，2022年11月17日，http://www.news.cn/world/2022-11/17/c_1129135456.htm。

③ 《中国驻印尼大使陆慷向印尼国家研究创新署署长汉多科颁发中国政府友谊奖》，《国际日报》2022年4月27日，第A3版。

在疫情时期中国大力支持中国疫苗企业向发展中国家进行技术转移，率先同印尼开展疫苗和新冠特效药研发合作。截至 2022 年 11 月，科兴公司累计向印尼供应新冠疫苗超 2.8 亿剂，其中超 1.3 亿剂以半成品方式出口，由印尼本地企业 Bio Farma 负责本地化灌包装生产。中国康泰生物与印尼合作方签署了针对腺病毒载体新冠疫苗的采购协议，并积极商谈在当地分装原液及进一步转让腺病毒疫苗原液技术。① 中国还与包括印尼在内的十余个国家启动合作生产，初步形成了超过 10 亿剂的年产能，既满足本国需求，还惠及周边国家，极大缓解全球疫苗短缺。② 另一方面，中国企业也积极参与印尼可再生能源开发、新首都建设和文化旅游资源开发，以帮助印尼实现经济发展、促进两国民心相通。中国多弗集团在建筑光伏一体化材料（BIPV）、智慧城市（Smart City）、酒店和文化旅游 IP 等方面享有领先技术。2022 年 11 月在雅加达举行的新能源 BIPV 项目路演中，多弗集团与印尼能源与矿产资源部、努桑塔拉国家首都管理局及多家大型国企就数字双碳合作进行了深入交流，与印尼国有投资集团的战略合作被列入印尼国家 G20 签约项目。多弗集团不仅仅致力于在当地提供产品和服务，还将与印尼当地企业在技术和科学领域进行合作，向印尼市场提供本地化的产品和服务，推动印尼经济发展。科技合作为印尼发展注入中国技术力量。

（五）中印尼文旅交流迎来强劲复苏

2022 年印尼旅游业持续复苏，中印尼文化和旅游交往在年末回暖。根据印尼国家统计局统计的数据，2022 年 1 月至 10 月印尼接待中国游客数量不到 10 万人次，③ 与 2019 年的 207 万人次形成对比。全年到访印度尼西亚的国际游客总数约 460 万人次，较 2021 年增长 228.3%，超过了既定目标，

---

① 《携手抗疫基础上，中国同印尼继续扩展疫苗合作》，环球网，2022 年 11 月 16 日，https://world.huanqiu.com/article/4AUppGN8GAB。

② 《中国疫苗持续助力全球抗疫》，中国政府网，2022 年 5 月 4 日，http://www.gov.cn/xinwen/2022-05/04/content_5688547.htm。

③ 《印尼：迎接中国游客 2019 年 曾接待 207 万》，中国网，2023 年 1 月 5 日，http://t.m.china.com.cn/convert/c_nDU0wY3y.html。

12月酒店的客房入住率为54.41%，相较10月上升2.1个百分点。① 客源地排名前三的国家分别是新加坡、马来西亚和澳大利亚，未包含中国。2022年印尼旅游业和创意经济产业的从业人数超过300万人，创意经济产业的增加值达到300万亿印尼盾，超过政府原定目标。② 与此同时，2022年印尼旅游与创意经济部仍将重点放在印尼国内游客身上，自2020年以来国内游客成为推动印尼旅游业复苏的重要支柱群体，在2022年仍继续成为支柱群体，预计全年人次将达到2.6亿至2.8亿。③ 这些增长得益于政府、私人团体、国会、国家MTQ（Musabaqah Tilawatil Quran）等采取的一系列积极措施。疫情后，虽然机票价格上涨和出入境政策、检疫等的波动性、不确定性、复杂性、模糊性等挑战很多，但通过正确的政策引导加快恢复旅游市场和创意经济仍十分必要。

中国游客对重振印尼旅游业非常重要，2022年12月8日中国调整出入境政策给印尼旅游业复苏释放积极信号。仅2022年圣诞节和2023年新年假期，就有326044人通过苏加诺-哈达国际机场出国旅行，其三大目的地便包括中国。④ 2022年8月23日，印尼旅游与创意经济部部长乌诺表示，印尼的目标是在2023年共接待中国游客25.53万人次，吸引350万至740万名国际游客到印尼，相比2022年设定的180万到360万名国际游客的目标来说翻了近一番。⑤ 雅万高铁也将极大改善高铁沿线地区民众出行，万隆和其

---

① "Foreign Tourist Visits in 2022 Rose by 228.30 Percent：BPS"，Antara News，January 2，2023.

② 《印尼旅游业和创意经济从业人数超过300万》，中华人民共和国驻印度尼西亚共和国大使馆经济商务处官网，2023年1月3日，http：//id.mofcom.gov.cn/article/jjxs/202301/20230103377537.shtml。

③ 《印尼定下2022年旅游业发展目标》，中华人民共和国驻印度尼西亚共和国大使馆经济商务处官网，2022年1月24日，http：//id.mofcom.gov.cn/article/jjxs/202202/20220203278122.shtml。

④ 《326044名印度尼西亚人通过苏加诺-哈达机场飞往国外》，安塔拉通讯社，2022年12月30日，https：//en.antaranews.com/news/267909/326044-indonesians-fly-abroad-via-soekarno-hatta-airport。

⑤ 《印尼旅游部的目标是2023年吸引350万至740万国际游客》，中华人民共和国驻印度尼西亚共和国大使馆经济商务处官网，2022年11月29日，http：//id.mofcom.gov.cn/article/sxtz/202211/20221103370775.shtml。

所在的西爪哇省是印尼国内最大的旅游市场之一，每年有近 1.2 亿人次的旅客流量，雅万高铁的开通将对现有基础设施形成有力补充，促进印尼旅游业的发展。印尼旅游与创意经济部相信，今后更好的签证政策、更多的直飞航班将能够帮助印尼在 2023 年实现目标。中印尼重振旅游业充满光明前景。

二　中印尼人文交流存在的问题及发力点

中印尼人文交流虽已在各领域取得了积极进展，但受制于两国文化、经济、科技水平上的差异，在交流过程中难免会出现问题和不足，主要集中在以下五个方面。

（一）职业与线上教育潜力巨大，资金、人才和数字化服务供应不足

单就高等教育而言，印尼每所大学的平均资金仍与其他国家相差甚远。印尼文教部部长纳迪恩（Nadiem Makarim）表示：“事实上，我们必须意识到，就我们的高等教育资金而言，印尼与其他国家仍然相差甚远。”2022 年印尼高等教育的生均经费仅为 2000 美元，远低于新加坡的 15000 美元、日本的 8000 美元、马来西亚的 7000 美元，甚至印度的 3000 美元。[1] 与同样人口众多、贫困率较高的印度相比，印度的生均经费却是印度尼西亚的一倍半，印尼在东南亚地区也低于邻国。高等教育投资对国家经济建设和其他行业的影响最大也最快，资金短缺仍是当前印尼教育面临的非常紧迫的问题。

职业教育也存在较大合作需求。当前印尼职业教育面临的问题包括：课程设置不符合行业需求，部分地区没有产业地图，提供的设施落后于当前行业需求。印尼副总统马鲁夫·阿敏（Ma'ruf Amin）强调，印尼职业教育的这几个基本问题应该受到共同关注，以确保从职业高中（SMK）毕业生中创造优质的人力资源。尽管 2022 年中国院校已经与印尼开展了职业技能培

---

[1] 《印尼高等教育教育基金仍落后于其他国家》，《国际日报》2022 年 6 月 28 日，https：//guojiribao. com/？p＝177630。

训合作，但总量依然不够，也不足以满足印尼庞大的产业转型需求，未来中印尼职业教育合作潜力依然巨大。

当前，经过疫情催化的印尼在线教育行业正变得十分"内卷"。印尼拥有东南亚最大的在线教育市场，包揽了高等教育、职业教育、基础教育各个阶段，同时也是科技公司、学科培训公司、人力资源公司竞争的高地。印尼本土线上教育公司 Ruangguru 和 Zenius 早已在市场中占有一席之地，后起的 CoLearn 正在冲击老牌公司的主导地位，印度红杉资本、中国顺为资本和韩国等纷纷注资印尼在线教育，市场正变得十分拥挤。如何提供更好的离线产品、优势师资和数字支付服务等成为提升竞争力的关键，也是深化中印尼教育合作今后需要注意的问题。

（二）人文交流效果未达预期，中国国际传播工作有待提升

疫情期间，中国给予了印尼较多的卫生、医疗援助，但这并未与印尼各界的反响形成正相关。新加坡尤索夫伊萨东南亚研究院 2022 年发布的《东南亚态势报告：2022》显示，68.7%的印尼受访者认为中国对东盟抗疫的支持力度最大，对中国的信任度上升至 29%；同时，对中国"经济影响力"和"政治与战略影响力"的担忧均达到 60%以上。[1] 中国对印尼相对于其他国家给予的援助最多，但收效却不如其他国家明显，这与民众刻板印象、西方媒体过度解读有关，但除此之外，中国的国际传播工作也存在一定问题。[2] 中国习惯以国家视角开展宏大叙事，叙事方法模式化，叙事渠道较为单一，以官方为主，民间的参与不足。[3] 这样的国际传播方式不利于跨文化受众者增进对中国的了解，也不利于向国际社会完整诠释和树立中国良好国家形象。中国和印尼之间本身就存在语言障碍，容易引发误解，这便

---

① *The State of Southeast Asia: 2022 Survey Report*，Singapore：ISEAS-Yusof Ishak Institute，2022，pp. 21-27.

② 肖琴、潘玥：《中国对印度尼西亚医疗援助的实践及启示》，《南亚东南亚研究》2022 年第 5 期，第 87~88 页。

③ 严骁骁：《应对"中国锐实力说"：文化外交视角下中国的软实力运用与国际形象塑造》，《中南大学学报》（社会科学版）2020 年第 5 期，第 173 页。

使得中国的人文关怀效果大打折扣。除卫生领域之外，今后中国在与印尼的减贫、农业和粮食安全领域的合作中均需注意做好国际传播工作，努力提升国家形象。

（三）科技合作供给结构单一，人文交流互动面受限

中国和印尼科技合作的形式主要为政府主导，市场、科技公司、科技中介机构发挥的作用有限。所谓政府主导是指两国间的政府部门及其附属单位是决定合作领域、方式和项目的主体。这一方式有其优势，即在重大项目的建设上可以有效节约谈判成本、交易成本，提高资源的配置效率，有着强大的执行力和政治担保。其弊端在于难以满足公众的多元化需求，科技合作供给形式过于单一，限制了私人部门的主动性和市场活力，不利于企业间的人文交流。当前，中国和印尼的科技合作集中体现为战略性合作，如能源和基建、电子通信、海上合作、医药卫生等方面的项目，大多在官方商定的框架内进行，由中国石油公司、中国移动等大型中国国有企业负责实施，这些项目往往周期长、见效慢，民众对其的感知并不直观。由此，周期短、见效快、大众日常生活需要的功能性科技产品的供给便较为滞后，诸多优秀私营企业缺乏参与机会。而且，科技中介机构享有当地更加专业、多元、普遍的信息，是官方合作的重要媒介，虽然近年来中国和印尼的高校、语言文化机构、服务代理等科技中介机构互动愈发频繁，但参与度仍然偏低，成果物化程度不足，一些建议无法有效转化为政策。应该积极鼓励更多优秀的中国企业"走出去"，为中印尼人文交流合作巩固和扩大物质基础。

（四）面向中国的文旅产品陈旧，文旅互动形式有待创新

2022年中国和印尼旅游往来较少，除疫情因素外，印尼提供的旅游产品的质量也是影响中印尼旅游互动程度的关键。疫情前中国已连续多年成为印尼最大客源地，但受地理、资金、开发时间的限制，此前印尼提供的旅游产品并不完善，存在以观光为主、深度体验不足、文化资源利用率低等问题。印尼拥有独特的海岛风情和民族文化，而当前印尼的旅游景点以静态展

示项目居多，如雨林景观、海岛景观，导致中国游客对印尼的民族文化了解并不深入，没有切身体验到当地特色，缺乏互动，也未能最大限度地带动当地的消费，旅游资源有待深度挖掘。在文娱互动方面，印尼对中国文化了解的群体以学生为主，在社会面的辐射不足。每逢重要节日，中方开展的公益慈善活动、宣传体验活动往往在政府、福利机构、学校进行，受众面非常有限，鲜有面向大众开展的活动。而且，无论是否受到疫情影响，线上方式仍是印尼民众了解中国的主要渠道。一方面线上交流需要拓展内容，如提供题材更加多元丰富的影视剧作品、科技宣传片；另一方面要在线下提升印尼民众的参与感，开展面对面的沟通宣传活动，深度还原中国传统节日风貌，让印尼民众现场体验中国高科技产品，依托"中文+"模式创新线下内容。期待印尼为中国游客提供参与度更高、风俗文化体验感更强、值得长时间驻足停留的旅游项目，同时两国也需要不断创新文旅交流机制，为两国人文交流增添活力。

（五）海洋人文交流相对滞后，人文交流机制有待扩容

海洋是联结中国和印度尼西亚最直接的纽带，但一直以来海洋人文交流并没能在双边海上合作和人文交流中引起足够重视。中国和印尼的海上合作集中在经济和安全两个方面，海洋人文交流明显滞后于经济、安全合作，因此，缺乏人文相通的海上合作的潜力尚未被充分激发。一方面，两国对共有海洋文化的挖掘不够深入，没有产生足够的人文联系，包括考古、学术研究、海洋遗迹景点开发等。中印尼两国共有许多海洋文化资源，如华人移民开发的西加里曼丹工业遗址、郑和下西洋活动文化遗存等，它们无不记载着中印尼深厚的海洋文化联系，但这种共同的海洋文化还没有得到足够的重视。两国应致力于推动以优秀共有海洋文化为契合点的海上合作，为海洋经济和安全合作奠定人文基础。另一方面，两国海上人文交流机制有待完善。两国已将海上合作作为升级双边合作（"四轮驱动"）的重要动力之一，而如何将海上合作与人文交流融为一体，共同推进，在这方面目前仍缺乏相应机制。"21世纪海上丝绸之路"倡议与"全球海洋支点"构想的深入对接需

要海洋文化的推动，海洋经济与海洋安全合作也需要共同海洋文化的引领。2022年中国和印度尼西亚已重新恢复海上合作，中国科协也与印尼海洋与投资统筹部签署了合作协议，相信在未来两国海洋人文交流将得到极大发展。

三　进一步推动中印尼人文交流的建议

后疫情时代的中印尼人文交流机遇与挑战并存，中国和印度尼西亚需通力合作，深挖两国人文资源潜力，对合作中存在的问题进行拾遗补阙，提升人文交流品质。中国应发挥自身优势，有效满足印尼需求，持续加强教育合作，改进人文交流策略，扩大科技交流互动主体范围，创新文旅互动形式，拓展海洋人文交流，推动中印尼人文交流高质量发展。

（一）持续发挥教育的孵化作用，加强职业与线上教育合作

目前，印尼在教育方面需要大量资金支持，同时为适应国家经济生产亟须培养专门的职业技能人才。因此，要对接印尼教育诉求，巩固和扩大现有合作基础，发展其所需的职业教育，并利用好线上教育的优势，在各类教育方面持续发力。首先，为了缓解印尼教育资金投入不足的问题，两国政府可在社区和私营部门之间展开合作。中国可鼓励相关企业投资印尼教育，企业与高校开展资金—人才互惠合作。设立教育合作基金会，或以企业和个人名义设立专门奖助学金，实施捐赠计划，帮助印尼缓解资金问题。还可进行产研结合，鼓励企业为高校投资、捐赠实验器材，设立企业—高校联合实验室，以开展企业所需的科技研发，为企业输送人才，提升企业投资、捐助意愿。学校也要实施积极的校友捐赠计划，吸引优秀校友回馈母校，仿照麻省理工学院、南洋理工大学等，通过与私营部门合作的方式获得资金。其次，在保证巩固高等教育合作的基础上，还应大力发展职业教育合作。可参考印尼黎明职业大学的模式，促使印尼与更多的中国职业院校开展合作，以满足当地经济社会对中文复合型人才的需要。积极对接旅游业、制造业市场需求，深化人才培养培训。由中方院校负责教授职业技能，在印尼学生学成后

协助学生回国实习就业，依托印尼中华总商会等平台，与印尼中资企业和当地企业签订校企联合培养人才协议，拓宽印尼学生学成回国后的就业渠道。在官方层面还要积极推动国家资历互认，实现职业教育标准对接和人才互认。最后，抓住近几年线上教育蓬勃发展的机遇，发展包括职业教育在内其他领域的合作。招募优秀讲师录制视频课程，开发通用的职业技能培训课程，利用线上教育的优势有效节约教育成本，缓解部分资金难题。与印尼本土线上教育平台合作，加强数字化平台建设，引入更多中国高品质线上课程并开发印尼语版本以方便学生学习。同时开启远程视频授课模式，对有需求的学生进行直播、一对一授课教学，打造品质、方便、经济的线上教育合作模式。

（二）改进人文交流策略，增强互信和国际舆论引导力

针对一些人文交流收效不佳问题，中国需改进人文交流策略，增强国际传播能力和国际舆论的引导力，提升两国互信水平。第一，讲清楚中国开展人文交流的逻辑。中国积极开展人文交流是受到中国优秀传统文化"和合共生""天下大同"观念的影响，这是基于世界文明多样性、适应时代飞速变化开展的正常交流活动；中国尊重世界文明的多样性，尊重印尼的民族特性，开展的人文交流不附加任何政治条件，期望通过人文交流增进彼此了解，方便两国人民友好往来；中国秉持亲诚惠容的周边外交理念，致力于推动全人类共同进步事业，推动世界文化的繁荣。通过深挖中国开展人文交流的历史、理论、现实逻辑，向外界传递友好信号。第二，"借船靠岸"，从他方视角讲述中国故事。一方面，要转变叙事方式。应加深对印尼的语言学研究，了解当地人的思维方式，以更容易被对方接受的话语表达讲述中国故事。另一方面，有效借助非官方和民间力量，如自媒体。自媒体是当下最火热、最灵活的传播媒介之一，如展示中国乡村生活、美食的中国自媒体人"李子柒"，其在 YouTube 上的订阅量甚至超过部分官媒。官方应借助优秀自媒体人的影响力，以平等口吻讲好中国故事。第三，全过程参与人文交流活动，注重后期维系工作。一般来说，中国在组织赛事、捐赠活动时往往仅与政府和社会团体打交道，很少与参赛选手直接互动或参与实际的物资分发

工作，近乎"外包"。由此，越到活动后期，民众对中国的主办作用认识就越低。我国应全过程地参与活动的策划与实施，与民众开展面对面的沟通、关心和慰问，在援助时与受援者建立周期性的回访制度，追踪他们的生活状况，做到"帮一家、认一家"。在开展文体活动时，应在交通、住宿方面给予选手帮助，记录其与中国的故事，利用他者视角提高叙述说服力。第四，继续耕作民生领域，打好巩固民心的物质基础。拓展数字经济和绿色发展合作，加强农业、减贫、粮食安全合作。加强新业态布局，鼓励两国企业参与智慧城市、远程医疗、数字金融、数字健康和智能物流等新领域合作，切实为两国人民提供福祉。

（三）以科技合作的多元化供给带动人文交流的多主体参与

中印尼科技合作有诸多未探索的领域，仅仅集中于战略产业无法完全满足大众市场的需要，也在一定程度上阻碍了两国企业和民间的人文交流。因此，一要优化环境，拓展合作空间。两国政府要完善互联互通机制，开辟企业进入和获得市场信息的渠道。以"21世纪海上丝绸之路"倡议和"全球海洋支点"构想对接为契机，构建两国科技合作管理与协调的长效机制，拓宽中印尼科技合作的道路，形成多层次、多主体、多样化的合作格局。健全法律法规，保护专利和知识产权，制定和完善两国非官方的科技合作协议，减少政策障碍。二要重视市场作用，积极引导企业参与供给。要着力提升企业合作意愿，赋能女性和青年创业就业，促进中小微企业数字化转型。尊重市场对科技资源配置的作用，形成"政府主导、多元参与"的供给体系。坚持科技的普遍性与国际性，特别是在民众日常接触的生产生活领域，要推动中国先进的且印尼所需的科技产品及时地投入市场，满足大众对美好生活的需要。优化市场准入环境，充分整合科技合作的参与要素，既要巩固原有的优势行业，又要扩展新领域的合作共识，推动形成多元化但有侧重的市场。三要注重成果转化，提升合作效果。重视高校、科协、智库、代理机构的咨询、建议作用，在科技创新过程中融入科技中介角色，减少企业信息不对称性带来的交易成本，降低合作风险。加强官方信息共享，通过数据、协议、软件和基础设施的开放共享，使科研过程更加透明，科研成果更加容易获取，[①] 有效激励创新型企业主动对接市场，提高科研成果转化效率。要转变以往援助、投资的单一思路，朝共建、开发方向探索，让更多的科技产品造福两国人民。四要加强科技人才队伍建设，提升企业创新能力。加强数字素养和能力建设合作，共同开展国际人力资源管理，共建联合科研实验室，通过科技考察、人才引进、联合培养等方式，促进两国科技人才的持续有效流动。

（四）创新文旅互动形式，推动人文交流高质量发展

2023 年即将迎来中印尼文旅交流疫情后的开局之年，创新文旅交流形式，有利于迅速激发市场活力、提高文旅交流品质，为今后中印尼人文交流增添活力。旅游业是印尼的重要支柱产业，印尼旅游与创意经济部预计2023 年将有 2193 万人在旅游业就业，2259 万人在创意经济领域就业，350万至 740 万名外国游客访问印尼。旅游业外汇收入的目标至少达到 20.7 亿美元，经济创意产品出口值预计将超过 264.6 亿美元。[②] 为实现雄心勃勃的恢复计划，第一，应以优质供给为目标，提升文旅公共服务效能。两国政府应从政策上支持文旅交流形式创新，为两国人文交流提供方便的签证措施、航班措施和沟通渠道等，组织相关推介活动，宣传两国文旅项目，提高公众熟识度；鼓励两国高校、旅游机构、文化组织开展形式多样的交流活动；鼓励原创，将系列优秀文艺作品、演出打造为国家品牌，促使优秀活动策划落地生根并形成定期合作机制。第二，推进文化与旅游深度融合，提升文旅产品质量。加强旅游文化资源整合，打造智慧景区、智慧出行、数字支付等便捷工具，帮助印尼实现创意经济目标；在旅游区开展多样性、经常性、群众性的民族文化活动，推动文化交流民族性与时代性的融合；充分运用现代科

---

① 黄栋、张梦环：《中国—东盟与美国—东盟科技合作比较分析》，《南亚东南亚研究》2022年第 3 期，第 91 页。

② 《印尼政府明确 2023 年旅游和创意经济产业的发展目标》，中华人民共和国驻印度尼西亚共和国大使馆经济商务处官网，2023 年 1 月 23 日，http：//id. mofcom. gov. cn/article/jjxs/202301/20230103380962. shtml。

技，打造舞台艺术精品工程，如武术、太极拳、印尼传统舞蹈、艺术品等，在两国间进行巡演、展览；提高旅游情况的把控能力和游客需求分析水平，有效布局产业以带动当地消费；提升旅游深度，寓教于乐，例如，2022 年"印尼自然建造项目"被列为联合国首批十大"世界生态恢复旗舰项目"，印尼可以借助该项目让游客在领略自然风光的同时领悟保护环境的重要性。第三，开展数字化营销，建立文旅交流的立体化模式。拓宽在线营销渠道，提升目的地网络传播力和影响力，开设网站和抖音、微博等各类 App 官方账号，让游客轻松获取旅游资讯；与自媒体人展开合作，在设备、翻译和题材上给予帮助，利用其平台定期推送精品文旅活动；设置人工在线客服，进行直播互动，定期推出团购，引导和促成潜在旅游者决策，最大化提升文旅吸引力。

（五）拓展海洋人文交流，优化扩容人文交流机制

开展好海洋人文交流与合作有利于两国深入挖掘合作潜力，拓展海洋互利合作，进一步丰富两国人文交流机制的内涵。首先，应建立健全两国海洋人文交流机制，搭建沟通平台。在中印尼高级别对话合作机制中，加强人文与海上合作的联系机制，形成与"四轮驱动"合作格局相配套的机制体系。中印尼均有各自的"海洋强国"战略，要聚焦相似的海洋发展理念与海洋安全观念，加强海洋领域各对口部门的沟通，分享海事部门的信息和知识，开展海洋人文对话，交换海洋理念，强化制度安排，实现合作机制的充实扩容和优化提升。其次，应加强海洋文化学术研究，深挖两国共有海洋人文交流资源。除遗址等实物资料外，海洋非物质文化遗产也很值得关注，如造船工艺与航海技术、民族志或民间保存的传统舟船形态及民间造船法式、船家的航海记忆、民间航路指南、贸易史、科技发展史等，都具有极高的学术研究价值。[①] 两国高校、智库可组织学者积极开展相关研究，定期举办学术研

---

① 麻国庆：《海洋资源共享与人文价值——海域研究的人类学反思》，《文史哲》2022 年第 3 期，第 71 页。

讨会，开展联合科考，共同设立档案馆、博物馆，加强海上合作的人文联系。再次，应加强海洋文化与海洋产业的融合。开发海洋遗迹文化旅游线路，唤起两国人民对传统友好的海洋人文交流的历史记忆；布局海洋文化产业，加快建设海洋文化创意园、创客空间、影视话剧基地等，以青年群体喜闻乐见的方式促进海洋文化在青年间的交流；加快海洋文化产业链构建，设计海洋文化产品，扩大贸易和消费，带动整条产业链上的海洋人文交流。①此外，要扩大海洋人文交流的互动面。例如以印尼建设"国家鱼仓"为契机，加强渔业领域的民间往来；以中国构建"蓝色经济伙伴关系"为契机，深化企业经贸合作中的人文交流；通过教育、讲座、讲习班、培训和人才互访等方式，推动海洋文化普及和传播，推动更大范围的海洋人文交流。最后，应增进两国海洋外交，让合作成为主旋律。以海洋为纽带的中印尼人文交流势必在促进民心相通方面发挥关键作用。

结　语

2022 年是中国和印度尼西亚双边合作极富成果的一年。双方共同确立了共建中印尼命运共同体的大方向，制定了《中印尼加强全面战略伙伴关系行动计划（2022—2026）》，对未来一段时期的中印尼各领域交往合作进行了系统规划和部署，为中印尼今后的人文交流工作指明了方向和路径。人文交流是中印尼"四轮驱动"合作格局的重要支柱之一，要深刻领悟人文交流对于增强双边政治互信，促进两国经贸往来的基础性、先导性作用，切实将两国的人文交流工作做深做实。同时也应注意到，海洋人文交流将成为今后中印尼人文交流新的重点合作领域。中印尼两国均拥有独特的海洋文化资源，要创新两国海洋人文交流路径，积极开展中印尼海洋人文对话，促进双方海洋理念交流互鉴，丰富两国高级别人文交流机制的内涵。2023 年即

---

① 杨宏云：《中国与印尼海洋文化交流和合作对策研究——以"21 世纪海上丝绸之路"建设为背景》，《合肥工业大学学报》（社会科学版）2018 年第 5 期，第 54 页。

将迎来两国共建中印尼命运共同体的元年，中印尼人文交流与合作的机遇和挑战并存，双方应加快恢复人员往来，深化科技创新、教育、文化、旅游、青年、海洋等领域合作，密切人文交流务实合作，推进民心相亲，为推动中印尼命运共同体建设贡献更大的力量。

分 报 告

2022年中国与印度尼西亚教育合作：
进展、特点与挑战

葛雨萌　孙　晨　赵长峰*

摘　要： 2022年中印尼领导人实现互访和会晤，就共建中印尼命运共
同体达成重要共识。作为双边人文交流重要领域的教育合作
不断走深走实，广泛开展于中国—东盟等多边框架下及两国
各层级政府层面，同时也开展于双方院校智库及社会组织等
层面。中印尼教育合作主要面临三重挑战：一是印太地缘政
治环境日趋复杂，二是印尼国内大选造势、政策连贯性不足
及宗教矛盾等限制因素，三是双边教育合作领域存在缺乏中
小学阶段等局限。总结2022年中印尼教育合作的进展、基
础、特点与挑战，有益于进一步推动中印尼教育合作平稳发

* 葛雨萌，华中师范大学政治与国际关系学院硕士研究生；孙晨，华中师范大学政治与国际
关系学院硕士研究生，中印尼人文交流研究中心助理；赵长峰，华中师范大学政治与国际
关系学院/政治学部教授，博士生导师，中印尼人文交流研究中心研究员。

展，从而为促进中印尼全面战略伙伴关系发展和命运共同体建设奠定坚实基础。

关键词： 中国　印度尼西亚　教育合作　人文交流　命运共同体

一　中国与印度尼西亚教育合作进展情况

（一）各层级政府间教育合作

2022年中国与印度尼西亚（以下简称"印尼"）教育合作成绩斐然，涵盖多个方面，其中政府间教育合作作为双方合作的重要途径，在中国—东盟多边及中印尼双边框架下取得了一定进展。

1. 多边层面教育合作

自中国与东盟于2021年共同宣布建立面向和平、安全、繁荣和可持续发展的全面战略伙伴关系以来，双方在教育合作上的关系更加紧密。2022年1月17日下午，印尼驻华大使周浩黎"大连外国语大学荣誉教授"头衔授予仪式在中国—东盟中心成功举办。中国—东盟中心秘书长陈德海、中国教育部中外语言交流合作中心主任马箭飞、大连外国语大学校长刘宏分别以线下、线上方式出席授予仪式并致辞，陈德海秘书长代表大连外国语大学为周浩黎大使颁发证书，他指出，在周浩黎大使的带领下，印尼驻华使馆在促进中印尼两国政治、经济、文化、人文交流等领域合作方面发挥了重要作用。①为满足印尼职业院校在职教师"中文+职业技能"的学习需求，由中国教育部中外语言交流合作中心、中国—东盟中心、印尼驻华大使馆共同主

---

① 《周浩黎大使荣誉教授授予仪式成功举办》，中国—东盟中心官网，2022年1月17日，http://www.asean-china-center.org/news/xwdt/2022-01/9605.html。

办的 2022 印尼"中文+职业技能"本土师资培训在线上开课，此次培训历时 9 天，开设"中文+物流管理""中文+电子商务""中文+计算机网络"三类专业课程，其中中方授课教师达 20 余人，共有来自印尼 100 多所职业院校的 887 名学员参加，印尼文教部为完成培训的学员授予学分。① 6 月 13 日下午，印尼中小学校长及本土中文教师能力建设系列培训开班仪式成功举办，中国—东盟中心秘书长陈德海、印尼驻华大使周浩黎、中国教育部中外语言交流合作中心主任马箭飞、印尼文教部教师和教育人员司司长斯亚瑞尔、印尼南苏拉威西省辛贾伊区区长安迪·阿卡萨、印尼日惹州立大学副校长西斯万托约等在线出席开班仪式并致辞，陈德海秘书长在开班仪式上指出，中国—东盟中心愿继续携手印尼文教部、印尼驻华使馆、中国教育部中外语言交流合作中心等机构组织，持续推进两国教育领域务实合作开展，促进双方民众相知相交，推动中印尼关系不断取得新的进展。② 6 月 27 日，印尼驻华大使周浩黎、中国—东盟中心秘书长陈德海分率有关官员访问中国教育部中外语言交流合作中心并进行座谈。双方就进一步加强中印尼关系、深化教育合作、共促人文交流等交换了意见。③

2022 年 7 月 12 日，东盟国家特殊教育学校教育工作者能力建设培训开班仪式成功举办，印尼驻华大使周浩黎、中国—东盟中心综合协调部主任汪红柳、印尼文教部教师和教育人员司司长雅斯瓦迪、印尼日惹州立大学副校长西斯万托约、上海市教育委员会主任王平、联合国教科文组织教师教育中心主任张民选、上海师范大学副校长蒋明军等在线出席开班仪式并致辞。周浩黎大使对中国—东盟中心及联合国教科文组织教师教育中心对此次培训予

---

① 《"中文+职业技能"助力未来之路》，人民网，2022 年 4 月 8 日，http：//edu. people. com. cn/n1/2022/0408/c1053-32394027. html。
② 《陈德海秘书长出席印度尼西亚中小学校长及本土中文教师能力建设系列培训开班仪式》，中国—东盟中心官网，2022 年 6 月 13 日，http：//www. asean-china-center. org/news/xwdt/2022-06/10582. html。
③ 《陈德海秘书长同印尼驻华大使访问中国教育部中外语言交流合作中心》，中国—东盟中心官网，2022 年 6 月 27 日，http：//www. asean-china-center. org/news/xwdt/2022-06/10623. html。

以的大力支持表示高度赞赏，对提供培训的专家学者和积极参与的受训教师表示衷心感谢，印尼驻华使馆愿进一步挖掘合作潜力，通过提升特殊学校管理和教学研究水平，推动印尼本土特教事业蓬勃发展，进一步深化两国教育交流。[①] 8月23日，以"融合发展，筑梦未来"为主题的"2022中国—东盟特殊教育国际论坛"开幕。印尼驻华大使馆教育文化参赞苏亚德（Yaya Sutarya）表示印尼驻华使馆愿进一步加大与中国有关院校的合作力度，提升特教工作者的管理水平和教学能力，更好地满足需要特殊教育的学生对美好教育的期盼，推动印尼本土特教事业蓬勃发展。[②] 10月12日，2022东盟国家教育工作者"高阶思维能力"提升培训开班仪式成功举办。此次培训由中国—东盟中心和联合国教科文组织教师教育中心联合主办，来自柬埔寨、印尼、老挝、缅甸等东盟国家的近1200名教育工作者参加为期三天的线上培训。[③]

中国—东盟框架下的高校、研究所以及智库合作也是中国与印尼多边合作的重要部分。4月21日，在博鳌亚洲论坛2022年年会"全球自由贸易港发展论坛"上，海南自由贸易港—东盟智库联盟正式成立。海南自由贸易港—东盟智库联盟由印尼战略与国际问题研究中心、中国（海南）改革发展研究院等9个亚洲国家的17个智库和相关学者发起，是连接其他亚洲国家和中国的重要学术网络和合作研究平台，将通过举办论坛和活动、建立信息共享机制等方式，促进地区之间战略对接、政策协同和经验互鉴。[④] 4月22日，由福建与东盟高校联合共建的福建省—印尼海洋食品联合研发中心

① 《东盟国家特殊教育学校教育工作者能力建设培训开班仪式成功举办》，中国—东盟中心官网，2022年7月12日，http://www.asean-china-center.org/news/xwdt/2022-07/10703.html。

② 《东盟国家驻华使馆教育官员出席2022中国—东盟教育交流周开幕式等活动》，中国—东盟中心官网，2022年8月24日，http://www.asean-china-center.org/news/xwdt/2022-08/10958.html。

③ 《2022东盟国家教育工作者"高阶思维能力"提升培训开班仪式成功举办》，中国—东盟中心官网，2022年10月12日，http://www.asean-china-center.org/news/xwdt/2022-10/11187.html。

④ 《海南自由贸易港—东盟智库联盟正式成立》，新华网，2022年4月21日，http://www.news.cn/world/2022-04/21/c_1128583304.htm。

在福建省福清市揭牌成立。福建省—印尼海洋食品联合研发中心是由印尼茂物农业大学、印尼 IPMI 国际商学院与福建技术师范学院联合共建的。福建技术师范学院校长表示，希望加强务实沟通，发挥各自优势，深化校际合作，把联合研发中心打造成为中国—印尼高校合作的典范，共促中印尼全面战略伙伴关系深化发展。印尼驻华大使馆教育文化参赞苏亚德表示，印尼拥有丰富的海洋产品，福建也以其水产业而闻名，期待联合研发中心发挥重要作用，加强教育、联合研究领域的合作，为印尼、中国两国的未来合作开辟更广阔的空间。①

此外，"一带一路"倡议也为中国和印尼的多边发展提供更多契机。2022 年 5 月 13 日，"孔子学院在'一带一路'倡议中的角色"院长国际论坛在印尼三一一大学孔子学院举办，此次论坛采用线上线下相结合的方式进行，印尼驻华公使狄诺做了主旨发言，6 位来自印尼、菲律宾、阿富汗和斯里兰卡等共建"一带一路"国家孔子学院的中方和外方院长做了主题汇报，另有部分共建"一带一路"国家的孔子学院中方和外方院长参与了此次论坛的讨论环节。②

2. 国家层面教育合作

中国和印尼同为发展中大国和新兴经济体代表，秉持以人民为中心的发展思想，持续深化中印尼全面战略伙伴关系，推动中印尼命运共同体建设落地，构建政治、经济、人文、海上合作"四轮驱动"新格局。作为中印尼合作的重要部分，双边教育合作在人文领域发挥着不可或缺的作用。

"汉语桥"作为弘扬中华传统文化的重要项目，是印尼人民了解中国的重要途径，推动了中国与印尼在教育领域的交流。2022 年 2 月 15 日，2022年汉语桥线上团组项目"遇见中国，心动广西"桂林营在广西桂林旅游学院开营，来自印尼特里莎克蒂旅游学院的 147 名师生参加活动，此次活动为

① 《福建与东盟高校共建海洋食品联合研发中心 助推"一带一路"科技交流合作》，中国新闻网，2022 年 4 月 22 日，https://www.chinanews.com.cn/gn/2022/04-22/9736572.shtml。
② 《"孔子学院在'一带一路'倡议中的角色"院长国际论坛在印尼举行》，人民网，2022 年 5 月 13 日，http://world.people.com.cn/n1/2022/0513/c1002-32421365.html。

海外营员系统全面地介绍中国语言知识及中华文化，以增进海外青少年对中国语言文化的了解，加强友好往来，搭建中外文化交流桥梁。① 6 月 24 日，第 21 届"汉语桥"大学生、第 15 届"汉语桥"中学生和第 2 届"汉语桥"小学生世界中文比赛印尼赛区总决赛颁奖典礼在线成功举行，活动由中国驻印尼使馆主办，雅加达华文教育协调机构和阿拉扎大学孔子学院联合承办，中国驻印尼大使陆慷、阿拉扎大学校长亚瑟普·赛福鼎（Asep Saefuddin）出席。② 8 月 27 日，"汉语桥"俱乐部雅加达站和印尼雅加达华文教育协调机构举办"喜迎中秋"中华文化体验活动，此次活动以线上线下相结合方式举行，近 200 名印尼华文教育界人士、大中学生和家长参加。③ 11 月 12 日，印尼"学中文·走进汉语桥"线上活动顺利举行，此次活动由"汉语桥"俱乐部总站主办，印尼雅加达华文教育协调机构和"汉语桥"俱乐部雅加达站联合承办，峇淡世界大学协办，活动还得到峇淡慈蓉学校、苏北华文教育促进会等多家印尼华文学校的支持，共计有来自印尼各地的近 400 名师生相聚云端，共研共学。④

中印尼双方驻外外交机构与中国教育国际交流协会也是中国与印尼的双边教育合作的积极参与者。4 月 20 日，由中国驻印尼使馆和阿拉扎大学孔子学院联合主办的"国际中文日"庆祝活动在阿拉扎大学举行，中国驻印尼大使陆慷，阿拉扎大学校长亚瑟普，西亚斯大学校长法斯理，阿拉扎大学孔子学院中方院长牛海涛、印尼方院长菲力等出席，阿拉扎大学的学生们的表演精彩纷呈，现场气氛活跃，观众掌声不断，陆慷大使还参观了阿拉扎大

---

① 《逾百名印尼师生相聚"汉语桥"云游广西 体验非遗文化特色》，中国新闻网，2022 年 2 月 15 日，http：//www.gx.chinanews.com.cn/sz/2022-02-15/detail-ihavtszm6325129.shtml。

② 《陆慷大使出席"汉语桥"世界中文比赛印尼赛区总决赛颁奖典礼》，中华人民共和国驻印度尼西亚共和国大使馆官网，2022 年 6 月 24 日，http：//id.china-embassy.gov.cn/chn/sgyw/202211/t20221102_10797099.htm。

③ 《印尼"汉语桥"俱乐部举行迎中秋体验活动》，人民网，2022 年 8 月 29 日，http：//world.people.com.cn/n1/2022/0829/c1002-32513736.html。

④ 《印尼举办"学中文·走进汉语桥"活动》，人民网，2022 年 11 月 13 日，http：//world.people.com.cn/n1/2022/1113/c1002-32565053.html。

学中国图书馆和孔子学院，详细了解其运行状况。① 6 月 29 日，2022 年印尼首届全国中学校长及本土中文教师论坛在雅加达举行，中国驻印尼大使馆文化教育参赞周斌、印尼驻华大使馆教育文化参赞苏亚德、中国福建师范大学副校长陈庆华等线上出席并致辞，印尼文教部语言教师与师资培训及发展中心主任卢伊扎，阿拉扎大学校长亚瑟普和该校孔子学院印尼方院长菲力、中方院长牛海涛及来自印尼全国 81 所中学的校长代表和本土中文教师代表 100 多人现场参加活动。② 8 月 10 日，中国柳州职业技术学院与广西柳工机械股份有限公司在中国教育国际交流协会、印尼驻华大使馆和印尼文教部的支持下，同印尼雅加达州立理工学院正式签约，根据此次三方合作协议，柳工印尼公司将负责提供学生实习和就业岗位，投入专业教学设备；雅加达州立理工学院负责提供 1000 平方米场地、基础教学设施设备和优秀师资；柳职院负责输出标准，与柳工合作开展教师与学生培训认证，共建"柳工—柳职院全球客户体验中心印尼分中心"和"柳工—柳职院印尼国际工匠学院"。③

3. 地方政府层面教育合作

除了通过多边与双边途径开展教育合作外，中国与印尼通过地方政府及其职能部门也展开了一系列教育合作，如在四川、江苏、湖北、江西等省份开展宣讲、赛事以及交流会等多种形式活动，涉及教育、文旅、外事、宣传等职能部门。

2022 年 4 月 8 日，成都市人民政府外事办公室、成都市教育局联合中国驻泗水总领馆、中国驻胡志明市总领馆，共同举办以"留学成都"为主题的在蓉高校与奖学金政策海外宣讲会，此次宣讲会采用视频会议形式，中国西华大学、四川大学、电子科技大学、西南交通大学、西南财经大学、西

---

① 《中国驻印尼使馆举办"国际中文日"庆祝活动》，中华人民共和国驻印度尼西亚共和国大使馆官网，2022 年 4 月 20 日，http://id.china-embassy.gov.cn/sgyw/202211/t20221102_10797060.htm。

② 《印尼举行首届全国中学校长及本土汉语教师论坛》，人民网，2022 年 6 月 30 日，http://world.people.com.cn/n1/2022/0630/c1002-32461185.html。

③ 《柳工—柳职院印尼国际工匠学院正式签约》，人民网，2022 年 8 月 10 日，http://gx.people.com.cn/n2/2022/0810/c179462-40075366.html。

南石油大学、成都中医药大学、成都理工大学、成都大学、成都农业科技职业学院和中国-东盟艺术学院等十余所在蓉高校分别介绍了自身情况，二十余所印尼学校及教育机构在线参加宣讲会。① 5月24日，由江苏省委统战部、省委宣传部、省教育厅、省文化和旅游厅、省归国华侨联合会及江苏凤凰传媒集团等单位联合举办的"华文创想曲"海外华裔青少年创意作文大赛全球启动仪式在江苏南通举行，中国驻印尼泗水总领事顾景奇受邀视频出席仪式并发表致辞，江苏省委统战部、南通市委、如皋市委主要领导，以及来自印尼、美国、西班牙、澳大利亚等国的政府代表或教育人士参加了启动仪式。截至2022年，"华文创想曲"作文大赛已成功举办4届，累计收到五十多个国家和地区华文学校筛选后的作品计四万余篇。② 12月27日，2022年"湾区+老区"职业教育创新发展大会开幕式于江西省赣州市成功举办，此次大会由江西省教育厅、赣州市人民政府联合主办，旨在打造职业教育"赣南高地"，探索"湾区+老区"职业院校协同发展新模式。印尼驻华使馆教育文化专员李健在大会上做专家报告，介绍了印尼国家职业教育发展情况及战略，并表示期待在人才培养、产教融合、成果转化等方面加强双边合作，共享职业教育发展成果，深化文明交流互鉴。③

　　中国与印尼在地方层面的教育合作离不开中国驻当地外交机构的支持。3月22日，中国驻泗水总领事顾景奇应邀线上出席印尼三一一大学中文与中国文化系成立揭牌仪式并致辞，揭牌仪式由印尼三一一大学与中国西华大学联合举办，三一一大学校长贾麦尔教授、西华大学校长刘树根教授以及两校其他主要领导出席上述活动。顾景奇总领事对三一一大学设立中文与中国

---

① 《顾景奇总领事出席"留学成都"在蓉高校海外宣讲会》，中华人民共和国驻泗水总领事馆官网，2022年4月13日，http：//surabaya. china-consulate. gov. cn/lgxw/202204/t20220413 _10667295. htm。

② 《顾景奇总领事在线出席"华文创想曲"海外华裔青少年创意作文大赛全球启动仪式》，中华人民共和国驻泗水总领事馆官网，2022年5月31日，http：//surabaya. china-consulate. gov. cn/lgxw/202205/t20220531_ 10696408. htm。

③ 《史忠俊秘书长携东盟教育官员出席2022年"湾区+老区"职业教育创新发展大会并在赣调研》，中国-东盟中心官网，2022年12月29日，http：//www. asean-china-center. org/news/xwdt/2022-12/11447. html。

文化系表示祝贺，并以当前中印尼两国深化战略互信和务实合作情况为切入点，指出设立中文与中国文化系及深入开展中国研究正当其时，希望两校未来加强合作，取得更多丰硕成果。① 6 月 28 日，中国驻登巴萨总领事朱兴龙应邀出席西努省龙目基督真理学校"汉语拼音培训"开班式并致辞，此次活动的承办方湖南科技职业学院和印尼华文教育联合总会有关负责人及中文教师 192 人在线参加，朱兴龙总领事在致辞中表示，此次湖南科技职业学院为龙目基督真理学校提供中文拼音培训是中外合作办学的又一重要实践，希望在两校合作努力下，推动当地中文教育事业取得新进展，为培育中印尼两国友好使者增添新动力。②

（二）院校智库及社会组织教育合作

在中印尼双边教育合作中，孔子学院发挥了重要作用。2022 年 1 月 8 日，印尼三一一大学孔子学院联合韩国延世大学孔子学院、延世大学中国研究院举办"巴蜀文旅国际大讲堂"活动第一期"走进天府名县阆中"在线讲座，此次讲座反响热烈，来自印尼孔子学院的近百名学生纷纷表示被阆中的山水风景、历史故事和民俗文化深深吸引。③ 2 月 1 日，印尼三一一大学孔子学院在印尼中爪哇省梭罗市举办"庆春节 迎冬奥"文化活动，庆祝中国新年并喜迎北京冬奥会，三一一大学副校长夏启丹对中国农历新年到来表示衷心的祝愿，并希望孔子学院能够继续发挥好沟通印尼与中国文化的桥梁作用，推动两国民心相通。④ 6 月 1 日，印尼阿拉扎大学孔子学院同福建师

---

① 《顾景奇总领事出席印尼"三·一一"大学中文与中国文化系成立揭牌仪式》，中华人民共和国驻泗水总领事馆官网，2022 年 3 月 25 日，http：//surabaya. china - consulate. gov. cn/chn/lgxw/202203/t20220325_ 10655693. htm。

② 《朱兴龙总领事出席龙目基督真理学校"汉语拼音培训"开班式》，中华人民共和国驻登巴萨总领事馆官网，2022 年 6 月 28 日，http：//denpasar. china - consulate. gov. cn/zyhd/202210/t20221007_ 10777824. htm。

③ 《印尼与韩国孔子学院联合举办"巴蜀文旅国际大讲堂"系列讲座》，人民网，2022 年 1 月 9 日，http：//world. people. com. cn/n1/2022/0109/c1002-32327219. html。

④ 《印尼三一一大学孔子学院举办"庆春节 迎冬奥"文化活动》，人民网，2022 年 2 月 3 日，http：//world. people. com. cn/n1/2022/0203/c1002-32345054. html。

范大学举办线上庆端午主题活动，来自该孔院的 120 多名师生参加了活动，此次端午节主题活动增加了印尼学生对中华文化的了解与认识，促进了两国文化交流，福建师范大学海外教育学院党委书记黄彬通过线上方式向孔院师生表达了端午佳节的祝福。① 8 月 3 日，印尼阿拉扎大学孔子学院举办该院印尼警察学院教学点学员结业仪式，来自印尼全国各地的 20 位优秀警察学员参加仪式。阿拉扎大学孔子学院自 2011 年开始与印尼警察学院开展中文教学方面的合作，从临时性的短期培训到设立固定教学点，印尼警察表现出学习中文的极大兴趣和热情。参加培训的警官都是由印尼警察学院自印尼全国各地警察局选拔而来的。截至 2022 年，参加该孔子学院中文培训的印尼警官人数有 500 多人。② 9 月 10 日，印尼丹戎布拉大学孔子学院在该大学汉语言中心举办了主题为"悠悠月饼香，浓浓家国情"的中秋节活动，此次活动的参与嘉宾及师生纷纷表示感受到了中印尼友谊的温馨与美好。③ 9 月 28 日，印尼三——大学孔子学院举办了"中国一日"体验活动，让印尼师生从学、娱、衣、食等方面立体体验中华文化，三——大学副校长夏启丹、文化科学学院院长华尔多，以及该校孔子学院、文化科学学院、职业学院和当地 10 多所大中学校 100 多名师生参加活动。④ 10 月 27 日，印尼三——大学孔子学院以线上线下结合方式举办"促进中印尼命运共同体建设"国际研讨会。印尼三——大学副校长尤努斯，中国西华大学副校长费凌，印尼三——大学孔子学院外方院长潘范妮、中方院长陆雨和中印尼近 200 名师生参加研讨会。⑤ 11 月 2 日，为助力印尼中文教育推广，有效帮助印尼本土家庭

① 《印尼孔子学院举办线上庆端午主题活动》，人民网，2022 年 6 月 2 日，http：//world.people.com.cn/n1/2022/0602/c1002-32437373.html。
② 《印尼警察踊跃到孔子学院学中文》，中国新闻网，2022 年 8 月 4 日，https：//www.chinanews.com.cn/hr/2022/08-04/9819429.shtml。
③ 《印尼丹戎布拉大学孔子学院师生共庆中秋》，人民网，2022 年 9 月 11 日，http：//world.people.com.cn/n1/2022/0911/c1002-32524113.html。
④ 《印尼三——大学孔子学院举办"中国一日"体验活动》，中国新闻网，2022 年 9 月 28 日，https：//www.chinanews.com.cn/gj/2022/09-28/9863026.shtml。
⑤ 《印尼孔子学院举办"促进中印尼命运共同体建设"国际研讨会》，中国新闻网，2022 年 10 月 27 日，https：//www.chinanews.com.cn/gj/2022/10-27/9881465.shtml。

困难学生实现求学梦，助力困难学生进修学习，海信印尼公司在印尼阿拉扎大学孔子学院设立"阿拉扎孔院海信基金"项目，阿拉扎大学孔子学院举行海信基金捐赠仪式，海信印尼公司总经理李现委、阿拉扎大学校长亚瑟普、文学院院长露西、阿拉扎大学孔院副理事长穆尼、印尼方院长菲力、中方院长牛海涛等参加此次仪式。①

教育机构是中国与印尼的教育合作发展的重要驻地。2022 年 1 月 22 日，中国—印尼少年新春"云联欢"活动在重庆市渝北区青少年活动中心举行，此次活动由印尼雅加达华文教育协调机构和重庆市教育国际交流协会主办，重庆市渝北区青少年活动中心、印尼雅加达客属崇德三语学校、重庆市云计算和大数据产业协会数字教育中心联合承办，重庆市多家青少年机构协办，中方少年儿童所在主会场进行面向全球的网络同步直播，来自印尼的小朋友首次通过网络互动参与中国的联欢活动。② 7 月 24 日，由印尼雅加达华文教育协调机构承办的 2022 年"文化中国·水立方杯"中文歌曲大赛印尼赛区总决赛在雅加达莱佛士学校 PI 校区采用线上线下相结合的方式顺利举行。③ 9 月 14 日，福建技术师范学院中印尼产业合作研究中心正式揭牌，印尼驻华大使周浩黎、融侨集团董事会主席林宏修、福建技术师范学院党委书记赖海榕、福建技术师范学院校长廖深基等参加揭牌仪式，印尼福建社团联谊总会总主席俞雨龄获聘为中心总顾问。据悉，该中心未来将服务于中印尼"四轮驱动"友好交流合作和"两国双园"建设，主动提供咨询服务，开展科研合作，为中印尼关系长期健康稳定发展搭建桥梁。④

双方高等院校主要通过人才培养及论坛交流等方式推动中印尼的教育合

① 《印尼阿拉扎大学孔子学院设立阿拉扎孔院海信基金》，人民网，2022 年 11 月 3 日，http：//world.people.com.cn/n1/2022/1103/c1002-32557858.html。

② 《中国印尼少年通过网络举行新春"云联欢"活动》，人民网，2022 年 1 月 23 日，http://world.people.com.cn/n1/2022/0123/c1002-32337628.html。

③ 《2022 年"水立方杯"中文歌曲大赛印尼赛区总决赛收官》，人民网，2022 年 7 月 25 日，http://world.people.com.cn/n1/2022/0725/c1002-32484758.html。

④ 《福建高校开办中印尼产业合作研究中心 开设印尼语课程》，中国新闻网，2022 年 9 月 14 日，http://www.fj.chinanews.com.cn/news/fj_spyxzq/2022/2022-09-14/509614.html。

作。随着中印尼"两国双园"项目的推进，福建高校开设包括印尼语在内的多门课程，主动服务园区人才需求，福建技术师范学院负责人 3 月 5 日称，该校外国语学院 2020 级和 2021 级英语专业共有 170 名学生修读印尼语课程，另有外国语学院、食品与生物工程学院近 30 位教师将参与学习。据悉，福建技术师范学院积极对接中印尼"两国双园"项目，先后与印尼多所高校签订合作协议，并就引进多名印尼籍食品专业博士和语言教育人才达成意向，印尼福建社团联谊总会和印尼《国际日报》也支持该校办学，初步搭建起该校与印尼合作的多元框架格局，促进中印尼合作相关领域的人才聚集。①

2022 年 11 月 15 日，2022 中印尼人文交流发展论坛以线上线下结合方式在华中师范大学成功举办，论坛由教育部中外人文交流中心与华中师范大学共同主办，华中师范大学中印尼人文交流研究中心承办，华中师范大学政治学部、政治与国际关系学院协办，中国社会科学院亚太与全球战略研究院东南亚研究中心支持。论坛以"共享治理经验 共谋合作发展"为主题，两国专家学者围绕双方共同关心的扶贫减贫、城乡基层治理、疫情防控与基层卫生治理、数字经济与数字治理、高校及智库交流合作、产学研合作等议题进行了深入务实的交流研讨。② 11 月 30 日，由中国河北师范大学与印尼玛拉拿达基督教大学共同主办、玛拉拿达基督教大学孔子学院承办的第五届"万隆精神论坛"在印尼万隆市落下帷幕，论坛以"教育、科技和经济行业的数字化转型"为主题，来自中印尼两国教育、科技、商业领域的专家学者与社会人士代表 150 余人以线上线下结合方式参加论坛。③

金融机构以及科技协会主要通过举办丰富多彩的活动促进中印尼教育合作。2022 年 9 月 2 日，中国银行雅加达分行携手雅加达中国签证申请服务

---

① 《对接中印尼"两国双园"项目 福建高校培养紧缺人才》，中国新闻网，2022 年 3 月 8 日，https://www.fj.chinanews.com.cn/news/fj_sjkfj/2022/2022-03-08/498615.html。
② 《2022 中印尼人文交流发展论坛成功举办》，光明网，2022 年 11 月 21 日，https://edu.gmw.cn/2022-11/21/content_36177215.htm。
③ 《第五届"万隆精神论坛"在印尼举办 聚焦数字化转型》，中国新闻网，2022 年 11 月 30 日，https://www.chinanews.com.cn/cj/2022/11-30/9906030.shtml。

中心、中国国际航空、中国南方航空、中国厦门航空举办线上"留学中国信息分享会"，助力印尼学子赴华复学，印尼留华同学联谊会教育部部长尤迪尔、雅加达华文教育协调机构主席蔡昌杰等嘉宾出席，近 800 名印尼学生及家长参加分享会。① 11 月 30 日，由中国科协青少年科技中心发起的"一带一路"海外工程科普营雅万高铁分营成功开营，并在印尼万隆迎来首批当地青少年参访团，来自印尼达润合堪国际学校的 30 名师生在工程管理人员的带领下来到雅万高铁工程施工现场，亲身感受了雅万高铁规划、设计、建设、运营和维护的全过程。②

二 中国与印度尼西亚教育合作的基础与特点

（一）中印尼教育合作基础

人文交流的畅通离不开稳定的经济联系与机制合作，中国与印尼牢固的经济合作为教育合作提供了切实保障。同时，持续的机制创新为双方的教育合作提供了多样化的途径与支持。

1. 牢固的经济合作是保障

近年来，中国与印尼在双边贸易合作领域取得重大进展，双方也致力于不断扩大双边贸易规模。③ 自 2013 年双方建立全面战略伙伴关系以来，中国与印尼的经贸关系总体处于上升状态（见图 1）。2018 年 10 月，双方签署共建"一带一路"和"全球海洋支点"谅解备忘录；2021 年 1 月，双方签署《关于中国和印尼"两国双园"项目合作备忘录》，围绕重点产业不断

---

① 《中资金融机构航空公司合力助印尼学子赴华复学》，中国新闻网，2022 年 9 月 2 日，https://www.chinanews.com.cn/gj/2022/09-02/9843477.shtml。
② 《中国科协"一带一路"海外工程科普营雅万高铁分营在印尼开营》，中国新闻网，2022 年 12 月 1 日，https://www.chinanews.com.cn/gn/2022/12-01/9906606.shtml。
③ 《中华人民共和国和印度尼西亚共和国两国元首会晤联合新闻声明》，中华人民共和国外交部官网，2022 年 11 月 17 日，https://www.mfa.gov.cn/zyxw/202211/t20221117_10976699.shtml。

拓宽原有的贸易合作渠道。2022 年，中印尼双边贸易额达 1491 亿美元，同比增长 19.8%。其中中国自印尼进口 777.7 亿美元，同比增加 140 亿美元，增长 21.7%；出口 713.2 亿美元，同比增加 106 亿美元，增长 17.8%，2022年中国对印尼投资总额达 81.9 亿美元。[①] 印尼是中国在东盟的第三大贸易伙伴，仅次于越南和马来西亚，并且是中国在东盟的第二大投资目的地。而中国是印尼最大的贸易伙伴，同时也是印尼的第一大出口市场和第一大进口来源地。经贸交流与人文交流相辅相成，相互促进，中国与印尼稳固的经济合作为双方的教育合作提供了更多的机会，例如，"两国双园"项目便促进了中国与印尼多所高校签订合作协议以培养对口人才。同时，良好的贸易关系发展也需要双方不断的教育合作注入新的动力，例如，"一带一路"倡议的提出为中国与印尼的科教合作提供了更多机遇，人文交流与经贸合作的相互推动作用更加突出。

图 1　中国—印度尼西亚货物贸易情况

资料来源：联合国贸易数据库（UN Comtrade Database）。

[①] 《中国同印度尼西亚的关系》，中华人民共和国外交部官网，2023 年 1 月，https://www.mfa.gov.cn/web/gjhdq_676201/gj_676203/yz_676205/1206_677244/sbgx_677248/。

此外，《区域全面经济伙伴关系协定》（RCEP）已于2023年1月2日对印尼生效，生效后按照RCEP的相关承诺，中国与印尼将相互实施RCEP协定税率，这将进一步夯实中国与印尼经济合作的基础，也为中国与印尼的教育合作提供了更多可能性。

2. 持续的机制创新是途径

教育合作的持续推进离不开机制合作的支撑与助推。中印尼双方在推动构建中印尼高层对话机制上有所进展（见表1）。2021年6月，中国与印尼建立高级别对话合作机制，在首次会议上，双方共同签署了《中国印尼两国关于建立高级别对话合作机制的谅解备忘录》和《中国印尼两国关于加强海上合作的谅解备忘录》，交换了《关于推进区域综合经济走廊建设合作的谅解备忘录》和《关于建立区域综合经济走廊建设合作联合委员会的谅解备忘录》。双方表示要聚焦包括人文交流领域在内的五大领域合作，丰富人文交流时代内涵。2022年7月，中印尼高级别对话合作机制第二次会议召开，双方在会上全面梳理了两国各领域务实合作进展，达成广泛共识，双方将加强人文等领域合作。

表1　中印尼高级别对话合作机制概况

时间	会议名称	参与方	会议地点	教育合作相关内容
2021年6月5日	中印尼高级别对话合作机制首次会议	中国国务委员兼外长王毅、印尼总统特使卢胡特	贵州贵阳	加强职业教育合作，扩大智库、传媒等领域互动
2022年7月9日	中印尼高级别对话合作机制第二次会议	中国国务委员兼外长王毅、印尼海洋与投资统筹部长卢胡特、印尼外长蕾特诺	印尼巴厘岛	双方将加强人文领域合作

资料来源：笔者综合中华人民共和国外交部官网、中国—东盟中心官网信息整理制成。

除了中国与印尼双方的高级别对话合作机制建立，中国与东盟关于教育合作的对话机制也由来已久（见表2）。2010年8月3日，由中国外交部、教育部和贵州省政府联合举办的首届中国—东盟教育部长圆桌会议在贵阳举行，与会各方在会上回顾了东盟各国与中国教育交流和合作所取得的成就，充分肯定中国—东盟教育部长圆桌会议的积极作用，一致同意继续加强教育高层对话，完善交流与合作机制，共同研究和推动东盟各国与中国教育的战略性合作，会议还通过了《中国—东盟教育部长圆桌会议贵阳声明》。① 2016 年 8 月 2 日，第二届中国—东盟教育部长圆桌会议在贵阳召开，圆桌会议与第九届中国—东盟教育交流周同期举行，会议通过了《关于中国—东盟教育合作行动计划支持东盟教育工作计划（2016—2020）开展的联合公报》，东盟各国教育部部长纷纷表示愿进一步加强与中方在教育领域的合作，落实好行动计划。② 2022 年 8 月 23 日，第三届中国—东盟教育部长圆桌会议以视频方式举行，东盟各国教育部部长分享了本国在促进教育公平、提高教育质量、推动教育变革和数字化转型方面的经验做法。③

表 2 　中国—东盟教育部长圆桌会议概况

时间	会议名称	参与方	会议地点
2010 年 8 月 3 日	第一届中国—东盟教育部长圆桌会议	中共中央政治局委员、国务委员刘延东，中国教育部部长袁贵仁，中国教育部副部长郝平，东盟各国教育部部长，东盟各国驻华使节及部长助手	贵州贵阳
2016 年 8 月 2 日	第二届中国—东盟教育部长圆桌会议	中国教育部部长陈宝生、中国教育部副部长郝平东盟十国教育部部长及代表、联合国等国际组织代表、东盟各国驻华使节、中国各省教育厅和有关高校负责人以及专家学者等	贵州贵阳
2022 年 8 月 23 日	第三届中国—东盟教育部长圆桌会议	中国教育部部长怀进鹏、东盟各国教育部部长及东盟秘书长林玉辉	线上

资料来源：笔者综合中华人民共和国外交部官网、中国政府网、中华人民共和国教育部官网信息整理制成。

---

① 《袁贵仁在首届中国—东盟教育部长圆桌会议上作主题发言时提出以教育为纽带促进中国—东盟区域发展》，中华人民共和国教育部官网，2010 年 8 月 4 日，http://www.moe.gov.cn/jyb_xwfb/gzdt_gzdt/moe_1485/201008/t20100804_93799.html。

② 《第二届中国—东盟教育部长圆桌会议召开——面向未来加强教育交流合作 开辟中国—东盟关系新的不竭动力》，中华人民共和国教育部官网，2016 年 8 月 3 日，http://www.moe.gov.cn/jyb_xwfb/moe_2082/zl_2016n/2016_zl42/201608/t20160803_273770.html。

③ 《第三届中国—东盟教育部长圆桌会议举行》，中华人民共和国教育部官网，2022 年 8 月 23 日，http://www.moe.gov.cn/jyb_xwfb/gzdt_gzdt/moe_1485/202208/t20220823_654847.html。

（二）中印尼教育合作特点

1. 官方与民间合作多途径展开

随着中国与印尼教育合作的不断发展，其不仅聚焦于官方交往，也在民间层面有着广泛的开展。在官方层面，中印尼双方2022年高层交往密切（见表3）。2022年，中印尼两国关系取得良好进展，双方国家元首之间互动频繁。习近平主席两次同印尼总统佐科通电话，双方就多个领域的双边合作达成共识。7月25日，佐科总统应习近平主席邀请访问中国，成为北京2022年冬奥会之后首位访问中国的外国领导人，访问期间，习近平主席同佐科总统在亲切友好的气氛中举行会谈，双方就中印尼关系及共同关心的国际地区问题全面深入交换意见，达成一系列重要共识。[①] 11月16日，习近平主席与佐科总统在巴厘岛举行会谈，双方就共建中印尼命运共同体达成重要共识，一致同意以2023年中印尼建立全面战略伙伴关系10周年为契机，打造高水平合作新格局，并在教育合作方面签署职业教育领域合作文件。同时，国务委员兼外长王毅与印尼对华合作牵头人、海洋与投资统筹部部长卢胡特以及印尼外长蕾特诺通过视频、会谈等方式在2022年开展了6次交流，就朝着共建中印尼命运共同体的大方向，持续深化两国各领域务实合作达成共识。

表3　2022年中印尼双边高层交往中的合作

时间	会议	地点	教育相关合作
1月11日	习近平同印尼总统佐科通电话	线上	印尼愿同中方加强经贸、抗疫等领域合作
3月16日	习近平同印尼总统佐科通电话	线上	推动中印尼友好合作不断得到新发展

---

① 《中华人民共和国和印度尼西亚共和国两国元首会晤联合新闻声明》，中华人民共和国外交部官网，2022年7月26日，https://www.mfa.gov.cn/web/ziliao_674904/1179_674909/202207/t20220726_10728212.shtml。

续表

时间	会议	地点	教育相关合作
3月31日	王毅同来华访问的印尼外长蕾特诺举行会谈	中国安徽	以共建命运共同体为大方向，共同引领区域合作潮流
5月6日	王毅视频会晤印尼对华合作牵头人、海洋与投资统筹部部长卢胡特	线上	深入推进教育、文化、媒体等领域合作
7月7日	王毅会见二十国集团峰会轮值主席国印尼外长蕾特诺	印尼巴厘岛	坚定维护以东盟为核心形成的行之有效的区域合作架构，愿同东盟打造更为紧密的命运共同体
7月26日	习近平同印度尼西亚总统佐科举行会谈	中国北京	从战略高度和长远角度引领中印尼关系行稳致远
7月26日	王毅会见印尼对华合作牵头人、海洋与投资统筹部部长卢胡特和外长蕾特诺	中国北京	进一步提升两国关系，深化各领域友好合作
9月22日	王毅在纽约出席联合国大会期间会见印尼外长蕾特诺	美国纽约	落实好两国元首重要共识，朝着共建中印尼命运共同体的大方向，持续深化两国各领域务实合作
11月16日	习近平同印尼总统佐科举行会谈	印尼巴厘岛	签署职业教育领域合作文件
11月16日	王毅在二十国集团巴厘岛峰会期间会见印尼对华合作牵头人、海洋与投资统筹部部长卢胡特	印尼巴厘岛	推动两国共建命运共同体的愿景落地走实，双边合作不断迈上新台阶

资料来源：笔者综合新华网、中国政府网、中华人民共和国外交部官网、人民网、中国日报网等信息整理制成。

　　此外，中国驻印尼各总领事馆和各级地方政府及其教育、文旅部门也在2022年积极开展各种形式的地方合作（见表4）。中国与印尼的教育合作通过官方与民间多途径互动，呈现涵盖种类丰富、影响范围广、参与人数多等特点。

表4　2022年中印尼双边地方交流中的教育合作

时间	合作机构	教育合作事项
3月22日	中国驻泗水总领事馆、印尼三一一大学、中国西华大学	印尼三一一大学中文与中国文化系成立揭牌仪式

时间	合作机构	教育合作事项
4月8日	成都市人民政府外事办公室、成都市教育局、中国驻泗水总领馆、中国驻胡志明市总领馆	"留学成都"在蓉高校与奖学金政策海外宣讲会
5月24日	江苏省委统战部、省委宣传部、省教育厅、省文化和旅游厅、省归国华侨联合会及江苏凤凰传媒集团等	"华文创想曲"海外华裔青少年创意作文大赛全球启动仪式
6月28日	中国驻登巴萨总领事馆、湖南科技职业学院、西努省龙目基督真理学校、印尼华文教育联合总会	西努省龙目基督真理学校"汉语拼音培训"开班式

资料来源：笔者综合中国—东盟中心官网、中国新闻网、人民网及各合作主体官网信息整理制成。

2. 教育机构合作载体持续发力

（1）孔子学院：中华文化的传播主力

截至2022年12月31日，印尼共建有8所孔子学院，分别为阿拉扎大学孔子学院、玛琅国立大学孔子学院、玛拉拿达基督教大学孔子学院、哈山努丁大学孔子学院、丹戎布拉大学孔子学院、泗水国立大学孔子学院、三一一大学孔子学院以及乌达雅纳大学旅游孔子学院。

在2022年一年内，各孔子学院积极开展国际中文教育以及各类文化活动（见表5），为印尼当地民众学习中文、了解中华文化提供优质平台，同时也为满足印尼民众需求、服务经贸等务实合作做出了积极贡献，有力促进了中印尼人文交流和不同文明的和谐共生。

表5　2022年印尼孔子学院活动概况

时间	主要参与方	活动内容
1月8日	印尼三一一大学孔子学院、韩国延世大学孔子学院、延世大学中国研究院、中国四川省文化和旅游厅、四川师范大学	"巴蜀文旅国际大讲堂"系列讲座第一期"走进天府名县阆中"
2月1日	印尼三一一大学孔子学院	举办"庆春节 迎冬奥"文化活动
3月12日	印尼三一一大学孔子学院、韩国延世大学孔子学院、延世大学中国研究院	"巴蜀文旅国际大讲堂"系列讲座第二期"走进三星堆"
3月26日	印尼乌达雅纳大学旅游孔子学院	"中文+职业专项培训班"结业

时间	主要参与方	活动内容
4月9日	印尼三一一大学孔子学院、韩国延世大学孔子学院、延世大学中国研究院	"巴蜀文旅国际大讲堂"系列讲座第三期"走进东山峨眉"
4月20日	印尼阿拉扎大学孔子学院、中国驻印尼大使馆	"国际中文日"庆祝活动
5月13日	印尼三一一大学孔子学院、印尼丹绒布拉大学孔子学院、中国西华大学	"孔子学院在'一带一路'倡议中的角色"院长国际论坛
5月14日	印尼三一一大学孔子学院、韩国延世大学孔子学院、延世大学中国研究院	"巴蜀文旅国际大讲堂"系列讲座第四期"走进九寨沟"
6月1日	印尼阿拉扎大学孔子学院、中国福建师范大学海外教育学院	线上庆端午主题活动
6月11日	印尼三一一大学孔子学院、韩国延世大学孔子学院、延世大学中国研究院	"巴蜀文旅国际大讲堂"系列讲座第五期"走进雅安·碧峰峡"
6月13日	印尼阿拉扎大学孔子学院、中国三亚学院	线上HSK考试技能强化培训
8月3日	印尼阿拉扎大学孔子学院	印尼警察学院教学点学员结业仪式
9月10日	印尼丹戎布拉大学孔子学院	"悠悠月饼香，浓浓家国情"的中秋节活动
9月28日	印尼三一一大学孔子学院	"中国一日"体验活动
10月26日	印尼丹戎布拉大学孔子学院、印尼国家教育部、中国广西民族大学	印尼独立校园教育文化交流系列活动
10月27日	印尼三一一大学孔子学院	举办"促进中印尼命运共同体建设"国际研讨会
11月2日	印尼阿拉扎大学孔子学院	设立"阿拉扎孔院海信基金"项目

资料来源：笔者综合人民网、中国新闻网、各孔子学院官网信息整理制成。

（2）高校合作：教育合作的优势载体

高校承担着人才培养、科学研究、社会服务、跨文化交流的重要职能，在中印尼教育合作中发挥着独特的作用。充分利用高校这一优势载体，有利于夯实中印尼关系民意基础、提高我国对外开放水平。

中印尼高校教育合作除了共建孔子学院外，主要聚焦于智库构建、留学生互派以及特色项目孵化等领域。当下，中国与印尼立足于"一带一路"倡议与"全球海洋支点"构想等战略需求，开展符合双方利益的高校合作项目。其中，中印尼"两国双园"项目是"一带一路"倡议与印尼"全球海洋支点"构想对接的旗舰示范项目。如 2022 年以来，福建技术师范学院以"五个一"为抓手，紧密对接"两国双园"发展需求，为服务园区建设提供智力与人才支持。4 月 22 日，福建技术师范学院与印尼茂物农业大学、印尼 IPMI 国际商学院合作，举行福建省—印尼海洋食品联合研发中心揭牌仪式；9 月 14 日，福建技术师范学院中印尼产业合作研究中心揭牌仪式成功举行，该中心将服务于中印尼"四轮驱动"友好交流合作，对接福建及东南各省开展对印尼经贸往来的经济主体，主动提供咨询服务，积极与国内外印尼研究学界加强联系，开展科研合作，为中印尼关系长期健康稳定发展搭建桥梁①。此外，截至 2023 年 2 月，在中国求学的印尼各类留学生总数已超 1.5 万人②，中国已成为印尼学生重要留学目的地，同时在疫情稳定后，向印尼派遣的中国留学生人数也逐渐增加。

3. 形成职业教育培训特色领域

当前，各国和区域经济社会快速发展，迫切需要大批技术型人才，职业教育是链接经济发展和产业需求、人力资源和教育供给的重要环节。职业教育培训合作是中国与印尼教育合作中的重要一环，印尼驻华大使周浩黎曾表示，将职业教育和经济建设相结合，是推动印尼经济发展的重要举措。③ 2022 年，中国与印尼以东盟为依托，开展多场多边以及双边职业技能培训（见表 6）。随着《区域全面经济伙伴关系协定》正式生效，中国与印尼将迎来全面深化合作的新时期，这也为双方的职业教育培训合作提供了更多新机遇。

---

① 《我校中印尼产业合作研究中心揭牌得到海内外媒体广泛关注》，福建技术师范学院官网，2022 年 9 月 23 日，http：//fpnu. edu. cn/info/1055/8302. htm。
② 《印尼留学生陆续赴华入学》，中国新闻网，2023 年 2 月 13 日，https：//www. chinanews. com. cn/hr/2023/02-13/9952841. shtml。
③ 《鲁班工坊推动印尼职业教育》，人民网，2021 年 1 月 9 日，http：//paper. people. com. cn/rmrbhwb/html/2021-01/09/content_2028130. htm。

表6　2022年中印尼参与职业教育合作概况

时间	活动	主要内容
4月8日至17日	2022印尼"中文+职业技能"本土师资培训	培训历时9天，开设"中文+物流管理""中文+电子商务""中文+计算机网络"三类专业课程
10月26日	中国职业教育政策解读会	对中国职业教育概况和近几年的职业教育纲领性文件进行了全面解读
12月9日	"中文+职业技能"教育发展论坛	推动双方职业教育交流合作向纵深发展，携手构建"后疫情"时代职教交流合作长效机制
12月27日	2022年"湾区+老区"职业教育创新发展大会	在人才培养、产教融合、成果转化等方面加强合作，共享职业教育发展成果

资料来源：笔者整理自中国—东盟中心官网。

三　中国与印度尼西亚教育合作面临的挑战

2022年是中国与印尼双边关系蓬勃发展的重要一年，印尼总统佐科成为北京冬奥会后首位访华的外国领导人彰显了新时代中印尼命运共同体的重要性。习近平主席于11月赴印尼巴厘岛出席二十国集团领导人第十七次峰会并同佐科举行双边会晤，进一步深化了双方全面战略伙伴关系。但是，中印尼2022年教育合作依然面临一些挑战，具体表现在地缘政治环境、印尼国内限制和中印尼教育差距等方面。

（一）地缘政治环境复杂

美国特朗普政府与拜登政府都将"印太"置于其全球战略重心，实现从"亚太再平衡"向"印太战略"的转变，并积极拉拢盟友及伙伴加大对印太的投入力度以抗衡来自中国的所谓"紧迫挑战"[①]，印尼作为东盟创始成员国和东南亚第一大国成为美国积极争取的地区伙伴。佐科政府虽坚持印

---

① "Indo-Pacific Strategy of the United States", The White House, February 11, 2022, https：//www. whitehouse. gov/briefing-room/speeches-remarks/2022/02/11/fact-sheet-indo-pacific-strategy-of-the-united-states/.

尼一贯奉行的"独立自主"和"自由进取"外交理念，在地区事务中强调维持"东盟中心地位"，但为防止任何一个大国主导东南亚事务，其也积极实行"对冲"战略，在同中国在"一带一路"倡议下保持密切合作的同时，积极同美国展开"印太战略"下的各项安全、经济和社会领域合作，此外也同美国亚太传统盟友日本、韩国等在战略协同、经贸往来、军事防务、民间交流、海上安全等领域加强合作①。在此影响下，中印尼教育合作充满一些不确定性，同时易受到地缘政治等因素影响。

在美国日益推进其"印太战略"的背景下，中美在域内的竞争性冲突不断升级，这使得以印尼为代表的东盟国家对东南亚沦为大国博弈竞技场和东盟沦为大国竞争"代理人"深表担忧，此外，由俄乌冲突导致的能源、粮食危机和经济发展困境也让东盟国家高度警惕"选边站"可能造成的恶劣后果及对"东盟中心地位"的侵蚀②。此外，中国还同印尼在纳土纳海域专属经济区划界问题上存在一定分歧，这使得印尼同中国的教育合作可能受到政治化、泛安全化因素的影响，特别是在美西方及其域内盟友和伙伴的舆论攻势下，中印尼双边教育合作的进一步深化充满地缘政治挑战。

（二）印尼国内限制因素

除地缘政治因素外，当前中印尼教育合作深化受印尼国内宗教矛盾激化、党派权力斗争、政策连贯性不足等因素限制。

2024年印尼将举行新一届政府大选，而前期竞选活动早已如火如荼地展开，并引发一系列连锁反应甚至骚乱。印尼现任总统佐科分别于2014年与2019年两次赢得大选，在2019年的大选中佐科及其竞选搭档马鲁夫·阿

---

① "Japan-Indonesia Ministerial-Level Strategic Dialogue", Ministry of Foreign Affairs of Japan, March 6, 2023, https：//www. mofa. go. jp/press/release/press1e_000386. html；"Menlu Retno Kunjungi Seoul, Perkuat Hubungan Indonesia-Korea Selatan", merdeka. com, April 1, 2023, https：//www. merdeka. com/peristiwa/menlu-retno-kunjungi-seoul-perkuat-hubungan-indonesia-korea-selatan. html.

② S. Seah et al., *The State of Southeast Asia: 2023 Survey Report*, Singapore：ISEAS-Yusof Ishak Institute, 2023.

敏（Ma'ruf Amin）以 55.5% 的得票率击败得票率为 44.5% 的大印尼运动党总主席普拉博沃及其搭档桑迪亚加·乌诺（Sandiaga Uno）①，在选举过程中，普拉博沃及其搭档的支持者甚至一度威胁，若存在舞弊情况将使用"人民的力量"举行大规模示威游行以抗议选举结果，持相关言论者就包括印尼人民协商会议前主席、反对党领袖阿米恩·赖斯（Amien Rais）②。目前普拉博沃已宣布将再次参加总统竞选，善于煽动宗教矛盾和塑造身份政治的印尼雅加达前省长阿尼斯（Anies Baswedan）也已宣布正式参选，并获得国民民主党（NasDem）等政党正式提名③，可能进一步催生印尼国内民粹情绪，不利于营造中印尼教育合作深化的良好氛围。

此外，作为印尼现最大执政党的民主斗争党（PDI-P）在总统候选人的提名上存在一定内部分歧。佐科多次暗示支持提名中爪哇省省长甘贾尔（Ganjar Pranowo）参与 2024 年大选，而分析人士认为民主斗争党总主席梅加瓦蒂（Megawati Soekarnoputri）或有意愿提名其女即现任众议院议长布安（Puan Maharani）参加竞选④，因此，随着竞选进程的深入，宗教矛盾激化、党派权力斗争等因素可能将造成"滚雪球效应"，影响印尼国内及外交政策。同时由于选举结果的不确定性，印尼新一届政府能否继续执行当前中印尼教育合作的相关政策还存在一定疑问，因此，双方教育合作的深化受到印尼国内因素较大限制。

---

① "KPU Names Jokowi Winner of Election", *The Jakarta Post*, May 21, 2019, https://www.thejakartapost.com/news/2019/05/21/kpu-names-jokowi-winner-of-election.html.

② "Amien Rais Threatens 'People Power' at Slightest Hint of Voter Fraud", *The Jakarta Globe*, April 3, 2019, https://jakartaglobe.id/context/amien-rais-threatens-people-power-at-slightest-hint-of-voter-fraud.

③ "NasDem's Election Gambit with Anies Nomination", *Tenggara Strategics*, November 25, 2022, https://tenggara.id/backgrounder-tjp/tenggara-backgrounder-november-25-2022/nasdems-election-gambit-with-anies-nomination.

④ "Analysis: Megawati Torn Between Sukarno Clan, Party and National Interests", *The Jakarta Post*, October 31, 2022, https://www.thejakartapost.com/opinion/2022/10/31/analysis-megawati-torn-between-sukarno-clan-party-and-national-interests.html.

（三）教育合作领域局限

当前中印尼教育合作以高等教育和职业教育领域为主，政府奖学金项目、合作项目也较多围绕此展开，双方对学前教育和中小学阶段的合作重视不足，而印尼在非高等教育等领域存在明显不足（见图2），这导致双方在合作重点和领域聚焦上存在差异，制约着双边合作的进一步展开。

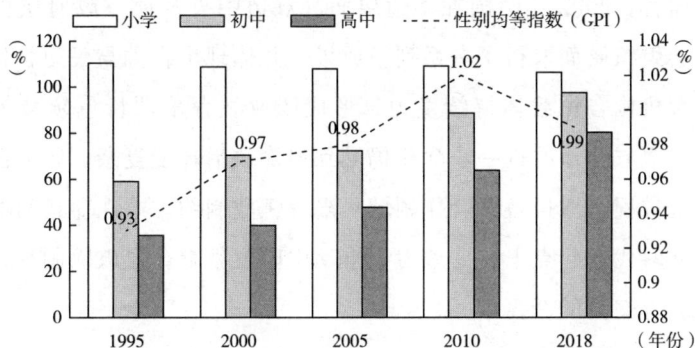

图 2　印尼中小学阶段毛入学率及性别均等情况

资料来源：UNESCO Institute for Statistics, *Data for the Sustainable Development Goals*, http://uis.unesco.org/。

当前印尼初中及高中毛入学率及男女受教育机会均等方面仍有一定提升空间，而中印尼中小学阶段教育合作较为缺乏，这使得双方教育合作深化受合作领域局限、合作基础不牢固等因素限制。同时，单纯聚焦高等教育与职业教育领域合作，容易面临资金投入大却实际效果不佳的困境，不利于促进中印尼命运共同体的持续构建和中印尼民心相通的推进，甚至可能引发人文交流对双边关系的负面返溢效应。

结　语

2022年，印尼总统佐科将疫情发生以来首次东亚之行的第一站选在了中国，他也成为北京冬奥会后首位访华的外国元首，两国领导人在会晤时明确了共建中印尼命运共同体的大方向；同样在 2022 年，习近平主席成功出席于印尼巴厘岛举行的二十国集团领导人第十七次峰会并同佐科举行会谈，两国领导人就共建中印尼命运共同体达成重要共识，一致同意以 2023 年中印尼建立全面战略伙伴关系 10 周年为契机，打造高水平合作新格局。作为中印尼命运共同体和全面战略伙伴关系重点领域的教育合作，也是政治、经济、人文、海上合作"四轮驱动"的高级别对话合作机制的重要组成部分。

具体而言，2022 年两国在多边层面、双边中央及地方政府层面、院校智库及社会组织层面取得了一系列新成果，并体现出官方与民间合作多途径展开、教育机构合作载体持续发力、形成职业教育培训特色领域等合作特点。但是，双方合作的进一步深化仍受到地缘政治环境复杂、印尼国内宗教政治与大选进程、双边教育合作领域局限等挑战制约。站在命运与共的后疫情与大变局时代新起点上，要致力于推动中印尼教育合作破除制约，携手书写中印尼教育交流的新篇章。

大道之行——和谐包容下的中国与印度尼西亚文化交流

王勇辉　张梓轩*

摘　要：　和谐包容是蕴藏于中国和印度尼西亚民族文化中的价值理念。在两国的文化交流中，和谐包容的理念包括两层含义：其一，中印尼两国应持包容开放的态度，在文化交往中做到平等相待、互学互鉴；其二，以文化交流学习为起点，中印尼两国民众能够实现民心相通，并在人类命运共同体的框架内做到和谐互助、共同发展。在和谐包容理念的指导下，2022年中印尼两国在中文比赛、中文教学、援学助教和文学出版等方面开展了频繁的交流。除了起到文化传播的作用外，中印尼两国的文化交流实践还充分发挥其社会效应，满足了印尼民众的现实需求，赢得了印尼民众对中华文化的认可和理解，这为两国民众实现民心相通、和谐互助奠定了基础。

关键词：　中印尼文化交流　和谐包容　民心相通

引　言

中国与印度尼西亚的文化交流由来已久。古代，我国与印尼最早的联系

---

*　王勇辉，华中师范大学政治与国际关系学院/中印尼人文交流研究中心教授，博士生导师；张梓轩，华中师范大学政治与国际关系学院硕士研究生。

可追溯至汉武帝时期。随着海上丝绸之路的形成和发展，我国与印尼的贸易往来日益密切，中国的器物和传统文化也在中国商人开展海上贸易的过程中传播到印尼。尤其在明初郑和下西洋以后，一批居住在广东和福建的华人移民印尼，并在爪哇、苏门答腊等地建立了华人社区，进一步推动中华文化在印尼的传播，如我国的闽南方言传入了印尼，成为印尼语的一部分。① 到了现代，"21世纪海上丝绸之路"正在构建，中国与印尼的文化交流在延续过去的包容与友谊的基础上呈现出新的时代特点。2013年，习近平主席在印度尼西亚国会发表题为《携手建设中国—东盟命运共同体》的重要演讲时强调："中方愿同印尼和其他东盟国家共同努力，使双方成为兴衰相伴、安危与共、同舟共济的好邻居、好朋友、好伙伴，携手建设更加紧密的中国—东盟命运共同体。"② 2017年，习近平主席在会见印尼佐科总统时表示，两国要"推动旅游、教育、文化交流，加强多边组织中沟通和协调"③。2018年，在中印尼两国元首会面期间，习近平主席再次强调中印尼两国要加强人文领域交流合作。④ 2022年，习近平主席赴印尼巴厘岛出席二十国集团领导人第十七次峰会期间，两国元首一致决定秉承中华文明"敦亲睦邻""和而不同"的传统思想和印尼"互助合作""殊途同归"理念，遵循《联合国宪章》宗旨和原则、和平共处五项原则和万隆精神，共建中印尼命运共同体。⑤ 这表明，我国自古以来就以开放包容的理念与印尼展开文化交流，而这种理念在新时代下得到继承和发展，它要求中印尼两国的文化交流在包容开放的基础上谋求双边关系的友好和睦，推动中印尼命运共同体的构建。这也

---

① 庄国土：《论中国人移民东南亚的四次大潮》，《南洋问题研究》2008年第1期，第71页。
② 《习近平：共同谱写中国印尼关系新篇章 携手开创中国—东盟命运共同体美好未来》，人民网，2013年10月4日，http://jhsjk.people.cn/article/23103692。
③ 《习近平会见印度尼西亚总统佐科》，人民网，2017年5月15日，http://jhsjk.people.cn/article/29274598。
④ 《习近平会见印度尼西亚总统佐科》，人民网，2018年11月18日，http://jhsjk.people.cn/article/30406668。
⑤ 《中华人民共和国和印度尼西亚共和国联合声明》，中国政府网，2022年11月17日，https://www.gov.cn/xinwen/2022-11/17kontent_5727371.htm?eqid=f978851400000fba-000000066475b526。

是对我国古典哲学中大道思想的践行。2022 年以来，在和谐包容、求同存异的共同理念下，中印尼两国在中文比赛、中文教育、援学助教、文学翻译和出版等方面开展了频繁且深入的交流，为两国百姓消除误解、加深理解创造了条件，也推动了双方实现和谐相处、同舟共济的友好关系。

一 和谐包容： 中印尼文化交流的"民心相通"

（一）和谐包容的具体内涵

1. 中文语境下的和谐包容

和谐包容的理念最早孕育于我国夏商周时代的礼乐文化之中。《尚书》载："有容，德乃大。"[1] 中国古人认为，品德高尚的君主需要有包容万物的胸襟，如此君主才能做到 "克明俊德，以亲九族。九族既睦，平章百姓。百姓昭明，协和万邦"[2]。这是一个由内而外、由近及远的过程。只有具备了一颗仁德之心，也即包容之心，君主才能够在天下实现和谐之况。所以，在中华传统哲思之中，"容" 是 "和" 的基础，"和" 是 "容" 的目的。

"各美其美，美人之美。"费孝通先生认为，每个国家和民族的文化都扎根于本国本民族的土壤之中，拥有自己独特的性质和长处。因此，不同文化中的不同人群要以自己的文化为本，学会欣赏自己的传统文化，保持文化自信心。同时，要打破既有的偏见和误解，尊重和包容其他国家和民族的文化，了解其他文化的优势和美感，以加强相互学习、相互借鉴。[3] 我国古代思想家孟子也认为："物之不齐，物之情也。"[4] 万事万物都具有差异性，这是由事物的本性决定的。但差异性并不代表万事万物有高低优劣之分，它们都有各自的价值，双方之间不应相互排斥，而应相互包容。

---

① （汉）孔安国传，（唐）孔颖达正义《尚书正义》，上海古籍出版社，2007，第 581 页。
② 慕平译注《尚书》，中华书局，2009，第 2 页。
③ 费孝通：《费孝通文集》第十四卷，群言出版社，1999，第 195~196 页。
④ 万丽华、蓝旭译注《孟子》，中华书局，2007，第 113 页。

包容化解了人与人之间的误解与隔阂，为"和"的实现奠定了基础。在《论语》中，"和"取和谐、中庸之意，它强调的是性质不同的事物通过实现矛盾诸方面的平衡来达到一种多元一体的状态。[1] 这种多元一体并不是事物的简单组合，而是不同性质的事物通过和谐交融而实现的超越自身的新发展。《左传》载："和如羹焉，水、火、醯、醢、盐、梅，以烹鱼肉。""声亦如味，一气，二体，三类，四物，五声，六律，七音，八风，九歌，以相成也。""若以水济水，谁能食之？若琴瑟之专壹，谁能听之？"[2] 各种调料本是分离的，但当厨师将它们混合在一起烹饪鱼肉，就能做出美味的羹汤。五音六律各有特色，但将它们配合起来演奏，就能做到"八音克谐，无相夺伦，神人以和"。[3] 这表明，万事万物不仅要在包容的基础上共存，还应在共存的基础上相辅相成，以达到多元一体的状态。

在国与国之间的文化交流中，上述的多元一体实际上是费孝通先生所说的"美美与共，天下大同"。费孝通先生认为，在对待其他国家和民族的文化时，我们不仅要容忍与尊重别人与己相异的价值理念，还应理解和欣赏别人的观点，在沟通交流中做到互补与融合，并实现新的发展。[4] 在这里，新的发展指的是"天下大同"。而在新时代的语境下，新的发展指的则是各国共同构建的人类命运共同体。

所以，我国传统的和谐包容理念主张不同国家和民族的文化要互学互鉴，以开放的心态对待外来文化。通过长期的文化交流互动，双方逐渐实现睦邻友好、民心相通，达到一种和谐共生的状态。这一状态的达成便意味着人类命运共同体的形成。

2. 印尼语境下的和谐包容

在印度尼西亚，和谐包容体现于其民族格言"殊途同归"（Bhinneka

---

① 方克立：《"和而不同"：作为一种文化观的意义和价值》，《中国社会科学院研究生院学报》2003 年第 1 期，第 28 页。

② 刘利、纪凌云译注《左传》，中华书局，2007，第 271 页。

③ （明）蕅益著，江谦补注，梅愚点校《四书蕅益解》，崇文书局，2015，第 31 页。

④ 方克立：《"和而不同"：作为一种文化观的意义和价值》，《中国社会科学院研究生院学报》2003 年第 1 期，第 26~27 页。

Tunggal Ika）中，并推行于印尼的建国五大原则——潘查西拉（Pancasila）中。① "殊途同归"的理念源于印尼本土的爪哇文化，崇尚和谐是爪哇文化的核心价值观之一。② 古代爪哇人认为，社会的和谐安宁是社会运行的基本法则，不能被干扰和破坏。在这一自然法则下，人与人之间都要为了维护共同利益而避免冲突和矛盾的发生，并通过互助合作实现社会整体的和睦。如果冲突无法避免，那么爪哇人会选择传统的妥协办法进行纠偏，使矛盾的双方回归到原有的社会机制中，以避免冲突进一步升级。③ 随着印尼独立运动的胜利，崇尚和谐的价值观被印尼建国者们总结进"潘查西拉"之中。④ "潘查西拉"在印尼语中意味着"形体虽异，本质却一"，中国的印尼语专家则将其翻译为"殊途同归"。

"潘查西拉"包含了五项原则：神道主义原则、人道主义原则、团结统一原则、民主原则和社会公正原则。而"殊途同归"的理念在人道主义原则、团结统一原则和民主原则三者中体现得最为明显。印尼开国领袖苏加诺认为，印尼首先是一个各民族团结统一的国家，而不是国内某一个利益集团的代言人。作为国内多元民族的代表，印尼并不认为印尼民族凌驾于其他民族之上。相反，印尼民族是世界民族大家庭的一分子，希望能够通过互助合作实现与世界其他民族的团结统一，做到"我为人人，人人为我"。在苏加诺看来，这就是印尼一直秉持的"天下为公"的理念。⑤

进入 21 世纪后，苏西洛总统将"潘查西拉"解释为"多元一体"；而佐科总统在牛头党 49 周年庆典的发言中将"潘查西拉"解释为各民族之间

---

① 《印尼中国友好协会黄愿宇先生应邀参加 2021 年第七届尼山世界文明论坛》，《千岛日报》2021 年 10 月 24 日，https：//www.qiandaoribao.com/2021/10/24/印尼中国友好协会黄愿宇先生应邀参加 2021 年-第七届。

② Franz Magnis-Suseno, *Etika jawa: Sebuah Analisa Falsafi tentang Kebijaksanaan Hidup Jawa*, Jakarta：PT Gramedia, 1984, pp. 39-40.

③ Franz Magnis-Suseno, *Etika jawa: Sebuah Analisa Falsafi tentang Kebijaksanaan Hidup Jawa*, Jakarta：PT Gramedia, 1984, pp. 50-51.

④ Thomas Wiyasa Bratawijaya, *Mengungkap dan mengenal budaya Jawa*, Jakarta：Pradnya Paramita, 1997, pp. 20-21.

⑤ 《苏加诺演讲集》，世界知识产权出版社，1956，第 1 页。

应相互宽容，各社区之间应互助合作，以加强团结和统一。①

由此可知，在国与国之间的文化交流中，印尼语境下的和谐包容意味着世界不同国家和民族的文化是并行不悖的，无高低优劣之分。彼此之间不仅要相互尊重、平等相待，还应加强沟通联系，互学互鉴、择善而从，由此形成多民族文化的团结统一，乃至"天下大同"。这一点与中文语境下的和谐包容理念是相通的。中文的和谐包容强调的是包容基础上的多元一体，而印尼的和谐包容正是多元一体的具体体现，所以中国和印度尼西亚的民族文化存在共同的哲学基础。

（二）和谐包容在中印尼文化交流中的价值

和谐包容是中国和印度尼西亚共同的价值观。在中国，和谐包容分为"容"与"和"两层含义。其中，"容"侧重文化层面的内涵，要求我们应以本民族文化为基石，兼收并蓄，吸收其他国家和民族的优秀文化精髓；"和"侧重的则是社会层面的内涵，主张通过文化交流实现国与国、民族与民族之间的民心相通，并以此为基础构建一个命运共同体，使世界上各个国家和民族真正实现和谐圆融。而在印尼，和谐包容强调世界不同国家和民族的文化应通过相互尊重、相互协调加强团结统一，以减少矛盾和冲突的发生。可见，无论在中国还是在印尼，和谐包容的理念都要求两国的文化交流不能仅止步于平等相待、互学互鉴，还要带动民心交流，以民心相通推进人类命运共同体的构建，由此使中印尼两国的关系达到真正的和谐交融。

在具体实践中，这种和谐包容的理念在中印尼文化交流中发挥了重要作用。中国和印度尼西亚存在着不同的政治制度、宗教信仰和风俗习惯，两国民众会因此产生误解和隔阂，这也引起了历史上印尼本土居民与当地华人之间的矛盾。但包容的理念能够成为双方化解矛盾的基石。在双方的文化交流

---

① 《总统为牛头党 49 周年庆典演讲》，《国际日报》2022 年 1 月 11 日，http：//epaper.guojiribao.com/shtml/gjrb/20220111/101833.shtml。

中，"容"的价值观能够使两国民众主动摒弃心中的芥蒂，并以开放的心态接触和学习对方的民族文化。这种接触和学习会让双方愿意开展更多的文化交流，促进两国民众间的相互理解，并为日后开展更高层次的合作奠定基础。以印尼华人华侨与本土民族的交往为例，巴厘岛每年举行的春节活动不仅有华人华侨参与，还吸引了包括巴厘族、爪哇族、马都拉族、巽他族等印尼本土民族的参加。这些本土民族在体验中华传统节日的同时，也主动登台表演本民族的特色歌舞，实现了中华文化和印尼文化的和谐交融。这种交融使得当地的华人华侨与本土民族建立了深厚的友谊关系。① 所以，文化上的包容实现了中印尼两国的民心相通。

在此基础上，"和"的价值观能够将两国通过文化交流实现的民心相通转化为两国在人类命运共同体内的睦邻友好、合作共赢。中华民族的"和"着眼于天下大同，即所谓的"大道"，这是万事万物的最终目的。所以，在"和"的指导下，我国并不认为文化上的相互包容、互学互鉴仅为了促进民心相通，而是要在民心相通的基础上主动将印尼民众纳入人类命运共同体中，做到相携相助、合作共赢，使两国民众都能享受到发展的红利。在印尼佐科总统访华期间，习近平主席强调，中印尼双方确立了共建命运共同体这一大方向。中方愿同印尼以此为统领，巩固战略互信，坚定支持彼此维护主权、安全、发展利益，坚定支持彼此探索符合本国国情的发展道路，坚定支持对方发展经济、提高人民生活水平。② 可见，和谐包容的理念丰富了中印尼文化交流的内涵，扩大了文化交流带来的溢出效益。

二　亲诚惠容：践行中印尼文化交流的"民心相通"

2022 年，中国与印度尼西亚展开了频繁的交往，全面战略伙伴关系持

---

① 《彰显族群和睦殊途同归的登巴萨春游活动》，《千岛日报》2023 年 2 月 6 日，https：//www.qiandaoribao.com/2023/02/06/彰显族群和睦殊途同归的登巴萨春游活动-意如香。

② 《习近平同印度尼西亚总统佐科会谈》，人民网，2022 年 7 月 26 日，http：//jhsjk.people.cn/article/32486317。

续深化。① 在具体的文化交流实践中，中印尼双方基于和谐包容的共同理念在中文比赛、中文教育、文学翻译等领域保持友好交往、互助合作，呈现出亲、诚、惠、容四大特点。

（一）关系亲——"汉语桥"沟通两国民心

"希望通过汉语桥，我可以更深地感受到汉语之美，追逐梦想、实现梦想。"来自印尼亚洲国际友好学院的陈佳馨认为，"汉语桥"是印尼文化与中华文化相通的桥梁，也是她个人通往梦想的桥梁。②

2022 年 6 月 22 日至 24 日，第 21 届"汉语桥"世界大学生中文比赛、第 15 届"汉语桥"世界中学生中文比赛和第 2 届"汉语桥"世界小学生中文秀印尼赛区总决赛在线举行。此次总决赛有来自印尼 13 个省级赛区的 82 名选手代表入围，其中巴布亚省有史以来第一次派出两名选手。此外，参赛的非华裔选手不断增多，并取得了优异成绩。

此届"汉语桥"比赛以"快乐中文"、"追梦中文，不负韶华"和"天下一家"为主题，向印尼参赛选手传递了中华民族爱好和平、追求和睦、倡导和谐的理念，体现了我国与新时代世界各族人民包容互鉴、建设人类命运共同体的时代内涵。在印尼赛区的总决赛中，参赛选手用中文演讲，并以京剧、古筝、二胡、快板、舞剑等为主题进行才艺表演，这表现了他们对中华文化的喜爱和独到的理解。③ 其中，汉语言专业的大三学生陈佳馨在"汉语桥"世界大学生中文比赛印尼赛区总决赛中获得一等奖。④ 在"汉语桥"比赛的自我介绍短片中，陈佳馨表示中文歌是连接自己与中文的桥梁。出于

① 《为构建中印尼命运共同体注入新动力（大使随笔）》，中国共产党新闻网，2022 年 11 月 14 日，http://cpc. people. com. cn/n1/2022/1114/c64387-32565380. html。

② 《亚洲-印度尼西亚赛区-陈佳馨 Vlog 视频作文》，中外语言交流合作中心官网，2022 年 6 月 22 日，http://bridge. chinese. cn/c21/449/449_15911_1. html。

③ "Chinese Bridge 2022 Jadi Jembatan Kaum Muda Kembangkan Skill Bahasa Mandarin", *Maranatha News*, Juni 13, 2022, https://news. maranatha. edu/chinese-bridge-2022-jadi-jembatan-kaum-muda-kembangkan-skill-bahasa-mandarin/.

④ 《2022"汉语桥"中文比赛印尼赛区总决赛成功举办》，人民网，2022 年 6 月 25 日，http://world. people. com. cn/n1/2022/0625/c1002-32456380. html。

对中文歌的热爱，陈佳馨萌发了学习中文的兴趣。歌曲《仰望星空》是她感触最深的中文歌，她认为这首歌曲激发了她对理想信念的向往和追求。因此，她参加了包括"汉语桥"在内的诸多中文比赛，希望借助这些平台感受中文之美，并追逐自己的梦想。① 印尼民众参加"汉语桥"的热情反映了"汉语桥"比赛作为一种文化交流活动品牌逐渐成熟，产生了较好的品牌效应。这种品牌效应与文化传播的有机结合创新了中华文化的传播模式，使中华文化在印尼的影响力得到增强。此外，作为一种文化交流平台，"汉语桥"比赛也加深了印尼民众对中华文化的了解，同时为印尼民众的个人发展提供了机会，做到在文化交流互动中实现两国民众的共同发展。

在"汉语桥"印尼赛区总决赛的颁奖典礼上，中国驻印尼大使陆慷也表示："'汉语桥'中文比赛加深了印尼人民对中国语言和中华文化的理解，在中国与印尼青年之间架起了以语言文化促进民心相通的桥梁，也是促进中印尼两国合作共赢之桥、推动中印尼文明交流互鉴之桥。"通过以"汉语桥"为代表的中印尼文化交流活动，陆慷大使"希望越来越多的印尼青年学生成为促进中印尼两国民相亲、心相通的友好使者，为印尼国家经济建设，为中印尼人民的世代友好贡献才智和力量"。② 所以，"汉语桥"比赛拉近了中国人民和印尼人民之间的心灵距离，吸引了一批印尼青年主动学习中华优秀传统文化，加深了中印尼两国人民的友谊。这为中国和印尼两国开展更深层次的交流合作、深化全面战略伙伴关系、打造命运共同体奠定了基础。

（二）态度诚——"中文+"彰显大国真诚

"通过培训，我了解了中国的文化、语言、礼仪等，也学到了职业技能，

---

① 《亚洲-印度尼西亚赛区-陈佳馨 Vlog 视频作文》，中外语言交流合作中心官网，2022 年 6 月 22 日，http：//bridge. chinese. cn/c21/449/449_ 15911_ 1. html。

② 《驻印度尼西亚大使陆慷出席"汉语桥"世界中文比赛印尼赛区总决赛颁奖典礼》，中华人民共和国外交部官网，2022 年 6 月 24 日，https：//www. mfa. gov. cn/web/gihdq_ 676201/gi_ 676203/yz_ 676205/1206_ 677244/1206x2_ 677264/202206/t20220624_ 10709740. shtml。

希望将来也能和教我的老师们一样，成为一名专业教师。"印尼学员西蒂·艾沙认为，"中文+职业技能"的培训实现了他长久以来学习中文的心愿，还让他掌握了专业的技能，这让他感到自己能参与这次培训非常幸运。①

2022年3月14日，印尼日惹国立大学和南京工业职业技术大学联合承办了2022印尼"中文+职业技能"本土师资培训，该培训将中华文化体验与职业技能教学相结合，致力于培养印尼本土的"中文+职业技能"师资，提高印尼职业院校教师的教学能力。此次培训一共开设了"中文+电子商务""中文+计算机网络""中文+物流管理"三类专业课程，有来自印尼100多所职业院校的887名学员参加。他们在学习中文、体验中华优秀传统文化的基础上学习物流、电商、计算机网络等方面的专业技能。其中一位学员朱娜迪是第一次学中文，专业内容跟物流相关。在培训过程中，授课老师将物流相关概念如电动叉车、堆垛机等，用动态图表现。与此同时，将其功能以及在生产场景中相互关联的应用通过动画的形式展示，这样让学习者既直观了解了其样子，也了解了它们如何工作，帮助学习者同时掌握中文和相关职业技能知识。也有其他学员在中文作业中写道："我从这门课程中获得的好处是我对普通话有新的见解和经验，并且在汉字、剪纸、中华文化方面有了额外的知识。除此之外，我还掌握了额外的中文技能。"这表明，"中文+"模式是一种合作共赢的中文教学模式，它通过教授职业技能，满足了印尼学员在工作和个人发展方面的切身利益需求，由此激发他们学习中文、认识中华优秀传统文化的兴趣。南京工业职业技术大学校长谢永华也表示："此次'中文+职业技能'培训也树立了国家间精诚合作的典范。"②

除此之外，中印尼两国之间在2022年还开展了多次"中文+职业技能"的文化交流活动，如3月7日，由中国教育部中外语言交流合作中心主办、

---

① 《"中文+职业技能"助力未来之路》，人民资讯，2022年4月8日，https：//baijiahao. baidu. com/s？id=1729501279936052144&wfr=spider&for=pc。

② 《"中文+职业技能"助力未来之路》，人民资讯，2022年4月8日，https：//baijiahao. baidu. com/s？id=1729501279936052144&wfr=spider&for=pc。

华南师范大学承办的印尼本土中文教师职业技能提升研修班开班①；10 月 10 日，襄阳职业技术学院与印度尼西亚泗水 PGRI 阿迪布阿娜大学共建的"中国—印尼融合教育学院"首期"中文+特殊教育"培训项目顺利开班②；11 月 19 日，由中国教育部中外语言交流合作中心主办、济南职业学院承办的 2022 年印尼巴厘岛"中文+导游"汉语桥线上团组培训正式开班③。"中文+"模式正替代传统的中文教学模式在中印尼文化交流中发挥更大的作用。

由此可见，中文教学是中印尼文化交流的重要方式，它能够为印尼民众了解中国历史文化提供平台。但中文教学的目的并不仅仅是传播我国的文化，还希望中印尼两国民众能够语言互通，消除双方因文化差异产生的误解，并在彼此尊重的基础上做到互助合作，实现共赢。习近平主席在复信沙特中文学习者代表时指出："学习彼此的语言，了解对方的历史文化，将有助于促进两国人民相知相亲，也将为构建人类命运共同体贡献力量。"④ 所以，中文教学的宗旨是消除中印尼文化之间的差异，并让印尼民众能够因学习中文而受益。这要求中文教学不能仅限于语言的传授，还应在教学中培养印尼学习者的技能，为印尼民众的就业、学习深造等提供便利，由此增加中文教学的附加值。而"中文+"模式的转型正符合中印尼文化交流的新要求，这种模式通过将中文教育与职业技能教育相结合，"打造'汉语学习市场'和'汉语应用市场'无障碍通道，培养对口人才，实现汉语学生学习、实习、就业一条龙"⑤。这反映了在中印尼文化交流中我国始终秉持着真实

---

① 《华南师范大学举行 2021 年印尼本土中文教师职业技能提升研修班开班典礼》，华南师范大学国际文化学院官网，2022 年 3 月 14 日，http：//cicgz. scnu. edu. cn/a/20220314/1025. html。

② 《学校"中国—印尼融合教育学院"首期"中文+特殊教育"培训项目顺利开班》，襄阳职业技术学院对外交流与合作处官网，2022 年 10 月 11 日，http：//www. hbxytc. com/info/1021/24939. htm。

③ 《济南职业学院印尼巴厘岛"中文+导游"汉语桥线上团组培训顺利结业》，济南职业学院旅游管理学院官网，2022 年 12 月 12 日，https：//www. jnvc. cn/info/1050/20095. htm。

④ 《习近平复信沙特中文学习者代表》，人民网，2022 年 12 月 8 日，http：//jhsjk. people. cn/article/32582699。

⑤ 《廖桂蓉：汉语教学如何促进中印尼"你来我往"?》，中国侨网，2022 年 6 月 24 日，https：//baijiahao. baidu. com/s? id=1736474091351484034&wfr=spider&for=pc。

亲诚理念和正确义利观，谋求中国人民和印尼民众的合作共赢。

（三）施实惠——援学助教展现宽柔和惠

"与阿拉扎大学孔子学院合作设立海信基金是中企履行社会责任、促进印尼学生学习中文的一个举措。"中国海信印尼公司总经理李现委认为，印尼的中国企业应主动承担社会责任，努力赢得印尼民众的认可，并在此基础上促进中印尼两国人文交流、促进世界了解中国。[①]

2022 年 11 月 2 日，海信印尼公司在印尼阿拉扎大学孔子学院设立"阿拉扎孔院海信基金"项目。该项目基金共 2.4 亿印尼盾，主要用于从 2023 年春季学期开始资助 4 名困难印尼学生在印尼阿拉扎大学孔子学院中文系中文专业学习，他们本科四年的学费均由"海信基金"承担。阿拉扎大学孔子学院印尼方院长菲力表示，这是阿拉扎大学孔子学院成立以来首次获得企业的赞助支持，该基金能够有效帮助印尼困难学生求学。印尼阿拉扎大学校长亚瑟普认为，该基金项目有助于印尼学生学习中国文化，希望海信印尼公司能够与阿拉扎大学开展多方面的合作。[②]

除此之外，2022 年 4 月 10 日，我国教育部向印尼提供了价值 27 亿印尼盾的技术创新援助，该援助将以大数据、云计算、物联网和人工智能服务的形式分发给印尼的 24 所教育机构，包括高中/职业学校、理工科大学等。印度尼西亚驻北京大使馆教育文化参赞苏亚德认为："该援助能够培养印尼学生学习普通话的兴趣，并提高印尼各级普通话教师的教学质量。"[③] 9 月 29 日，中国教育部中外语言交流合作中心与印度尼西亚驻华大使馆合作，计划向印度尼西亚的 35 所大学提供智能教室设备，以提高印尼学生学习中文的兴趣。

---

① 《印尼孔子学院设立中企基金资助困难学生学中文》，《千岛日报》2022 年 11 月 4 日，https：//www.qiandaoribao.com/2022/11/04/印尼孔子学院设立中企基金资助困难学生学中文。

② 《印尼孔子学院设立中企基金资助困难学生学中文》，《千岛日报》2022 年 11 月 4 日，https：//www.qiandaoribao.com/2022/11/04/印尼孔子学院设立中企基金资助困难学生学中文。

③ "Indonesia dapat bantuan 'smart classroom' Rp2, 7 miliar dari China", Antara News, April 10, 2022, https：//www.antaranews.com/berita/2812625/indonesia – dapat – bantuan – smart – classroom-rp27-miliar-dari-china.

印度尼西亚驻华大使周浩黎表示，中国教育部中外语言交流合作中心通过在小学、中学和大学举行的各种培训，为提高教师和校长的素质做出了积极贡献。①

中国政府部门和企业对印尼教育事业的支持和帮助表明民心相通、和谐共处是中印尼文化交流的目标。而这一目标的实现需要两国民众在情感上建立紧密的联系。中国儒家文化认为"仁爱"是人与人之间建立情感联系的核心品质，它要求人们以心换心，通过实际行动赢得对方的真挚情感。这在中印尼文化交流中表现为两国在合作中要重视文化交流带来的社会效应，尤其要以文化交流的方式为双方民众带来实惠，助力双方民众生活福祉的提高。习近平主席在亚太经合组织工商领导人峰会上的讲话强调，长期以来，亚太地区秉持大家庭精神，坚持同舟共济、共克时艰，化解各种风险，在世界经济大潮中破浪前行，在合作中形成共同体意识。② 只有当中印尼两国通过实际行动给双方民众带来良好的印象，在两国民众间建立起真挚情感的时候，双方民众才能够为对方的民族文化所吸引，并真正认同和接纳对方的民族文化。

（四）观念容——文学交流推动观念交融

"希望有更多中国文学作品被翻译成印尼语，希望两国之间文学翻译和出版的交流合作更加密切。"③ 印尼阿拉扎大学孔子学院副理事长穆尼在 2022 年印度尼西亚国际书展期间表达了对中印尼文学交流深入发展的期望。

---

① "KBRI Beijing miliki perangkat kelas cerdas Bahasa Mandarin"，Antara News，September 30，2022，https：//www. antaranews. com/berita/3150625/kbri - beijing - miliki - perangkat - kelas - cerdas-bahasa-mandarin.

② 《习近平在亚太经合组织工商领导人峰会上的书面演讲》，中国政府网，2022 年 11 月 17 日，http：//www. gov. cn/xinwen/2022-11/17/content_5727618. htm。

③ 《印尼读者以书为媒"阅读"中国》，《中国新闻出版广电报》2022 年 11 月 15 日，https：//mp. weixin. qq. com/s? _ _ biz = MzA3MTQ2ODUyNA = = &mid = 2650983758&idx = 1&sn = 3d08507c06125fb9d00633afb6848cd1&chksm = 84db79cdb3acf0db249efe59f1e01b690e8faa4ebff37a64b82d9bd8c3cb68009d2c4cbe8206&scene=27。

2022 年 11 月 9 日至 13 日，印度尼西亚国际书展在雅加达会展中心举行。该书展由印尼出版商协会主办，有来自中国、伊朗、泰国、文莱、马来西亚、韩国、阿联酋和印尼等 8 个国家的出版商参加。其中，中国科技资料进出口总公司联合国内 17 家出版单位在该书展设立了"阅读中国"展区，并组织举办了第二届中印尼文学翻译与出版论坛、中印尼文化教育交流回顾与展望论坛，这为中国故事的传递和中国形象的展示提供了平台。在此次书展中，《中国梦与中国道路》《人口大国的希望》《2050：中国的低碳经济转型》《论大国农业转型》等四本书是中印尼两国在文学翻译领域合作的最新成果，向印尼民众介绍了中国发展转型的道路。印度尼西亚国家研究与创新区域研究中心研究员 Paulus Rudolf Yuniarto 表示："翻译中国和印尼经典作品是相互了解两国文化差异的重要渠道，这不仅能在书籍翻译方面，还能在社会科学和技术研究方面增加中印尼两国的合作前景。"①

在第二届中印尼文学翻译与出版论坛上，山东教育出版社与印尼火炬基金会出版社签署了《中外文学交流史 中国—东南亚卷》印尼文版版权的输出协议，并向阿拉扎大学孔子学院赠送了 17 卷《中外文学交流史》。而在中印尼文化教育交流回顾与展望论坛上，现场观众和主持人交流了《我们和你们：中国和印度尼西亚的故事》印尼文版读后感。与会嘉宾表示："后疫情时代进一步加强交流，搭建中印尼双方相互认知和理解的金色桥梁，是两国官方与民众的共同心愿。"②

除了国际书展外，印尼本地华人也在中印尼文学交流中做出了贡献。2022 年 7 月，印尼本地杂志《新报》和《印华文友》联合举办了第五次印华作家新书发布会，其中万隆华裔作家、翻译家卜汝亮的新著《中国古典诗词》和《中国新诗集》在该发布会亮相。《新报》主编李卓辉表示，希望

---

① "China-Indonesia Translation Project Promotes Mutual Understanding", *Global Times*, November 14, 2022, https://www.globaltimes.cn/page/202211/1279470.shtml.

② 《印尼读者以书为媒 "阅读"中国》，《中国新闻出版广电报》2022 年 11 月 15 日，https://mp.weixin.qq.com/s?__biz=MzA3MTQ2ODUyNA==&mid=2650983758&idx=1&sn=3d08507c06125fb9d00633afb6848cd1&chksm=84db79cdb3acf0db249efe59f1e01b690e8faa4ebff37a64b82d9bd8c3cb68009d2c4cbe8206&scene=27.

印华文化成为印尼文化的一部分，因此印华文坛要与印尼文化相结合、相交流。卜汝亮认为，印华文坛若要融入主流社会，就要把中国的优秀文化介绍给印尼社会。[①]

由此可见，文学是民族文化的重要载体，它凝聚着一个民族的精神资源和价值追求。不同国家和民族之间开展文学交流，能够使民众加深对多元化价值理念的认知与了解，增进民众对世界不同文明的包容与认同。习近平主席在联合国教科文组织总部发表演讲时强调："让文明交流互鉴成为增进各国人民友谊的桥梁、推动人类社会进步的动力、维护世界和平的纽带。"[②]所以，中印尼文学交流体现的是平等、互鉴、对话、包容的文明观，其目的是以文学上的交流对话带动文化互鉴，以文化互鉴实现中印尼两国的共同发展，借此消除不同文明之间的冲突与隔阂。在这一过程中，中印尼两国民众能够在相互理解和信任的基础上建立起一种价值共识，并在这一价值共识的指导下以命运共同体的形式展开更深层次的交往与合作。

小　结

和谐包容是中印尼两国民众共同秉持的价值理念。面对两国在政治体制、经济发展模式和宗教信仰上的差异，两国民众能够坚持包容开放的态度，在文化交流中做到互学互鉴、取长补短，吸收不同文明的精髓。习近平主席在中华人民共和国恢复联合国合法席位 50 周年纪念会议上强调："世界是丰富多彩的，多样性是人类文明的魅力所在，更是世界发展的活力和动力之源。"[③] 因此，文化交流互鉴是推动两国和合共生的重要手段。但是，文化交流互鉴不能仅限于

---

① 《〈新报〉与〈印华文友〉第五次新书发布会在雅加达举行》，《千岛日报》2022 年 8 月 4 日，https://www.qiandaoribao.com/2022/08/04/《新报-》与《印华文友》-第五次新书发布会在雅加。

② 《习近平在联合国教科文组织总部的演讲（全文）》，中国政府网，2014 年 3 月 28 日，http://www.gov.cn/govweb/xinwen/2014-03/28/content_2648480.htm。

③ 《习近平在中华人民共和国恢复联合国合法席位 50 周年纪念会议上的讲话（全文）》，中国政府网，2021 年 10 月 25 日，http://www.gov.cn/xinwen/2021-10/25/content_5644755.htm。

简单的文化传播，它还需要建基于文化交流活动品牌和文化交流机制的创新发展之上。"汉语桥"比赛的举办为中印尼文化交流打造了成熟的文化交流品牌，中文教育和职业技能教育的结合、援学助教、国际书展的举办也是对中印尼文化交流机制的创新。这些创新为两国民众了解对方的民族文化提供了崭新的平台和渠道，也提高了两国民众学习对方的民族文化的兴趣。更为重要的是，通过这种品牌和机制的创新，文化交流不仅起到了文化传播的作用，还能够为双方民众带来切身的利益，满足双方民众的现实需求。只有当文化交流与社会效应之间得到有机结合，两国民众之间才能实现相互理解和信任，真正做到民心相通，使得中印尼两国在命运共同体的框架下互利共赢。

2022年中国与印度尼西亚卫生合作

刘明周　张炳权*

摘　要： 卫生合作是中国与印尼政治、经济、人文、海上合作"四轮驱动"格局的重要组成部分。近年来，中印尼卫生合作在百年未有之大变局下逆势上扬，成为全球卫生合作的典范。回顾历史，中印尼卫生交流与合作源远流长，在不同时期，合作内容呈现不同的特征。进入2022年，在两国元首战略擘画下，中印尼卫生合作新格局持续深化，机制化合作水平不断提升，合作领域也进一步拓宽。展望未来，中印尼将继续在中药、医疗器械等领域进行合作，双方合作的前景具有较强的稳定性和可预期性。由于国际局势的微妙调整，中印尼卫生合作也存在一些挑战。2023年的中印尼将延续双方卫生合作的积极态势，助力人类卫生健康共同体的实现。

关键词： 卫生合作　中印尼关系　人类卫生健康共同体

公共卫生安全作为非传统安全的一种表现形式，近年来成为国际社会普遍关注的问题。在此背景下，各国成为休戚相关、命运与共的卫生健康共同体，国家之间的卫生合作是应对公共卫生安全威胁的强有力手段。中国和印尼同为发展中大国和新兴经济体代表，面对世界百年未有之大变局下的全球

---

* 刘明周，华中师范大学政治与国际关系学院教授，博士生导师，中印尼人文交流研究中心研究员；张炳权，华中师范大学政治与国际关系学院硕士研究生，中印尼人文交流研究中心助理。

公共卫生安全威胁，两国携手前行、迎难而上，2022 年双方继续加强卫生领域的合作，用实际行动诠释了中印尼推动构建人类命运共同体的精神。

一　中国与印度尼西亚卫生合作总体概况

中印尼卫生合作具有较为悠久的历史，合作内容在不同时期有不同的具体表现。在全球公共卫生安全威胁肆虐全球之际，中印尼两国团结协作，互帮互助，树立了发展中大国精诚合作的典范。两国在共同应对全球公共卫生安全威胁的基础上推动完善全球公共卫生治理、构建人类卫生健康共同体，[①] 也明确了共建中印尼命运共同体的大方向。[②] 展望未来，中印尼两国将继续加强卫生健康合作，在应对全球公共卫生安全威胁和卫生合作方面持续发挥标杆作用，完善全球公共卫生治理。[③]

（一）中印尼卫生合作的历史沿革

中印尼卫生合作起源于两国的中医药交流，具有悠久的历史。明朝时期就有印尼当地中医使用中医药来治疗相关疾病的详细记载。在清代，中医药通过贸易和移民继续向印尼传播，中医药的认同群体从华人扩大到印尼各个族群，促进了印尼社会的快速发展。这一时期，中印尼的中医药交流以香药贸易为主：印尼有着丰富的香药种类，尤以苏门答腊岛为甚，向中国出口大量香药。通过香药贸易，印尼也丰富和补充着中医药宝库，这既促进了双方的经济与文化交流，也巩固了两国的友好关系，[④] 为中医在印尼的巩固和发

---

① 《习近平同印度尼西亚总统佐科通电话》，中华人民共和国外交部官网，2022 年 1 月 11 日，https：//www.mfa.gov.cn/web/ziliao_674904/zt_674979/dnzt_674981/qtzt/kjgzbdfyyq_699171/202201/t20220111_10481027.shtml。

② 《习近平同印度尼西亚总统佐科通电话》，中华人民共和国外交部官网，2022 年 3 月 16 日，https：//www.mfa.gov.cn/web/zyxw/202203/t20220316_10652323.shtml。

③ 《中华人民共和国和印度尼西亚共和国联合声明》，中华人民共和国外交部官网，2022 年 11 月 17 日，https：//www.mfa.gov.cn/web/zyxw/202211/t20221117_10976699.shtml。

④ 冯立军：《略述清代中国与印尼的中医药交流》，《南洋问题研究》2010 年第 1 期，第 86~87 页。

展奠定基础。印尼独立后，中医在印尼经历了从正常发展到严格限制的坎坷时期，尤其是1967年两国外交关系的中止，给双方的卫生合作带来了严峻的挑战，双方的卫生合作直到两国关系正常化才开始恢复正常。1990年中印尼恢复外交关系后，两国卫生领域合作逐渐恢复并加快了步伐。这一时期的重要事件是1994年两国签署了关于卫生合作的谅解备忘录，同意在人力资源开发、卫生管理、医疗技术、妇幼卫生、健康教育、传统医学的研究和开发、传染病的控制及其他公共卫生的领域进行合作，交流情报资料及专长，并鼓励两国的卫生机构（包括医院和科研单位）在该框架下加强合作。① 自该谅解备忘录签署后，印尼政府对中医给予了发展空间，双方的卫生交流与合作也呈现上升态势。

进入21世纪，伴随着双方关系的快速发展，卫生也成为两国合作的重点领域，这一时期两国的卫生合作逐渐机制化。2015年3月，两国领导人发起成立中印尼副总理级人文交流机制，旨在促进两国在包括卫生在内的教育、科技、文化、媒体和青年等领域的交流合作，5月27日，中国—印尼副总理级人文交流机制首次会议在印尼首都雅加达举行，刘延东副总理在会上宣布，2015年至2017年，中国将为印尼培训100名卫生专业技术人员。② 2021年6月，中印尼高级别对话合作机制首次会议在中国贵阳举行，双方达成深化卫生健康合作的共识；③ 2022年7月，中印尼高级别对话合作机制第二次会议在印尼巴厘岛举行，双方继续在卫生领域展开积极合作。④ 2022年11月，中印尼领导人在G20巴厘峰会期间举行会晤，双方重申两国高度

---

① 《中华人民共和国卫生部和印度尼西亚共和国卫生部关于卫生合作的谅解备忘录》，中华人民共和国外交部官网，1994年9月5日，http://switzerlandemb.fmprc.gov.cn/web/ziliao_674904/tytj_674911/tyfg_674913/200203/t20020326_9866709.shtml。

② 《刘延东：中国将为印尼培训百名卫生专业技术人员》，中国新闻网，2015年5月28日，https://www.chinanews.com.cn/gn/2015/05-28/7308112.shtml。

③ 《中国印尼高级别对话合作机制首次会议达成五点重要共识》，中华人民共和国驻印度尼西亚共和国大使馆官网，2021年6月8日，http://id.china-embassy.gov.cn/zgyyn/202106/t20210608_8924719.htm。

④ 余谦梁：《王毅共同主持中印尼高级别对话合作机制第二次会议》，新华网，2022年7月10日，http://www.news.cn/world/2022-07/10/c_1128819492.htm。

重视卫生健康合作，在卫生合作方面持续发挥标杆作用，完善全球公共卫生治理。①

（二）中印尼卫生合作的层级交流

自中印尼两国签署关于卫生合作的谅解备忘录以来，两国的卫生合作快速发展，合作内容和形式逐渐机制化，合作主体也突破政府单一层面，形成了包括国家层面、地方层面和民间层面的层级交流。全球公共卫生安全威胁出现后，两国地方政府相互间进行医疗物资援助，企业和社会组织也纷纷伸出援手，积极开展抗疫援助的相关活动，这不仅有力地支持了经济社会恢复和发展，更彰显两国民心相通，共筑中印尼命运共同体的愿望。

1. 国家层面的卫生合作

自中印尼副总理级人文交流机制确定将加强两国卫生领域的合作后，双方政府层面的交流活动增多，如 2015 年由中国国家卫生计生委牵头进行的中国—印尼公共卫生人才合作培训计划；② 2017 年由中国驻印尼大使馆和印尼伊斯兰教士联合会共同援助的"便民综合卫生设施"在印尼万丹省建成；③ 2018~2019 年由中国商务部在印尼举办的中国医疗健康（印尼）品牌展；④ 2019 年 2 月，印度尼西亚卫生部部长特别顾问阿克玛·达赫对华进行访问，国家药品监督管理局副局长徐景与其进行了会谈，双方表示将进一步

---

① 《中华人民共和国和印度尼西亚共和国联合声明》，中华人民共和国外交部官网，2022 年 11 月 17 日，https：//www.mfa.gov.cn/web/zyxw/202211/t20221117_10976699.shtml。

② 《国家卫生计生委办公厅关于印发〈国家卫生计生委关于推进"一带一路"卫生交流合作三年实施方案（2015—2017）〉的通知》，中华人民共和国国家卫生健康委员会官网，2015 年 10 月 23 日，http：//www.nhc.gov.cn/wjw/ghjh/201510/ce634f7fed834992849e9611099bd7cc.shtml。

③ 林秀敏：《中国助印尼建设便民卫生设施 为当地带来清洁水源》，中国经济网，2017 年 6 月 9 日，http：//intl.ce.cn/specials/zxgjzh/201706/09/t20170609_23521378.shtml。

④ 郑世波：《中国医疗健康（印尼）品牌展促进两国医疗行业合作交流》，新华网，2018 年 11 月 29 日，http：//www.xinhuanet.com/world/2018-11/29/c_1123781445.htm。

探讨和加强在药品医疗器械监管领域的交流与合作。① 这些交流合作活动不仅提高了中印尼卫生合作水平，促进民心相通，也为提升共建"一带一路"国家的卫生治理水平做出重要贡献。全球公共卫生安全威胁出现后，国家主席习近平同印尼总统佐科多次通电话，表示双方要加强卫生合作，维护地区和全球公共卫生安全。在这期间，中印尼两国政府部门加强了各领域卫生合作，采取了一系列措施。

一是相互援助医疗卫生物资。印尼在中国应对全球公共卫生安全威胁的攻坚期给予中国大量的物资援助，而当同样的情况在印尼出现时，中国政府迅速行动，投桃报李，向印尼捐赠了包括流行病检测试剂、医用 N95 口罩、医用外科口罩、防护服、便携式呼吸机等在内的物资，驻印尼使领馆也在相应的领区进行了捐赠活动。中印尼两国都在双方应对全球公共卫生安全威胁的艰难期给予对方大量的援助，以实际行动深刻阐释了人类命运共同体的理念。

二是举行应对全球公共卫生安全威胁合作交流会。2020 年 5 月，中共中央对外联络部和印尼国民民主党共同举行视频交流会，双方就流行病防控、复工复产、基层社区管理和"一带一路"框架下经贸投资、海洋渔业等领域务实合作进行了探讨；② 2021 年 1 月，中印尼卫生研讨会以视频形式举办，双方就应对全球公共卫生安全威胁的经验和双边卫生合作开展了交流。③

三是共同应对卫生威胁。全球公共卫生安全威胁出现后，中国率先同印尼开展合作，并取得了很大成效。2021 年 6 月，在中国贵阳举行的中国印尼高级别对话合作机制会议上，中印尼达成五点共识，双方决定持续推进传

---

① 《徐景和会见印度尼西亚卫生部部长特别顾问阿克玛·达赫》，国家药品监督管理局，2019 年 2 月 20 日，https://www.nmpa.gov.cn/directory/web/nmpa//yaowen/ypjgyw/20190220173901287.html。
② 《中印尼政党举行抗疫经验视频交流会》，中华人民共和国驻印度尼西亚共和国大使馆官网，2020 年 5 月 29 日，http://id.china-embassy.gov.cn/zgyyn/202005/t20200529_2084654.htm。
③ 《马晓伟主任线上出席中印尼卫生研讨会》，中华人民共和国国家卫生健康委员会官网，2021 年 2 月 3 日，http://www.nhc.gov.cn/gjhzs/s2908/202102/8a4dd6aed0624d2da37c17d1f47c0f76.shtml。

统医学、药物研发、医药产业等卫生健康领域合作。[①] 2022 年 1 月，国家主席习近平在同印尼总统佐科通电话时表示中方将继续同印尼开展疫苗全产业链合作和药物研发，助力印尼打造区域疫苗生产中心。[②] 2022 年 11 月，在 G20 巴厘峰会期间，中印尼两国领导人进行会晤，在随后的联合声明中，双方重申高度重视卫生健康合作。[③]

2. 地方层面的卫生合作

中印尼地方层面的卫生合作也随着两国关系的发展而日趋频繁。伴随着两国人文交流的快速发展，卫生合作逐渐占据着中印尼地方交流中的重要位置，地方政府间的往来日趋活跃，民间友好持续深化。全球公共卫生安全威胁出现以来，两国地方政府守望相助，共克时艰，积极给予对方物质和精神支持。

自印尼公共卫生安全威胁出现以来，中国有关地方政府在做好本省市卫生防护的基础上，积极筹备物资以支持印尼应对公共卫生安全威胁。根据统计数据，北京、上海、福建、重庆、海南、广州等省市地方政府向印尼捐赠 2.6 万只 N95 口罩、19.7 万只医用防护口罩、1500 件防护服、3 万双医用手套，以及数百件额温枪、血氧仪等医疗物资（截至 2020 年 4 月）。[④] 2022 年 7 月，浙江—印度尼西亚新能源与医疗健康产业对接会在浙江杭州举行，双方聚焦新能源与医疗健康产业，浙江省同印尼开展洽谈对接，共探合作新机。[⑤] 2022 年，广东省于上半年向印尼苏北省捐赠了 4 台呼吸机，广东省省

---

① 《中国印尼高级别对话合作机制首次会议达成五点重要共识》，中华人民共和国外交部官网，2021 年 6 月 6 日，http://svideo.mfa.gov.cn/wjbzhd/202106/t20210606_9137457.shtml。

② 《习近平同印度尼西亚总统佐科通电话》，中华人民共和国外交部官网，2022 年 1 月 11 日，https://www.mfa.gov.cn/web/ziliao_674904/zt_674979/dnzt_674981/qtzt/kjgzbdfyyq_699171/202201/t20220111_10481027.shtml。

③ 《中华人民共和国和印度尼西亚共和国联合声明》，中华人民共和国外交部官网，2022 年 11 月 17 日，https://www.mfa.gov.cn/web/zyxw/202211/t20221117_10976699.shtml。

④ 《中国地方政府积极支持印尼抗击新冠肺炎疫情》，中华人民共和国驻印度尼西亚共和国大使馆官网，2020 年 4 月 14 日，http://id.china-embassy.gov.cn/ztbd/xxxdddd/202004/t20200414_2340943.htm。

⑤ 黄慧：《浙江与印尼共探新能源与医疗健康产业投资合作新机》，中国新闻网，2022 年 7 月 12 日，https://www.chinanews.com.cn/cj/2022/07-12/9801982.shtml。

长王伟中就庆祝两省结好 20 周年专门致信印尼苏北省省长艾迪,表示愿共同落实两国领导人重要共识,进一步深化两省经贸、人文等领域友好交流与务实合作,助力共建中印尼命运共同体。① 中印尼两国地方政府间的互帮互助,体现了两国深厚的友谊和坚实的人文交流基础。

3. 民间层面的卫生合作

国之交在于民相亲,在最能体现中印尼交往友谊深厚的民间层面,双方的人文交流近年来不断深化。得益于 2015 年中印尼副总理级人文交流机制的建立,2016 年中国—印尼高校智库联盟成立,2017 年中印尼人文交流研究中心分别在华中师范大学和北京外国语大学成立。②国内中印尼人文交流研究中心的设立,促进了两国人文各领域的交流和发展,也不断深化着两国人民的友谊,彰显人类卫生健康共同体的时代价值。

全球公共卫生安全威胁出现以来,两国民间层面交往频繁,双方守望相助,为应对公共卫生安全威胁给予对方无私援助,真正弘扬了团结合作的精神。在中国应对公共卫生安全威胁的关键期,印尼民间持续、踊跃向中国捐赠医疗物资和资金,显示出根植于悠久历史的传统友谊在新时期随着两国关系的快速发展而不断巩固。民间的卫生交流还体现在中印尼卫生研究机构之间的互动上。2021 年 12 月,浙江大学医学院附属儿童医院与印度尼西亚国家心血管病中心(National Cardiovascular Center Harapan Kitaji)通过网络连线,开展了一场关于如何有效对接印尼儿童心脏团队的需求的研讨会,利用该院的技术优势,双方开展国际合作与交流,共同提高儿童先天性心脏病的筛查、诊断和治疗水平,助力中国—印尼医疗健康合作。③ 2022 年 4 月,由清华大学东南亚中心与万科公共卫生与健康学院共同举办的"中印尼繁荣公共卫生云论坛"举行,清华大学校长王希勤表示,希望通过此次论坛搭

---

① 《携手并进 共赢未来—广东省向印尼北苏门答腊省捐赠一批呼吸机》,广东省人民政府外事办公室官网,2022 年 12 月 30 日,http://www.gdfao.gov.cn/wsdt/ws/content/post_1034901.html。

② 骆永昆、陈戎轩:《中国与印度尼西亚人文交流:历史、现状与前景》,《亚非研究》2018年第 1 期,第 216 页。

③ 《我院心脏中心助力中国—印尼医疗健康合作》,浙江大学医学院附属儿童医院官网,2022年 1 月 4 日,http://www.zjuch.cn/news/default/id/9814/cid/101。

建中印尼两国在公共卫生领域的交流平台，探讨更加广泛的合作，加强公共卫生体系建设，促进公共卫生领域投资。与会专家梁万年从中国应对公共卫生安全威胁、公共卫生应急管理的三角模型、建设有韧性的公共卫生体系等三个方面探讨了如何加强公共卫生体系建设；牛津大学荣誉副校长戈登·达夫和清华大学讲席教授黄天荫共同主持了"新时代巴厘岛繁荣路线图：医疗保健和数字化投资"分论坛的讨论，与会专家围绕此主题进行了深入探讨。①

二　中国与印度尼西亚卫生合作进展

中印尼卫生交流与合作是中印尼人文交流的重要内容，在全球公共卫生安全威胁肆虐期间及之后，卫生合作是双方合作的重要领域和主题，服务于两国关系健康长远发展和各领域战略合作的全局。两国卫生合作也在应对公共卫生安全威胁中得到强化，这有助于双方加强公共卫生治理，建立起完善的公共卫生体系。

（一）合作内容涉及多个领域

中印尼卫生合作的内容与领域较为广泛，涉及传统医药、医疗健康产业以及卫生人才交流与培养等。

1. 传统医药合作稳步推进

印尼作为华侨最多的国家，也是中医药海外传播最早到达的国家之一，具有良好的中医药发展基础。随着中印尼两国在人文和医疗卫生领域的密切交流与合作，中医药成为两国卫生合作的重点领域之一，两国的中医药合作也是践行两国"一带一路"倡议和"全球海洋支点"构想的具体举措。近年来，中印尼药用植物的保护与开发、药用植物产业合作、开展专家和技术

---

① 《"中印尼繁荣公共卫生云论坛"举办》，清华大学万科公共卫生与健康学院官网，2022年4月19日，https：//vsph.tsinghua.edu.cn/info/1024/1629.htm。

人员交流与能力建设等成为传统医药合作的新方向。2022 年 1 月，由国家发展改革委国际合作中心和印尼海洋与投资统筹部共同主办的中—印尼药用植物保护研究创新基地联委会第二次会议以"线上 + 线下"方式，在北京、雅加达同步举行。5 月，国家发展改革委国际合作中心和北京中医药大学共同主办的中—印尼药用植物保护与开发创新研究线上培训研讨会成功举办。传统医药是印尼和中国之间值得关注的贸易领域之一，印尼和中国在传统医药领域都有很大的发展空间。

2. 医疗产业合作空间广泛

印尼拥有超过 2.79 亿居民，是世界人口第四大国，同时也是东盟第一大经济体，经济增长潜力巨大。然而，印尼毕竟是发展中国家，本身的医疗条件并不充足。全球公共卫生安全威胁的出现，使得居民的健康意识有所增强，加上印尼国民公卫医保（BPJS Kesehatan）的参与人数从 2014 年的 1.334 亿人已快速增加到 2022 年的 2.487 亿人，[1] 医疗健康行业的发展潜力和增长空间巨大，其数字化转型趋势在公共卫生安全威胁的催化下逐渐凸显，即通过投资数字健康记录、远程医疗和人工智能工具等技术，继续将护理服务扩展到医院之外，尤其是对于印尼这样的多岛屿、人口分布较为分散的国家具有重要意义。[2] 在应对公共卫生安全威胁期间，印尼民众使用智能手表来控制血糖和氧气水平，有些甚至控制心率等，而在这方面中国拥有成熟的技术，中国的智能医疗设备能够有效满足印尼民众的需求。中国印尼商会主席 Liky 表示，印尼确实有机会加强与中国在各个领域的合作，包括健康产业。[3] 通过运用人工智能、机器学习和物联网等技术，居民能够更加精确地了解自己的健康水平，也能获得及时有效的医疗建议。在医疗产业领

---

① 《国民公卫医保迈向十年——将继续改进和优化各方合作，实现更加健康的印尼!》，《国际日报》2023 年 1 月 31 日，https://guojiribao.com/? p=263602。

② "Toward the Digitization of the Health Systems in Indonesia", *The Jakarta Post*, September 19, 2022, https://www.thejakartapost.com/opinion/2022/09/18/toward-the-digitization-of-the-health-systems-in-indonesia.html.

③ 《印尼将加强和中国在卫生领域的商业合作》，每日印尼，2022 年 2 月 26 日，https://www.indonesia-daily.com/page_21051.html。

域，中国与印尼的合作空间非常广泛。

3. 其他医疗卫生合作稳步展开

在医疗卫生合作的其他领域，中印尼同样有着广泛的共同利益，双方的合作与交流有利于促进医疗产业合作升级，服务于中印尼卫生合作的整体利益，为促进两国人民健康福祉，推动人类卫生健康共同体贡献力量。2022年11月G20巴厘峰会前夕，中国华大集团与印尼卫生部、印尼大学、德尔理工学院（Institut Teknologi Del）签署关于基因组学发展倡议、联合研究和人才培养、建设相关实验室的三项合作备忘录，印尼海洋与投资统筹部部长、对华合作牵头人卢胡特在巴厘岛主持签约仪式，见证印尼有关方面与中国企业签署合作文件。此前，印尼卫生部宣布六大支柱医疗转型战略，基因组学被视为公共卫生医疗技术快速发展的关键推动力之一，[①] 在此背景下，中印尼在基因领域的合作，既服务于印尼医疗转型的国家战略，也有利于加强基因技术在民生方面的应用，为印尼人民的健康福祉做出贡献。同月，国药集团与印度尼西亚国有医药企业 Kimia Farma 战略合作签约仪式在北京、雅加达两地举行，国药国际总经理周颂与 Kimia Farma 总裁犹他玛共同签署战略合作备忘录，双方首个原料药本地化生产合作项目正式启动。据了解，Kimia Farma 与国药集团在 PAP（对氨基苯酚）方面的合作规模有望达到5000吨/年，将为双方在印尼的基础药物本土化生产长期合作奠定坚实基础。[②] 中印尼双方在基础药物生产上的合作，对推进中印尼医药卫生健康全产业链合作升级、加快打造产业协同发展新格局发挥着重要作用。

（二）合作路径——双边与多边合作协同

中印尼不仅在卫生合作双边层面迈出重要步伐，取得一系列合作成果，在多边层面更是保持着密切的沟通与交流。全球公共卫生安全威胁出现以

---

① 《签约！华大集团助力印尼基因组学发展》，凤凰网，2022年11月21日，https://i.ifeng.com/c/8L7PWtxq0zk。

② 《国药重磅签约！迈出中印尼合作新步伐》，国药集团官网，2022年11月29日，https://www.sinopharmintl.com/content/details_17_2710.html。

来，两国元首多次通电话支持对方的应对工作，也积极捐助卫生物资，相互砥砺，在卫生合作方面展现了发展中国家精诚合作的典范。在多边层面，两国元首保持着默契，为本地区和全球的公共卫生治理出言献策，在涉及发展中国家的整体利益方面，两国都致力于消除"免疫鸿沟"，以行动促进发展中国家人民的健康福祉。

中印尼卫生合作的双边层面表现为：一是两国元首互通电话，就两国关系、重点合作的领域及双方对国际秩序的看法进行沟通，达成共识；二是两国元首互访，并发表联合声明，重申双方的承诺，就中印尼关系及共同关心的国际地区问题全面深入交换意见，达成一系列重要共识；三是两国外长通过通电话和举办高级别对话合作机制会议，在两国元首达成广泛共识的基础上就具体合作领域进行磋商，并在微观层面对合作领域进行细分，明确双方的承诺；四是两国卫生行政部门就应对全球公共卫生安全威胁举行交流会，相互分享经验；五是两国企业落实两国元首达成的共识，并就医疗卫生的未来合作领域签署备忘录。

中印尼卫生合作的多边层面表现为：一是在本地区既有的合作框架下展开对话与合作，例如中国—东盟（10+1）领导人会议及外长会、东盟—中日韩（10+3）领导人会议及外长会、东亚峰会等；二是在全球性的国际机制下进行沟通，例如联合国大会，世界卫生大会，二十国集团领导人峰会、外长会及卫生行政部门的会议，亚太经合组织领导人非正式会议，"一带一路高峰论坛"等。

（三）合作成效——成果与挑战并存

中印尼两国的卫生合作造福两国人民，在全球公共卫生安全威胁出现后，中印尼卫生合作进入了快速发展期，交流与合作更加深化，取得了一系列合作成果，不断提升合作水平，也不断拓宽合作路径，朝着共建中印尼命运共同体迈出实质性步伐。两国制药企业签署多项合作协议，促进医疗产业合作。然而，由于国际局势的复杂调整，中印尼卫生合作也同样面临一些挑战。

根据罗伯特·基欧汉对合作的定义，国际合作被认为是"政策协调过程的结果"，并且"当一国政府遵从的政策被另外国家的政府视为能够促进它们自己的相互认识时，政府间的合作就会发生"。① 据此，当一国与其他国家进行政策协调，并且双方均认为与对方的协调具有实现目标的可能性时，合作随之发生。在政策协调的过程中，难免会受到各种因素的影响。此外，对于国际合作，罗伯特·普特南进一步强调，国际合作是国际、国内双层博弈的结果。② 由此可见，国家间的合作受着国际和国内双重影响，是这两个层面博弈的结果。

中国与印尼等东南亚国家为印尼全球公共卫生安全威胁而进行的卫生合作被美国等西方国家进行政治化解读。美国也经常将中国与东南亚国家的合作行为"污名化"，企图削弱中国在该地区的影响力。2021 年 12 月，美国国务卿安东尼·布林肯访问印尼期间，在雅加达大学发表演讲时鼓吹"中国威胁"，声称"中国在亚洲有'侵略性举动'，并警告中国在该地区停止此类行为"③。在政治领域，2022 年 5 月东盟—美国特别峰会在美国首都华盛顿举行，会后发布了《东盟—美国 2022 年特别峰会联合愿景声明》，声明中强调了"东盟与美国致力于提升基本医疗产品的本地和区域可持续制造能力，包括按照自愿和共同商定的条款的知识转让与技术援助提供"④，美国期望通过拉拢东盟国家组成对抗中国的包围圈，妨碍中国与东盟国家的各领域合作。同月，在经济领域，美国总统拜登在访问日本期间推出了"印太经济框架"（Indo-Pacific Economic Framework，IPEF），印尼是首批 13

---

① 〔美〕罗伯特·基欧汉：《霸权之后——世界政治经济中的合作与纷争》，苏长和、信强、何曜译，上海人民出版社，2012，第 52 页。

② R. D. Putnam, "Diplomacy and Domestic Politics: The Logic of Two-Level Games," *International Organization*, Vol. 42, No. 3, 1988, pp. 427-460.

③ "Antony Blinken Warns China to Stop 'Aggressive Actions' in Asia-Pacific", *The Guardian*, December 14, 2021, https://www.theguardian.com/us-news/2021/dec/14/antony-blinken-warns-china-to-stop-aggressive-actions-in-asia-pacific.

④ "ASEAN-U. S. Special Summit 2022, Joint Vision Statement", The White House, May 13, 2022, https://www.whitehouse.gov/briefing-room/statements-releases/2022/05/13/asean-u-s-special-summit-2022-joint-vision-statement/.

个参与方之一，该框架将致力于在贸易，供应链，清洁能源、基础设施，税收和反腐败四个支柱方面加强伙伴间的全面合作，① 试图对抗和削弱中国在相关地区的经济影响力，阻碍中国与印尼等东盟国家的经济合作。在中美战略竞争的国际环境因素下，包括卫生合作在内的中印尼各领域合作将受到一定程度的冲击，美国固有的"零和博弈"和冷战思维将为两国卫生合作注入不稳定与不确定性因素。

与此同时，中印尼卫生合作中也受到一些具体问题的困扰，如中印尼卫生合作的方式、印尼中央与地方的权力关系、精英与民众之间的歧见等方面还有一些需要改进或努力的内容。中国与印尼的卫生合作是构建"周边命运共同体"思路的结果，是中国推行睦邻政策的体现，中印尼卫生合作中出现一些暂时的问题并不足为虑，只有坚持不懈才能让某些偏见慢慢消融。

三　中国与印度尼西亚卫生合作前景展望

2022 年中印尼两国领导人实现了互访以及多次通电话，双方就卫生领域的合作进行了前瞻性部署，同时中印尼高级别对话合作机制第二次会议也在机制层面进行了具体部署，为中印尼在卫生领域的合作绘制了路线图，两国的卫生合作将稳步推进。

首先，中印尼将继续推进中医药合作。中医药交流是中印尼卫生合作的源头，具有悠久的历史，印尼对中医药的认可与中国推动中医药国际合作的努力，为共创"健康丝绸之路"提供了动力支持。2023 年 2 月 10 日，中国国务院发布了《中医药振兴发展重大工程实施方案》，鼓励社会力量建设高质量中医药海外中心。2 月 28 日，印尼乌达雅纳（UDAYANA）大学与中国亚洲经济发展协会医药卫生交流合作委员会、天津中医药大学第一附属医院，在中国庐山举办"共创'健康丝绸之路'中国—印度尼西亚医学校际

---

① "Statement on Indo-Pacific Economic Framework for Prosperity", The White House, May 23, 2022，https：//www.whitehouse.gov/briefing-room/statements-releases/2022/05/23/statement-on-indo-pacific-economic-framework-for-prosperity/.

合作联合签约仪式"。在签约仪式上，签约三方围绕"推广中医药文化，加强人才技术交流"主题展开探讨。① 未来，中印尼双方将在人才与诊疗技术交流、中药材种植与生产、中医药技术研究等多个领域展开战略合作。

其次，中印尼医疗器械合作领域广阔。在"一带一路"倡议的战略推动下，东南亚市场成为中国医疗器械出口新的增长点，至 2022 年东南亚市场已经占据我国医疗器械出口份额的 30% 以上，预计未来这个比例将继续上升。全球公共卫生安全威胁肆虐期间，中国向印尼出口大量物资，包括医用口罩、医用防护服、呼吸机、体温计及诊断试剂（含新型冠状病毒检测试剂）等，具有价格上的优势。② 未来中国企业可与印尼本土企业合作，针对印尼患病率较高疾病需要使用的医疗器械展开合作，提供精细化服务。

结　语

2022 年是中印尼关系发展的一个重要时期，两国元首多次通电话、互通函电，并进行互访。在巴厘岛会晤期间，两国元首就共建中印尼命运共同体达成重要共识，一致同意以 2023 年中印尼建立全面战略伙伴关系 10 周年为契机，打造高水平合作新格局。这些都充分体现了两国元首对中印尼关系的高度重视，也体现了双边关系的高水平和特殊性。2023 年将是中印尼关系发展的"大年"：2013 年 10 月，国家主席习近平在印尼国会演讲时首次提出"21 世纪海上丝绸之路"倡议，至今已走过 10 年；2023 年也是中印尼建立全面战略伙伴关系 10 周年，双方政治互信不断增强，合作水平不断提升；"一带一路"旗舰项目雅万高铁也将于 2023 年 6 月建成通车，推动两国高质量共建"一带一路"合作不断走向深入；2023 年 1 月 2 日，《区域经济伙伴关系协定》（RCEP）对印尼正式生效，中印尼经贸合作将更加紧

---

① 钟经文：《推动中医药国际交流合作，共创"健康丝绸之路"》，中国日报网，2023 年 3 月 7 日，https://tech.chinadaily.com.cn/a/202303/07/WS64069eeca3102ada8b23243c.html。

② 《国际贸易 | 23 年印度尼西亚医疗器械市场规模约为 46 亿美元!》，健康界官网，2023 年 4 月 10 日，https://www.cn-healthcare.com/articlewm/20230407/content-1533875.html。

密，这将推动中印尼经贸合作迈上新台阶。此外，双方还在绿色转型、数字经济领域有较大的合作空间。在双方关系发展新的历史起点上，在两国元首的战略指引下，双方将持续深化政治、经济、人文、海上合作"四轮驱动"的双边关系新格局，打造发展中国家互利共赢的典范、共同发展的样板、南南合作的先锋。①在卫生合作方面，过去五年，中国和印尼在卫生领域的合作一直以双方签署的关于卫生合作的谅解备忘录为指导，这一备忘录覆盖了两国都面对的迫切问题，比如初级治疗、全民基本医疗保障、健康教育、妇幼卫生以及人力资源开发。②但在中印尼关系不断提升的新时代，双方的卫生合作也需要迈出更大步伐。可以预见，卫生合作将在两国关系发展中发挥着越来越重要的作用，中印尼两国将继续用实际行动共建人类卫生健康共同体，从而促进人类社会行稳致远。

---

① 《专访：构建中印尼命运共同体是两国人民的共同心声和普遍期待——访中国驻印尼大使陆慷》，中国政府网，2022 年 11 月 13 日，http：//www. gov. cn/xinwen/2022 - 11/13/content_5726662. htm。

② 〔印尼〕布迪·古纳迪·萨迪金（印尼卫生部部长）：《促进印尼中国合作，增强卫生体系韧性》，中国日报网，2022 年 11 月 17 日，https：//china. chinadaily. com. cn/a/202211/17/WS6375abb1a3109bd995a50749. html。

2022年中国与印度尼西亚青年交流：
进展、问题与展望

简斌华　陈　菲*

摘　要： "国之交在于民相亲"，"民相亲"要从青年做起。中国与印度尼西亚青年交流是人文交流的重要组成部分。中国与印度尼西亚开展青年交流具有顶层设计到位、品牌项目初具规模、经贸合作提供物质激励等有利条件。2022年，中国与印度尼西亚开展了各类青年交流，形成了官方力量和民间力量共同推动、以高校为重要依托、以东盟多边平台为补充的特点。尽管取得了一定成绩，但也存在民间层面独立组织青年交流的能力较弱、青年交流的双向性不足、青年交流的持续性不足、青年交流的参与主体具有局限性的问题，存在改进的空间。展望2023年，中国与印度尼西亚青年交流将更加热络，将在促进民心相通、夯实两国关系的民意基础方面持续发挥作用。

关键词： 印度尼西亚　人文交流　青年交流　民心相通

中国与印度尼西亚（以下简称"印尼"）同为发展中大国和重要新兴经济体。自2013年中印尼建立全面战略伙伴关系以来，两国高层交往频繁，从战略高度和长远角度引领两国关系行稳致远；经贸合作保持强劲增长的势

---

　　* 简斌华，华中师范大学政治与国际关系学院硕士研究生；陈菲，华中师范大学政治与国际关系学院副教授，硕士生导师，中印尼人文交流研究中心副主任。

头，中国是印尼最大的贸易伙伴和主要投资来源地。尽管两国关系取得了长足发展，但中国与印尼毕竟是两个不同的国家，在意识形态、政治制度、民族、宗教、历史等诸多方面存在差异，这些差异不可避免地会对两国关系产生一定负面影响，甚至会引发一些摩擦与冲突，成为两国进一步合作的"软障碍"，[①] 而人文交流是破除这种"软障碍"的一个重要途径。

人文交流的内涵丰富、外延广阔，具体可从三个方面加以理解：第一，从主体来看，政府虽然也在人文交流中发挥作用，但人文交流更注重社会层面的力量；第二，从内容来看，人文交流包含人员交流、思想交流和文化交流三个层面，涵盖教育、卫生、科技、文化、体育、媒体、旅游、妇女、青年等与社会生活相关的众多方面；第三，从目标来看，人文交流旨在促进不同国家之间的民心相通，夯实国家间关系发展的民意基础。[②] 近年来，人文交流在中国对外交往中的地位日益突出：2017年7月，中共中央办公厅、国务院办公厅印发《关于加强和改进中外人文交流工作的若干意见》，其中提出，人文交流要以促进中外民心相通和文明互鉴为宗旨，坚持以人为本、平等互鉴、开放包容、机制示范、多方参与、改革创新等原则，并将人文交流与合作理念融入对外交往的各个领域；[③] 中国与俄罗斯、美国、英国、法国、德国、欧盟、日本、南非、印尼、印度等国家和国际组织建立了高级别人文交流机制。

青年思想活跃、精力充沛、潜力巨大，是各国发展的未来。青年是人文交流的重要主体之一，青年交流是人文交流的重要路径之一。在中印尼人文交流中，于2015年建立的中印尼副总理级人文交流机制确定了八大合作领

---

① Paulus Rudolf Yuniarto, "Intercultural Gaps Between Indonesia and China on the Belt and Road Initiative: Causes and Remedies," *China Quarterly of International Strategic Studies*, Vol. 5, No. 3, 2019, p. 395.

② 许利平：《中国与周边国家的人文交流：路径与机制》，《新视野》2014年第5期，第119页；邢丽菊：《人文交流与人类命运共同体建设》，《国际问题研究》2019年第6期，第15~16页；Liu Yongtao, "People-to-people Exchanges in Chinese Diplomacy: Evolutions, Strategies, and Social Practice," *Stosunki Międzynarodowe*, Vol. 51, No. 4, 2015, p. 246。

③ 《中共中央办公厅 国务院办公厅印发〈关于加强和改进中外人文交流工作的若干意见〉》，中国政府网，2017年12月21日，http://www.gov.cn/zhengce/2017-12/21/content_5249241.htm。

域，青年交流便是其中之一。① 2022 年，尽管疫情对中印尼人员往来造成了诸多不便，但两国间的青年交流却并没有因之遭受严重削弱。对此，本报告将首先分析中印尼开展青年交流的有利条件，而后梳理 2022 年两国青年交流的进展及特点，分析其中的不足并提出相应的改进思路。

一 中印尼青年交流的有利条件

青年交流是以青年群体为主要对象的交流活动。其是人文交流的重要组成部分，中国高度重视青年交流在沟通中外、促进中外文明互鉴中的桥梁和纽带作用。2021 年 6 月 21 日，习近平主席在给北京大学留学生的回信中表示，"欢迎你们多到中国各地走走看看，更加深入地了解真实的中国，同时把你们的想法和体会介绍给更多的人，为促进各国人民民心相通发挥积极作用"②。2021 年 8 月 10 日，习近平主席在给"国际青年领袖对话"项目外籍青年代表的回信中写道，"欢迎更多国际青年来华交流，希望中外青年在互学互鉴中增进了解、收获友谊、共同成长，为推动构建人类命运共同体贡献青春力量"③。

在中印尼人文交流和双边关系发展中，青年交流同样占有重要地位。"青年是中印尼友好事业的生力军，中国和印尼和平友好的未来要靠两国青年共同开创。"④ 当前，中印尼青年交流具备若干有利条件，包括顶层设计为青年交流提供了方向指引、一批品牌项目为后续开展的青年交流活动提供了经验借鉴、经贸合作的深入发展为青年交流提供物质激励，它们共同为两国青年交流的顺利进行奠定了基础。

① 《中印尼副总理级人文交流机制简介》，北京大学中外人文交流研究基地官网，2020 年 6 月 5 日，https：//www.igcu.pku.edu.cn/info/1279/1778.htm。
② 《习近平给北京大学的留学生们的回信》，新华网，2021 年 6 月 22 日，https：//www.xinhuanet.com/politics/leaders/2021-06/22/c_1127586707.htm。
③ 《习近平给"国际青年领袖对话"项目外籍青年代表回信》，新华网，2021 年 8 月 11 日，http：//www.xinhuanet.com/politics/2021-08/11/c_1127750833.htm。
④ 《李长春发表演讲：〈加强友好交往 共创美好明天〉》，中国政府网，2012 年 4 月 28 日，http：//www.gov.cn/ldhd/2012-04/28/content_2126064.htm。

（一）顶层设计为青年交流提供方向指引

青年交流是中印尼高层往来中时常会涉及的议题。两国领导人会晤及签署的双边文件为青年交流提供了战略引领，中印尼副总理级人文交流机制则为青年交流指明了重点、方向与目标。

一方面，中印尼高层在加强两国青年交流方面具有共识，为青年交流提供了战略引领。近年来，在中印尼领导人会晤或签署的双边文件中，不少都涉及了青年交流。表1梳理了2013年以来两国领导人会晤和双边文件中有关青年交流的表述。

表1　2013年以来中印尼领导人会晤和双边文件中有关青年交流的表述

时间	事件	有关青年交流的表述
2013年10月3日	发表《中印尼全面战略伙伴关系未来规划》	"两国元首欢迎继续开展青年交流项目，将在未来5年每年向对方国家派遣100名青年进行访问，以传承和弘扬两国传统友谊。"
2015年3月26日	发表《中华人民共和国和印度尼西亚共和国关于加强两国全面战略伙伴关系的联合声明》	"双方一致认为青年是两国关系的未来，加强青少年交流有利于传承两国传统友谊和中印尼全面战略伙伴关系的长远可持续发展。双方同意继续开展每年向对方国家派遣100名青年访问交流项目，中方将继续邀请印尼优秀青年代表来华参加东盟青年干部培训班。"
2016年9月2日	习近平主席在杭州会见前来出席二十国集团（G20）领导人杭州峰会的印尼总统佐科	"要加强教育、科技、卫生、广电、青年等领域交流，夯实两国关系的民意基础。"
2018年5月8日	发表《中华人民共和国政府和印度尼西亚共和国政府联合声明》	"双方同意加强教育、文化、旅游、媒体、体育、宗教、青年、地方、文化遗产等领域交流与合作，充分发挥各界、各地方积极性，打造人文合作新亮点。"
2022年7月26日	习近平主席与佐科总统在北京举行双边会晤	"双方将加快恢复包括印尼留学生返华复学在内的人员往来，增加直航航班，密切教育、旅游、青年、地方等领域合作。"
2022年11月16日	发表《中华人民共和国和印度尼西亚共和国联合声明》	"双方将加快恢复疫后人员往来，深化科技创新、教育、文化、旅游、青年等领域合作，密切人文交流，增进民心相亲。"

资料来源：中华人民共和国外交部官网，https://www.mfa.gov.cn/web/gjhdq_676201/gj_676203/yz_676205/1206_677244/1206x0_677246/。

另一方面，中印尼副总理级人文交流机制为青年交流指明了重点、方向与目标。2015 年，中印尼副总理级人文交流机制在雅加达宣布建立并举行了首次会议，签署了关于教育、科技、文化等的 7 项合作协议。[①] 中印尼副总理级人文交流机制是中国与发展中国家和新兴经济体之间建立的首个副总理级人文交流机制，也是"一带一路"倡议提出后，中国与共建国家建立的首个人文交流机制，旨在统筹、规划、协调两国间的人文交流与合作，使之成为深化两国在教育、科技、文化、卫生、媒体、青年等领域交流与合作的重要平台。2016 年，中印尼副总理级人文交流机制举行第二次会议，并签署了关于教育、科技、文化、林业等的 8 项合作协议。[②] 2017 年，中印尼副总理级人文交流机制举行第三次会议。[③]

（二）品牌项目为青年交流提供经验借鉴

目前，中印尼青年交流已初步形成了一批品牌项目，例如"汉语桥"中文比赛、百名青年互访计划、疫情期间举办的各类"云"交流活动。

"汉语桥"中文比赛从 2002 年开始在印尼举办，每年一届，参赛对象从大学生逐步扩展到中学生和小学生，比赛以语言文化为载体，在中印尼青年之间架起促进民心相通的桥梁。从 2012 年开始，中国与印尼每年向对方国家派出 100 名青年进行访问交流，这些青年在当地走访政府机构、青年组织，深入企业、社区、农村，了解当地经济社会发展现状。此外，疫情期间两国利用互联网技术创新青年交流形式的尝试也初具规模，中国的广西师范大学、河北师范大学、辽宁师范大学、温州大学、天津大学等高校举办了各

---

① 《中印尼副总理级人文交流机制首次会议在雅加达举行》，中国政府网，2015 年 5 月 28 日，http://www.gov.cn/guowuyuan/2015-05/28/content_2870206.htm。

② 《刘延东主持中印尼副总理级人文交流机制第二次会议》，中华人民共和国驻印度尼西亚共和国大使馆官网，2016 年 8 月 3 日，http://id.china-embassy.gov.cn/zgyyn/hfyjl/201608/t20160803_2343696.htm。

③ 《中印尼副总理级人文交流机制第三次会议在梭罗举行》，中华人民共和国驻印度尼西亚共和国大使馆官网，2017 年 12 月 1 日，http://id.china-embassy.gov.cn/zgyyn/hfyjl/201712/t20171201_2343721.htm。

类线上"夏令营""冬令营""体验营"，让印尼青年线上学习中文、体验中华文化、游览名胜古迹，让中印尼青年"云"交流。品牌项目具有较强的稳定性与连续性、较成熟的运作经验以及较广泛的社会知名度和影响力，能够吸引更多青年的参与，并为新项目提供借鉴与参考。

(三)经贸关系日益密切为青年交流提供物质激励

近年来，中印尼经贸关系发展迅速：中国连续 9 年成为印尼的第一大贸易伙伴，双边贸易额于 2021 年突破 1000 亿美元；雅万高铁、"两国双园"、"区域综合经济走廊"等旗舰项目稳步推进；疫情带动了电子商务、通信技术、远程医疗的发展需求，中国与印尼在数字经济等新兴产业的合作呈现良好的发展态势。经贸关系的日益密切对青年交流的影响体现在两个方面：一方面，经贸合作的增多必然伴随着更多的包括青年企业家、外资企业青年员工等在内的人员往来；另一方面，要想顺利推动经贸合作的持续深入发展，这离不开各自的民意支持。

二 2022 年中印尼青年交流的进展与特点

2022 年，中印尼克服疫情对国家间人员往来的负面影响，在双边和多边框架下开展了各类青年交流活动，形成了官方力量和民间力量共同推动、以高校为重要依托、以东盟多边平台为补充的特点。

(一)官方力量和民间力量共同推动

中印尼青年交流的组织方既有中央政府与地方政府这类官方力量，也有社会组织、高校这类民间力量，它们互为补充，共同推动中印尼青年交流。根据中方组织方的性质，中印尼青年交流可分为官方组织、民间组织以及官方和民间共同组织三类。

首先是官方组织的青年交流。2022 年 6 月 22 日至 24 日，由中国驻印度尼西亚大使馆主办、雅加达华文教育协调机构和阿拉扎大学孔子学院承办的第 21 届"汉语桥"世界大学生中文比赛、第 15 届"汉语桥"世界中学生中文比赛和第 2 届"汉语桥"世界小学生中文秀印尼赛区总决赛在线举行。① 2022 年 10 月 12 日至 13 日，中国驻东盟使团与印尼外交政策协会以线上方式举办主题为"推进中国东盟全面战略伙伴关系"的青年研讨会，来自中国与东盟国家的青年学生代表们共同分析中国东盟全面战略伙伴关系面临的机遇与挑战，并提出相应的建议，为中国东盟关系发展贡献青年智慧和力量。② 2022 年 11 月 8 日，中国驻印度尼西亚大使馆与环球网联合举办中国—印尼"Z 世代"对话专场活动，两国青年代表围绕"全球卫生治理""亚洲共同发展""数字化转型""能源转型"4 个议题进行深入探讨。③

其次是民间组织的青年交流。2022 年 5 月 26 日，福建省人民对外友好协会与福建省青年联合会共同主办第三届福建—东盟青年交流合作论坛，参会青年围绕"携手建设中国—东盟命运共同体""东盟各国发展战略与'一带一路'倡议""中外青年创业创新合作"3 个议题进行交流。④ 2022 年 6 月 15 日至 24 日，中国侨联主办，浙江省侨联、温州市侨联等承办了"亲情中华·为你讲故事"网上夏令营（浙江营）；⑤ 2022 年 7 月 13 日至 19 日，中国侨联主办，广东省侨联和广州市侨联承办了"亲情中华·为你讲故事"网上夏令营（广东营）。⑥ "亲情中华·为你讲故事"网上夏令营系列活动的对象主要是印尼华裔青少年，旨在通过让他们体验中华优秀传统文化和中

---

① 《陆慷大使出席"汉语桥"世界中文比赛印尼赛区总决赛颁奖典礼》，中华人民共和国驻印度尼西亚共和国大使馆官网，2022 年 6 月 24 日，http：//id. china－embassy. gov. cn/chn/sgsd/202206/t20220624_10709734. htm。

② 《"推进中国东盟全面战略伙伴关系"青年研讨会成功举行》，中华人民共和国驻东盟使团官网，2022 年 10 月 14 日，http：//asean. china－mission. gov. cn/stxw/202210/t20221014_10783378. htm。

③ 《中国—印尼"Z 世代"对话，聚焦亚洲国家共同的关切与责任》，环球网，2022 年 11 月 9 日，https：//world. huanqiu. com/article/4AOR1862aPV。

④ 《第三届福建—东盟青年交流合作论坛举行》，中国新闻网，2022 年 5 月 27 日，http：//www. fj. chinanews. com. cn/news/fj_ttgz/2022/2022－05－27/503045. html。

⑤ 《2022 年"亲情中华·为你讲故事"网上夏令营（浙江营）举行开营仪式》，温州大学华侨学院网站，2022 年 6 月 22 日，https：//hqxy. wzu. edu. cn/info/1162/2372. htm。

⑥ 《2022 年"亲情中华·为你讲故事"网上夏令营（广东营）圆满落幕》，《千岛日报》2022 年 7 月 21 日，https：//www. qiandaoribao. com。

国地方风土人情，激发他们在疫情结束后到祖籍国、到家乡寻根和学习的热情。浙江越秀外国语学院、大连理工大学、黎明职业大学等高校举办了旨在了解中国和印尼文化、沟通两校学生的青年交流活动。

最后是官方和民间共同组织的青年交流。2022 年 7 月 4 日，由广西壮族自治区党委宣传部、共青团广西壮族自治区委员会和广西壮族自治区外事办公室联合主办，广西艺术学院承办的 2022 年中国（广西）—东盟青年手拉手活动在南宁举行。活动以"青春携手 共向未来"为主题，300 余名中国和东盟青年代表以线上线下相结合的方式参加了活动。① 2022 年 8 月至 10 月，中国驻印度尼西亚大使馆、中国公共外交协会与印尼外交政策协会合作举办第三届"你好，中国！"短视频大赛。大赛以"共建中印尼命运共同体"为主题，得到了短视频主要创作群体——青年的积极参与。② 在教育部中外语言交流合作中心的支持下，广西师范大学、河北师范大学等高校承办了以学习中文、了解中华优秀传统文化为主要内容的线上"体验营"。

（二）以高校为重要依托

高校成为中印尼青年交流的重要依托主要有两方面的原因。一方面，不少中国高校与印尼高校之间建立了合作关系：2016 年 6 月 25 日，中国—印尼高校智库联盟成立；③ 中国的西华大学、福建技术师范学院、北京语言大学、福建师范大学等分别与印尼的三一一大学、雅加达国立大学、日惹国立大学、阿拉扎大学等建立了不同程度的合作关系。另一方面，从年龄段来看，高校学生群体也是青年群体，中印尼高校学生之间的交流往往也就是青

---

① 《2022 年中国（广西）—东盟青年手拉手活动在南宁举办》，中国新闻网，2022 年 7 月 4 日，http://www.chinanews.com.cn/gn/2022/07-04/9795269.shtml。

② 《陆慷大使出席第三届"你好，中国！"短视频大赛在线颁奖仪式》，中华人民共和国驻印度尼西亚共和国大使馆官网，2022 年 10 月 15 日，http://id.china-embassy.gov.cn/chn/sgsd/202210/t20221015_10784192.htm。

③ 《中国—印尼高校智库联盟在北外成立》，中国日报网，2016 年 6 月 27 日，http://china.chinadaily.com.cn/2016-06/27/content_25872283.htm。

年之间的交流。

2022 年，中国高校举办或承办了线上体验营、线上夏/冬令营、视频大赛等主题和形式多样的青年交流活动（见表 2）。在这些活动中，印尼青年学生学习中文，与中方学生一道"云"游览中国名胜古迹和体验中华优秀传统文化，或是进行学术研讨，这些活动为两国青年学生提供了接触和交流的机会。

表 2　2022 年中国高校主办/承办的青年交流活动

时间	高校名称	活动
2022 年 1 月 8 日至 21 日	广西师范大学	承办汉语桥"今日中国"线上体验营
2022 年 1 月 10 日至 16 日	河北师范大学	承办"牵手中文 青春同行"汉语桥印尼学生线上团组项目
2022 年 1 月 10 日至 18 日	河北师范大学	承办"学汉语 品中国"汉语桥印尼学生线上团组项目
2022 年 1 月 15 日至 24 日	黎明职业大学	与雅加达华文教育协调机构联合承办汉语桥线上体验营"世界遗产在泉州"
2022 年 2 月 16 日至 24 日	河北师范大学	承办"知行中国"汉语桥印尼线上团组项目
2022 年 3 月 21 日至 31 日	陕西工业职业技术学院	承办"品三秦文化，学中国技艺，2022 汉语桥印尼青年领袖春令营"
2022 年 6 月 8 日至 2023 年 2 月 17 日	天津大学	主办第三届中国—东盟"向海而学"学生视频大赛
2022 年 6 月 15 日至 24 日	温州大学	承办"亲情中华·为你讲故事"网上夏令营（浙江营）
2022 年 7 月 2 日至 16 日	天津大学	与印尼泗水理工学院、中国—东盟智慧海洋中心主办 2022"智慧海洋月：蓝色海洋夏令营（线上）"
2022 年 7 月 4 日	广西艺术学院	承办 2022 年中国（广西）—东盟青年手拉手活动
2022 年 7 月 4 日至 8 日	浙江越秀外国语学院	与泗水彼得拉基督教大学主办 2022 中国·印尼文化夏令营
2022 年 7 月 12 日	大连理工大学	与泗水理工大学举办交流日活动
2022 年 8 月至 12 月	桂林旅游学院、广西民族大学	联合主办第二届中国—东盟大学生国际旅游创新大赛

时间	高校名称	活动
2022 年 9 月 4 日	黎明职业大学	与雅加达华文教育协调机构、峇淡世界大学、峇淡慈蓉初中主办中印尼青少年"庆中秋，话团圆"线上交流活动
2022 年 10 月 28 日	广西大学	主办中国—东盟青年沙龙活动
2022 年 11 月 14 日至 28 日	辽宁师范大学	承办 2022 年"乐学成长·玩转汉语——'汉语桥'当代中国冬令营（印度尼西亚营）"

资料来源：根据相关新闻报道整理而成。

（三）以东盟多边平台为补充

人文交流是构建中国—东盟命运共同体的三大支柱之一。在中国—东盟的合作框架下，双方青年交流频繁，举办了中国—东盟青年交流周、中国—东盟青年学生新年大联欢、中国—东盟青年营、中国—东盟青年发展论坛、"未来之桥"中国—东盟青年领导人研修计划、中国—东盟青年教育论坛等青年交流活动。印尼作为东盟成员国，参与了中国—东盟合作框架下的青年交流，将之作为双边青年交流的重要补充。

2022 年 6 月 8 日，第三届中国—东盟"向海而学"学生视频大赛开赛，吸引了来自印尼、马来西亚、新加坡、泰国、越南、中国 6 个国家 61 所高校的近千名学生参加。[①] 2022 年 8 月 15 日，2022 年中国—东盟青年营开营仪式暨中国—东盟青年发展论坛以线上线下相结合的方式在广西、云南两地同时举行。在中国—东盟青年发展论坛上，中国与东盟国家的青年代表们围绕双边关系、创新创业、绿色发展、文化交流等议题展开交流。8 月 16 日至 21 日，青年代表们对广西和云南两地的工业园区、生态保护示范区、农村社区等进行参观。[②] 2022 年 8 月 22 日至 28 日，2022 年中国—东盟教育交

---

① 《史忠俊秘书长出席第三届中国—东盟"向海而学"学生视频大赛颁奖典礼暨第二届大学生赛艇比赛启动会》，中国—东盟中心官网，2023 年 2 月 17 日，http://www.asean-china-center.org/news/xwdt/2023-02/11561.html。

② 《2022 年中国—东盟青年营在桂滇两地举行》，新华网，2022 年 8 月 16 日，http://gx.news.cn/newscenter/2022-08/16/c_1128917909.htm。

流周在贵州贵阳举办，青年代表们围绕教育可持续发展合作、后疫情时代的教育交流合作、青年创新创业、青少年跨文化交流等主题进行交流。① 第二届中国—东盟大学生国际旅游创新大赛于 2022 年 8 月启动，12 月落下帷幕，中国和东盟国家的大学生们围绕"发展边境/跨境旅游，促进命运共同体建设"的主题，从各自国家独特的旅游资源出发，设计具有市场潜力的旅游线路、营销方案和文创产品。② 2022 年 10 月 12 日，中国—东盟青年友好故事会以线上线下相结合的方式举行，120 余名青年代表参加了故事会。③ 2022 年 11 月 3 日至 4 日，中国—东盟青年志愿服务论坛以视频会议的方式举行，中国和东盟国家的约 150 名青年代表围绕"志愿服务与绿色发展""志愿服务与包容和公平的优质教育"等议题进行交流。④ 2022 年 12 月 9 日至 15 日，第五届中国（海南）—东盟大学生文化周在海口举办。⑤ 这些以东盟为平台的多边青年交流作为中印尼双边青年交流的重要补充，增加了中印尼两国青年接触的机会。

三　加强中印尼青年交流的对策

2022 年，在中印尼高层的重视及相关各方的密切配合下，两国青年交流在双边和多边框架下持续推进，取得了一些成绩，形成了一些亮点。例如，夏/冬令营、视频大赛、论坛、研讨会等形式多样的活动有助于激发青年人的参与兴趣；青年在活动中的主体性得到尊重，他们能够对地区治理、

① 《2022 年中国—东盟教育交流周亮点纷呈》，中国日报网，2022 年 8 月 17 日，https：//cn. chinadaily. com. cn/a/202208/17/WS62fce035a3101c3ee7ae4455. html。

② 《第二届中国—东盟大学生国际旅游创新大赛圆满落幕》，中国—东盟中心官网，2022 年 12 月 9 日，http：//www. asean-china-center. org/news/xwdt/2022-12/11391. html。

③ 《中国—东盟青年友好故事会在广西南宁举行》，人民网，2022 年 10 月 14 日，http：//gx. people. com. cn/n2/2022/1014/c179464-40161114. html。

④ 《中国东盟青年代表共话志愿服务与绿色发展》，中国新闻网，2022 年 11 月 3 日，https：//www. chinanews. com. cn/sh/2022/11-03/9886712. shtml。

⑤ 《第五届中国（海南）—东盟大学生文化周落幕》，人民网，2022 年 12 月 16 日，http：//hi. people. com. cn/n2/2022/1216/c338424-40234662. html。

创业创新、共同发展等全球和地区议题表达自己的看法和建议，贡献青年智慧。不过，尽管中印尼青年交流的总体情况良好，但其中不乏一些问题，存在进一步改进的空间。对此，本报告将提出相应对策，以更好推动中印尼青年交流的发展。

（一）增强民间力量组织青年交流活动的能力

从 2022 年的中印尼青年交流活动中可以发现，青年交流活动更多是由官方力量负责统筹和主办的，民间力量扮演的更多是辅助和承办的角色。2022 年，社会组织独立举办的青年交流活动仅有 2 个；高校举办的 16 个青年交流活动中，7 个为独立举办。民间力量，尤其是社会组织独立举办青年交流活动的能力有待增强。人文交流更多强调的是潜移默化、"润物细无声"的作用过程，[①] 中国民间力量独立组织青年交流活动的能力有待增强，可能与财政支持、国际化程度相对不足有一定关系。

针对这一问题，需要增强民间力量独立组织青年交流活动的能力，鼓励民间力量在推动中印尼青年交流中发挥更大作用。对于政府而言，应由"主导者"的角色向"服务者"的角色转变，将工作重点放在推动两国青年交流的体制改革和体制创新，推动两国政府、高校合作政策与协议的完善上，为两国青年交流提供方向指导和制度保障。此外，还应鼓励中国民间力量更多地走出国门，并给予资金层面的支持，以激发它们开展青年交流的积极性与主动性。对于民间力量而言，在有了政府的支持与引导后，应充分发挥自身优势，学习项目运作知识，增强项目运作能力。

（二）增强青年交流的双向性

与公共外交、文化外交不同，人文交流是双向的，包含"走出去"和"引进来"两个同时发生的进程，即既要在人文领域让他国理解本国，又要

---

① 邢丽菊：《人文交流与人类命运共同体建设》，《国际问题研究》2019 年第 6 期，第 13～14 页。

让本国理解他国。① 双方只有对彼此文化与社会生活有了双向了解，才能产生有效的沟通与交流。但在中印尼青年交流中，这种双向性有待提高。例如，在语言和文化方面，印尼青年对于学习中文和了解中国文化有较高积极性，中国青年学习印尼语和了解印尼文化的积极性则略显不足。再如，在人员往来方面，根据 2018 年的数据，在华留学的印尼学生达 1.51 万人，但中国在印尼的留学生仅有 500 名左右，② 中国学生赴印尼留学的兴趣不高。

针对这一问题，需要增强青年交流的双向性。在推动中国语言与文化走近印尼青年的同时，也应通过多种手段激发中国青年学习印尼语、了解印尼文化的兴趣与热情。唯有"往""来"并重，才能实现真正的"民相亲"和"心相通"。

（三）构建科学合理的青年交流评估机制

中印尼青年交流活动的重心基本在活动举办本身上，对于两国青年关于活动的反馈、参与者在活动结束后是否还有后续交流等问题的跟踪与评估机制有待进一步完善。

针对这一问题，需要构建科学合理的青年交流评估机制。全面准确评估青年交流活动的效果尚存在一定困难，因为国家影响力、国家形象、国民情感等元素较为抽象、难以量化，加之青年交流对于参与者是一个潜移默化的过程，活动并非立竿见影。③ 尽管如此，还是要树立评估意识，逐步构建系统的评估机制，对活动效果及活动参与者进行持续跟踪，从而知道某一青年交流活动做得好不好、值不值得继续做下去、还有哪些改进的余地。

---

① 俞沂暄：《人文交流与新时代中国对外关系发展——兼与文化外交的比较分析》，《外交评论（外交学院学报）》2019 年第 5 期，第 40 页；Liu Yongtao, "People-to-people Exchanges in Chinese Diplomacy: Evolutions, Strategies, and Social Practice," *Stosunki Międzynarodowe*, Vol. 51, No. 4, 2015, p.241.

② 《2018 年来华留学统计》，中华人民共和国教育部官网，2019 年 4 月 12 日，http://www.moe.gov.cn/jyb_xwfb/gzdt_gzdt/s5987/201904/t20190412_377692.html.

③ 许利平：《中国与周边国家的人文交流：路径与机制》，《新视野》2014 年第 5 期，第 123 页。

（四）扩大青年交流参与主体的范围

目前，中印尼青年交流的参与主体是中学生、大学生和青年精英，青年交流的参与主体有待扩充。高校举办的青年交流活动的参与者多为印尼方对接学校的学生，诸如中印尼百名青年互访、青年研讨会、青年论坛等活动的参与者则多为青年精英，这就对参与者的身份或知识水平做出了一定限定，使活动难以触及更加广泛的青年群体。

针对这一问题，需要进一步扩大青年交流参与主体的范围。例如，中资企业可组织中方企业青年员工与印尼企业青年员工进行交流；中国社会组织可与印尼社会组织建立联系，开展社会联结面更广的青年交流活动。

结语： 中印尼青年交流的展望

习近平主席指出："如果说政治、经济、安全合作是推动国家关系发展的刚力，那么人文交流则是民众加强感情、沟通心灵的柔力。只有使两种力量交汇融通，才能更好推动各国以诚相待、相即相容。"[1] 作为中印尼人文交流的生力军，青年肩负着传承发扬两国传统友谊、促进两国合作提质升级的责任，两国开展青年交流有助于增加对彼此的了解、减轻误解，为中印尼关系的未来发展奠定良好的民意基础。

回望2022年，在两国政府的重视和相关各方的配合下，中印尼青年交流取得了良好的成绩。展望2023年，中印尼青年交流面临更多机遇。2022年11月16日，习近平主席与印尼总统佐科在会谈中就共建中印尼命运共同体达成了重要共识，揭开了双边关系的新篇章，为2023年双边关系发展提供了战略引领；[2] 2023年是中印尼建立全面战略伙伴关系10周年，是"一

---

[1] 《习近平在韩国国立首尔大学的演讲（全文）》，新华网，2014年7月4日，http://www.xinhuanet.com//politics/2014-07/04/c_1111468087.htm。

[2] 《习近平同印尼总统佐科举行会谈》，中华人民共和国外交部官网，2022年11月17日，https://www.fmprc.gov.cn/zyxw/202211/t20221117_10976620.shtml。

带一路"倡议提出 10 周年，是共建中印尼命运共同体的元年，两国将以此为契机，打造更高水平合作新格局；2023 年以来，中国持续优化疫情防控政策，取消入境隔离政策，放宽签证发放条件，增加国际航班……如此种种，都将有力促进两国包括青年在内的人员往来。青年交流将更加便利和频繁，疫情期间的线上交流将更多地回归线下交流，两国青年通过面对面接触能够对彼此有更加直观真实的了解。此外，2023 年恰逢印尼担任东盟轮值主席国，也是习近平主席提出建设更为紧密的中国—东盟命运共同体 10 周年，中国—东盟合作框架下的多边青年交流活动或将有所增多。由此我们可以预期，2023 年中印尼在双边和多边框架下的青年交流都将更加热络，青年交流将在促进民心相通、夯实两国关系的民意基础方面持续发挥作用。

开展青年交流不是一朝一夕的事，唯有长期坚持、细水长流才能取得扎实持久的成效，在两国青年之间架起相互沟通、彼此了解的桥梁，在两国社会中建立起"民相亲、心相通"的共同认知，从而推动中印尼全面战略伙伴关系的健康可持续发展、推动中印尼命运共同体结出更多硕果。

2022年中国与印度尼西亚媒体交流合作

张　弦　陈赛睿 *

摘　要： 印度尼西亚是东盟的重要成员国，也是中国在亚洲的主要贸易伙伴之一。中国与印尼在亚太区域都扮演着不可或缺的角色，双方关系的日益紧密有助于维持亚太地区的经济繁荣。人文交流是经济社会发展的催化剂，双方通过媒体进行人文交流是促进相互了解、增进互信和深化合作的有效手段。尽管受到新冠疫情大流行的冲击，双方媒体交流仍在稳步推进，媒体交流平台与机制建设正快速发展。其中，传统媒体是公共传播的基础，其潜能还有巨大的发掘空间；新媒体是信息传播的新形式与新平台，也是新兴传媒技术投入的主要方向，无疑是未来中印尼强化人文交流的主要途径。

关键词： 传统媒体　新媒体　人文交流　双边合作

前　言

中国与印度尼西亚的人文交流是促进亚太区域经济一体化进程发展的主要部分之一，而媒体传播是人文交流的重要手段。传统媒体与新媒体的地位提高，为双边文化产业合作开启了新的发展机遇，加快了双方除经济合作之

---

* 　张弦，华中师范大学政治与国际关系学院副教授；陈赛睿，华中师范大学政治与国际关系学院硕士研究生。

外在价值观念、生活习俗、国家状态等方面的相互了解，减少了双方在认知上存在的客观障碍。

新闻、广播、电影与电视剧是传统的文化传播媒介，过去中国与印度尼西亚的文化交流主要是通过这些媒介进行的，它的平台为电视台、专业新闻媒体与文化产品制作公司。新媒体则是当下和未来双边人文交流的主阵地。新媒体是指以数字压缩与无线网络技术为支撑，通过电脑、智能手机、数字电视等终端，向用户提供信息和服务的传播形态。新媒体提供了专业媒体传播向非专业化的大众媒体传播转化的机会，使得双边文化交流走向了大众交流的新形式，势必提高中国与印度尼西亚民间人文交流的频率与深度。新媒体平台与商业的融合更是促进了双方的经济交流，印度尼西亚对数字通信技术与相关人才的需求不断增加，给双方围绕新媒体发展开展一系列交流提供了更多的机会。

一 中国与印度尼西亚媒体交流成果

传统媒体是奠定中国与印度尼西亚之间文化交流有效性基础的支撑，尽管近些年双方人员线下交流频率有所下降，但是中国文化产品在印度尼西亚发展迅速，受到了广大观众的一致好评，弥补了线下交流相对不足带来的缺失。另外，双方新闻媒体的交流加快了双方互利共赢的脚步，促进了双方经济的全面发展，有利于树立双方良好的国际形象。

（一）影视文化传播助力人文交流

印度尼西亚引进大量中国优秀电视剧，这些电视剧上架印尼主流媒体平台，取得空前反响。IndiBox 是印尼最大的电信运营商"印尼电信"在 2019年推出的多媒体视频平台，在印度尼西亚各个主要平台，如 IPTV 平台、OTT 平台与智能电视上预装，汇聚了千余家合作伙伴的制作内容，涵盖了直播、点播、音乐、电影、电视剧等各种节目与相关服务。未来电视有限公司将《霍元甲》《特别使命》《大宋北斗司》《危机迷雾》等国产电视剧译制成印尼语，其登陆 IndiBox 平台，收获印尼观众大量好评。①

在电影方面，双方的交流合作进入新的阶段，中国与印度尼西亚皆是世界人口大国，拥有巨大的电影市场潜力。2021 年，国家电影局发布《"十四五"中国电影发展规划》，明确提出展望 2035 年，我国将建成电影强国，中国电影实现高质量发展。纵观近几十年的文化传播格局，好莱坞电影制霸全球市场，西方文化深刻影响国际电影市场，并潜移默化地改变了国际社会与经济发展的各方各面。相比之下，虽然有具有国际影响力的优秀电影如《流浪地球》在海内外引起剧烈反响，但是中国电影的整体国际影响力偏弱，国产电影出海数量明显不足，亟须中国文化制作行业提供更多优秀的高质量作品。

因此，中国与印度尼西亚的电影产业合作为双方构建国家形象、发出合作之声提供了优质的解决方案。从双方于 2015 年首部合作的冒险奇幻题材电影《梦寻巴厘岛》至今，双边文化合作稳步前行。2022 年 8 月 16～18 日，第十二届北京国际电影节北京市场"东盟主宾国"活动在北京雁栖湖国际会议中心举办，旨在进一步加强中国与东盟文化创意方面的联系，深化双方交流互鉴与务实合作。印度尼西亚驻华大使周浩黎应邀出席，他强调"民心相通是增强两国关系的催化剂，中国和印尼便是如此，而电影产业恰恰就在其中起着至关重要的作用。因为电影可以呈现人们的真情实感，还可以展现国土的美丽景色。通过电影展开的交流与合作，两国人民交往更加深入，因为电影是人们了解国家及其人们的绝佳途径"。②

（二）传统新闻媒体促进相互认识

传统新闻媒体（报纸、广播电台与电视台）是最重要的展示双方相互

---

① 《一批优秀中国电视剧登陆印尼主流新媒体平台》，华中师范大学中印尼人文交流研究中心官网，2021 年 7 月 11 日，http：//cistudy. ccnu. edu. cn/info/1122/13394. htm。
② 《中国—东盟中心支持举办第十二届北京国际电影节东盟主宾国活动》，中国—东盟中心官网，2022 年 8 月 16 日，http：//www. asean－china－center. org/news/xwdt/2022－08/10871. html。

认识的平台，尤其是可以反映中国与印尼官方对另一方的了解程度和形象塑造倾向。总的来说，双方传统媒体对于双方的报道总体数量不足，但是它的重要性不可忽视。

《雅加达邮报》是印尼发行量最大的英文报纸，还设有周日版与网络版，该报是了解印尼外交政策的主要窗口，其立场和观点较为中立。自"一带一路"倡议提出至今，该报频频赞誉中国与印尼的旅游交流与文化交流。例如在2018年的报道中提到"吸引外国游客到印度尼西亚旅游，中国是我们的目标国家之首"。此外，随着两国民间文化交流加深，该报对中国的传统文化，如京剧、春节等传统艺术形式和传统节日的报道也越来越多，如发表过题为《〈我的京剧〉一瞥：中国经典》的报道，将京剧的艺术形式介绍给了印尼的人民群众。①

在中国媒体上，对于印尼的报道主要集中在经济合作、外交政策与旅游几个方面。例如，《人民日报》、《环球时报》、新华社与《中国日报》等主流媒体都集中报道了2022年于印度尼西亚巴厘岛举行的G20峰会，尤其强调了双方于2022年11月16日发表的《中华人民共和国和印度尼西亚共和国联合声明》。传统媒体在互联网平台上更青睐报道经济合作与旅游相关话题，如《光明日报》于11月13日发表了题为《共筑中印尼"一带一路"高质量发展》的文章②，又如媒体集中报道了印度尼西亚旅游与创意经济部部长桑迪亚加·乌诺在例行会议上的讲话，其欢迎中国游客积极来印尼旅游，并且强调了中国游客对于印尼旅游业发展的重要地位。

（三）印尼媒体上的中国形象塑造

近些年来由于双边交流的深入，印尼媒体上的中国形象报道从十年前更偏向负面的报道转为更为中立、客观的报道，新的中国形象开始进入印尼社

---

① 黄钰：《印尼主流媒体对中国国家形象的建构——以〈雅加达邮报〉2018年报道为例》，《文化与传播》2019年第6期。

② 《共筑中印尼"一带一路"高质量发展》，光明网，2022年11月3日，https：//m. gmw. cn/baijia/2022-11/13/36155675. html。

会，逐渐消除了从官方到民间对于中国的不切实际的认识，限制了西方媒体捏造的负面中国形象在印尼社会中传播。

从印尼报纸新闻业来看，印尼媒体对中国的报道无论从数量上还是质量上都处于显著上升趋势。譬如作为印尼最大、最有影响力的华文报纸，《国际日报》对于中国"一带一路"框架的报道愈发密集，涵盖了政治、经济、文化、教育、社会、公益、文艺、体育等诸多方面。又如印尼媒体《印尼观察》在Twitter上转发了有关广西"两会"的报道，关注广西"两会"热点。对于中国发展的成果，也存在不同的声音，如《雅加达邮报》曾发表文章，认为中国的经济发展对于印尼来说是危险与机遇并存。在互联网媒体上，有研究表明通过爬虫技术在Facebook、Twitter、WhatsApp、WeChat中使用印尼语对中国相关信息进行关键词提取，可以发现对中国的刻板印象如"威胁""腐败""落后"等关键词显著减少，而印尼网民构成以55岁以下人群为主，可见印尼新生代人口对中国有全新认识。另外，如"学费""小米手机"等关键词在印尼年轻人中出现的比例提高，说明其更加关注来中国留学以及对中国制造的认同。尽管对于中国过去的刻板印象逐渐消失，印尼社会中依然存在中国的负面印象。[1]

总的来看，印尼媒体对于中国的报道还是主要集中在经济方面，而对文化方面的报道不足。此外，涉及经济方面的报道会更加偏向中立或者正面的方向，而在社会或者政策方面的报道则存在更多杂音。从现况来说，印尼新闻业和社交媒体上的中国形象塑造仍然处于良性发展的趋势，社会中印尼新生代与中生代之间对于中国的印象存在分歧。

（四）举办论坛助力合作

论坛是媒体交流重要的传统形式，是专业化的正式交流形式。定期举办国际论坛有助于中国与印尼及时交换意见，深化相互了解，助力两国合作。

---

① 张美云、杜振吉：《基于媒体计算的中国形象"他塑"模型建构——以印度尼西亚等东盟国家为例》，《海南大学学报》（人文社会科学版）2019年第6期。

2022 年 8 月 5 日，第 29 届东盟地区论坛外长会于柬埔寨举行，中方强调要切实遵守联合国宪章和国际法；要兼顾各方利益，在追求本国利益时要尊重他国发展诉求；促进共同安全，重视并尊重他国合理安全关切，共同维护地区和平稳定，实现真正的安全。① 6 月 2 日，第 17 届中国—东盟文化论坛在广西北海举行，旨在加强中国与东盟各国在文物研究与学术交流、文物展陈、文物数字化以及世界文化遗产申报等方面的合作交流，共同建设更为紧密的中国—东盟命运共同体。② 9 月 20 日，第十四届中国—东盟智库战略对话论坛在广西南宁成功举办。论坛围绕"携手建设更为紧密的中国—东盟命运共同体"主题，分别就"中国—东盟全面战略伙伴关系新征程新未来，全球变局下中国—东盟经贸合作新机遇新挑战，推进 RCEP、CPTPP、中国—东盟自由贸易区 3.0 版等国际经贸协定建设，中国—东盟数字经济合作，中国—东盟可持续发展合作，中国—东盟智库交流"等议题进行了交流研讨。双边与多边论坛涉及各方各面，为学者、官员与从业人员提供了交流互动的平台，纵使在新冠疫情大流行的背景下，各大论坛依然如期举行，论坛的举办克服重重困难，其是跨国交流中不可或缺的平台。

二 传统媒体与新媒体的发展状况

印度尼西亚现代媒体业的开端可以追溯到殖民统治时期由荷属东印度公司出版的荷兰文报纸《新闻纪要》，而直到 18 世纪印度尼西亚才出现了面向社会的现代媒体产品《巴达维亚新闻》。传统媒体在印尼的土地上已经发展了数百年，其规模和社会影响力不容小觑，是印尼现代媒体业的基石。而伴随数字经济的崛起，从固定互联网到移动互联网这两个时期，印尼的新媒体业发展迅速，成为媒体行业最有潜力的发展方向，吸引了大量的投资者、

---

① 《王毅出席第 29 届东盟地区论坛外长会》，中华人民共和国外交部官网，2022 年 8 月 6 日，https://mfa.gov.cn/web/wjbzhd/20220806_10736364.shtml。

② 《第 17 届中国—东盟文化论坛在北海举办》，中国日报网，2022 年 6 月 4 日，https://baijiahao.baidu.com/s？id=1734717046665801542&wfr=spider&for=pc。

学者，深受印尼人民赞赏。

（一）传统媒体的重要社会地位

由于印尼社会的复杂性，印尼几大报纸呈现出不同的特点。例如，《雅加达邮报》是最大的英文报纸；《共和国报》的主要读者是穆斯林知识分子；《爪哇邮报》是在印尼东部发行的最大印尼文日报；《罗盘报》则在知识文化界的影响力最大。印尼报业除了以传统纸质报纸展示新闻外，也逐渐开设网络平台，为读者提供电子版。而广播电台作为很早出现的传播媒介，它的影响力随着其他媒介的发展逐渐衰退，只有在网络与电视信号较弱的地区，人们才会收听广播电台。目前，印尼最权威的广播电台是由政府持有的印尼国家广播电台（Radio Republik Indonesia），其全天 24 小时播出节目。它的节目无论是数量还是种类都相当丰富，甚至可以提供给海外印尼人收听。[1]

印尼电视台的起源是 1962 年 8 月 17 日开始运营的印度尼西亚电视台，当前收视率较高的电视台为泗水电视台、安达拉斯电视台与雄鹰电视台等。印尼广播委员会（KPI）的数据显示，在疫情期间由于居家时间增加，电视受众暴涨 50%，但是广告收入却下降 30%~40%，反映了印尼电视行业受众虽多但收入不足、运营困难的现状。2023 年 2 月 9 日是印尼的第 28 个"全国新闻日"，印尼政府在棉兰举行纪念活动，印尼总统佐科出席活动并发表讲话，称"当前印尼传统媒体正面临相当严峻的挑战"。他呼吁中央和地方政府机构、国有企业、私营公司、非政府组织，都应该支持主流媒体发展，不能让它们"孤立无援"。他同时要求主流媒体必须适应新技术时代，采取可持续发展的战略步骤进行创新。[2]

总之，印尼传统媒体依然具有广泛的社会影响力，其社会贡献值得称道。另外，传统媒体受到了新媒体发展的显著冲击，呈现衰退趋势，仅在基

---

① 陈力丹、张玉川：《曲折、漫长的印度尼西亚新闻传播业的历程》，《新闻界》2021 年第 5 期。
② 《印尼总统佐科吁各方支持印尼主流媒体发展》，中国新闻网，2023 年 2 月 10 日，https：//bbrtv.com/2023/0210/817349.html。

础设施欠发达的地区存在相对优势。在通信基础设施相对发达的地区，年轻人更加青睐新的媒体形式，对传统媒体的关注度逐渐下滑。印尼政府则认为传统媒体是不可放弃的传播阵地，期望通过技术革新与吸引社会投资的方式让传统媒体在新时代继续生存，以便其承担相应的社会责任。

（二）社交媒体的社会影响

印尼社交媒体的巨大影响力是随着移动互联网的发展产生的。在固定互联网的兴盛时期，由于台式电脑的价格过于昂贵，互联网上也没有足够多的印尼语内容，其无法普及，目前，印尼市场上台式电脑与笔记本电脑的渗透率为22%，而平板电脑的渗透率仅为8%。相比之下，移动设备的社会占有率增长迅速，目前已达到91%的普及率，其中智能手机占据60%。移动互联网技术与相关的基础设施建设也是社交媒体流行的先决条件，4G为印度尼西亚的移动互联网用户提供了更快的下载速度。在全国范围内，4G的下载速度平均为15.1Mbps，比大多数私人和公共热点快25%，用户可以更加轻松地上传与下载高分辨率图片和高码率音视频文件，以在互联网上提供更多内容。印尼现在已经是移动互联网发展最有吸引力的市场之一，这得益于移动设备的高普及率、新兴中产阶级的消费能力与印尼互联网接入的便捷性。毫无疑问，这些是印尼社交媒体可以快速发展的几个首要因素。[①]

印尼有着超过1.6亿个活跃的社交账号，在使用互联网的人群中，有98%的用户使用社交媒体，而新增的社交媒体用户大多来自每年新增的移动互联网用户，年龄小于30岁的社交媒体用户在社交媒体上平均花费的时间为3小时26分钟，他们绝大多数通过手机连入社交媒体。[②]

在印尼使用率最高的社交媒体分别为：YouTube、Instagram、Facebook、

---

① "Indonesian Users Enjoy Faster Download Speeds with 4G than on Wifi", Opensignal, October 26, 2021, https：//opensignal.com/2021/10/26/indonesian-users-enjoys-faster-download-speeds-with-than-on-Wifi.

② 《东南亚互联网用户达4亿，印尼用户占50%》，出海易，2022年3月11日，https：//chuhaiyi.baidu.com/news/detail/23836838。

TikTok。其中 YouTube 居用户量首位，各大社交媒体的农村用户数量超过城镇用户，其受众以千禧一代和 Z 世代为主。在社交媒体上，内容的制作与发布者可以大致分为两类。其一是传统媒体运营的账号，它们尝试在新渠道上与新媒体竞争，一般来说发布的内容会更加专业化，涉及的领域主要是新闻与时评。其二是大量存在的非专业内容发布者，他们往往以个人或者小型团队的方式出现，内容制作成本相比专业公司更加低廉，发布内容涉及的领域更多，包括新闻、旅游、文化、美食、体育、影视产品等，其娱乐性更强。所以相较于传统媒体，社交媒体的内容数量更多，内容种类更加复杂，内容制作的参与度更高。[①]

从印尼的情况来看，作为东南亚最大的经济体，具有良好的媒体发展环境、相对年轻的人口结构与快速增长的互联网用户规模。目前，印尼活跃的社交媒体主要来自海外，多是中国与美国网络公司，而本土平台在竞争中不占据优势。虽然印尼社交媒体行业正在高速发展，但是资源过度倾斜于国外平台，导致本土平台发展不足，但仍有巨大的发展空间。在外国平台中，相比之下美国平台比中国平台更占据优势，在近几年的发展中，中国社交媒体平台在印尼的社会影响力和市场占有率开始逐步追上美国知名平台，长期来看具备与美国社交媒体平台相竞争的能力。

（三）新媒体商业化与跨国合作

因新一代互联网技术蓬勃发展，新媒体行业发展呈现欣欣向荣之势，开始逐步领导两国媒体交流的进程，这一发展前景通过新媒体商业化的跨国发展以及与此相关的各类合作来表现。印尼作为东盟最大的经济体，其市场潜力不容低估，现已成为中国人才、技术、资金不断投入的方向，必将成为未来双边媒体交流的主导力量。

截至 2022 年初，TikTok 在印度尼西亚拥有 9207 万 18 岁以上用户，成

---

① 《印尼市场报告：机会飙升、社媒蓬勃、中小网红崛起，印尼或将进入数字时代》，新加坡新闻，2022 年 4 月 24 日，https：//www.xinjiapo.news/news/237726。

为印尼第四大社媒，更是年轻女性（66%的用户为女性）最青睐的平台，她们在 TikTok 积极分享她们的生活，越来越多的人通过 TikTok "寻找有趣的内容"。TikTok Shop 社交商务在几年前就开始流行，社交媒体的视频形式在产品研究和购买决策上产生了前所未有的影响，千禧一代与 Z 世代对此方面的兴趣也不断增加。许多消费者热衷于线上购物的方式，TikTok 线上商店模式在印尼击败了其他细分领域的电商平台 Shopee 和 Tokopedia。TikTok 在 2022 年上半年的电商业务的商品交易总额超过 10 亿美元，其中印尼站点达到 2 亿美元，可见 TikTok 在印尼加大投入力度以后，每个月商家入驻率都在快速提升。① 另外，印尼旅游与创意经济部部长桑迪亚加透露，印尼正在计划通过 TikTok 等应用程序或平台，为想要前往印尼的外国公民办理签证，尤其是来自中国的游客。②

2022 年印度尼西亚数字社会指数（Indonesia Digital Society Index）为 37.8 分，显示印尼通信与信息技术基础设施建设仍需赋能。印尼总统佐科表示印尼经济要加速向数字化转型。印尼旅游与创意经济部从 2021 年开始，通过与电商平台合作，向入驻平台的中小微企业进行补助，鼓励民众参与线上购物。印尼政府表示未来五年信息与通信技术领域是基础设施建设投资的主要方面，总投资预计达到国内生产总值的 2.5%。印尼的通信基础设施建设有着大量的中国企业参与，例如 4 月腾讯宣布在雅加达的首个云数据中心投入使用，未来还会有更多的数据中心建设项目。③ 又如印尼项目管理协会（PMI）在 11 月与中兴通讯在雅加达签署了战略合作协议，旨在制定数字化人才认证标准体系，提升通信项目管理的水平。在 2022 年全球移动宽带论坛期间，印尼电信运营商 PT XL Axiata Tbk 与华为签署了 5G City 联合创新合作备忘录，通过 5G City 的样板项目，推进印尼智慧城市建设。双方将展

① 《新生代社媒平台 TikTok 将成印尼网购新趋势》，扬帆出海，2022 年 2 月 9 日，https://yfchuhai.com/article/9604.html。
② 《印尼：加强 TikTok 用户个人数据保护 旅游部长希望与抖音合作》，雨果跨境，2023 年 2 月 6 日，https://www.cifnews.com/article/139677。
③ 《印度尼西亚的通信和信息部认为需要改善数字基础设施赋能》，全球数字基建，2022 年 12 月 22 日，https://baijiahao.baidu.com/s?id=17529133443409997335&wfr=spider&for=pc。

开 5G 创新合作，涉及绿色 5G、极简站点解决方案、无线超宽频多天线技术、海岛／乡村人口广覆盖网络解决方案等方面。[①]

在信息化人才培养方面，双方也有密切的交流合作。阿里巴巴旗下阿里云公司表示，2022 年在印尼培养了约 6.2 万名数字化人才，超过公司之前定下的 5 万名的目标。该培训计划与当地大学、协会和开发者社区合作，目的是在下一代学生中培养新媒体技术人才。[②] 8 月 24 日，清华大学东南亚中心（TSEA）联合印尼国家研究创新署（BRIN）共同举办中国—印尼数字化人才培养与可持续发展论坛。来自中国和印度尼西亚两国政府部门、学术界、产业界的代表，就数字化人才培养体系、数字化转型与人工智能治理等议题开展交流并探讨合作前景，以期共同推动可持续发展目标的实现，携手共创美好未来。[③]

新媒体发展的商业化推进了双边媒体交流的领域的扩展，促进了从简单交流向综合交流的转型，刺激了双边贸易与双边投资，实现了互利共赢的发展模式，并且坚实提高了双方的基础设施建设、人才培养与文化交流水平。以新媒体为代表的新一代互联网形式成为双方媒体交流的新纽带，这一新的平台将容纳大多双方交流的传统领域，为双边交流注入新的动力。

三 双边媒体交流的主要特征

中国与印尼媒体具有各自的特点，如果考察双方交流的倾向性以及对交流内容进行分类，则双方媒体互动的特征是十分显著的。从宏观角度来说，由于受到双方国家发展水平的客观制约，双边媒体互动显然是不对称的；从中观角度来说，双方的媒体互动所包含的主体与主体互动的项目还不够全

---

① 《印尼领先运营商 XL Axiata 与华为签署 5G City 合作备忘录》，国际在线，2022 年 10 月 31 日，https://gr.cri.cn/2022-10-31/e5596250-c127-da39-9f1b-f0ea3c993be.html。
② 《今年，阿里巴巴已为印度尼西亚培训了 6.2 万名数字人才》，跨境东南亚，2022 年 12 月 21 日，https://baijiahao.baidu.com/s?id=1752789426033053143&wfr=spider&for=pc。
③ 《中国—印尼数字化人才培养与可持续发展论坛举办》，清华新闻，2022 年 9 月 4 日，https://www.tsinghua.edu.cn/info/1177/97815.htm。

面；从微观角度来说，双方媒体报道关注的内容领域存在显而易见的偏好。

（一）新闻媒体报道涉及的领域偏少

媒体交流目前不是中国与印尼双边交流的主要方面，但是可以从中看出双方话语塑造的特征。从双方新闻媒体的相互报道中可以看出，双方报道的重点既存在共性，也存在不小的差异。这些特点可以从经济与非经济方面、双边关系与非双边关系方面、国际与国内方面来考察。

经济互动是双边交流的主要维度，双方媒体对于经济领域的事件都进行了详尽的报道，并且会经常介绍对方的经济发展形势。中国媒体重点报道了印尼的镍矿石出口政策的调整，"一带一路"合作框架下雅万高铁的项目进程，华为、中国移动、中兴与烽火在印尼承建的数字化基建项目等。印尼主流媒体则会把中国塑造为发展迅速且影响力强大的经济大国，强调了中国的经济发展对于印尼来说既是机遇也是挑战。

非经济方面，中国与印尼两国的新闻报道会集中在双方有分歧的方向。这些分歧主要集中在领海与宗教政策上。印尼媒体对我国宗教政策有误解。在不涉及中国与印尼的双边关系的国际新闻上，中国媒体大多把印尼放在东盟框架内考虑或者是报道印尼与其他发达经济体的关系。印尼媒体对中国的报道数量虽然逐年上升，但在国际新闻领域侧重于报道中国与东盟的合作或者中国与美国的双边关系以及中国与欧盟、日、韩等发达经济体的国际关系问题，还有部分报道涉及中国与印尼邻国之间的互动关系。在不属于经济范畴和不涉及两国冲突的方面，双方媒体报道是相对匮乏的。双方媒体对于彼此的国情民情、社会文化、风土人情的报道从绝对数量和所占新闻报道的比例来看都是显著不足的。这反映出中国与印尼在媒体交流上没有投入太多资源，关注焦点大多在核心问题上，对于稍微边缘的问题则缺乏关注。

（二）双边媒体交流具有不对称性

尽管中国与印尼的媒体交流无论从哪个维度看都处于高速发展的态势，但是双边交流的不对称、不均衡的特点正在逐渐扩大，并且成为双边交流进一步发展的阻碍。因此，如何识别并且缓解这一问题成为双边交流不得不考虑的问题。这种不对称可以从规模、技术、发展程度、双边投资、人才储备、合作主体与合作领域几个方面来讨论。

中国与印尼都是人口大国，截至 2022 年底分别居世界第 1 位和第 4 位，但中国人口是印尼人口的约 5.19 倍，这意味着双方经济潜力的差距十分巨大，中国有着明确超过印尼的对外交流需求。从媒体交流的经济方向来看，由于受到双方政策限制，外国投资几乎不能进入传统媒体领域，因此媒体的发展方向倾向于新媒体。而在新媒体方面，双方的来往也是不对称的。在新媒体关键的环节，即媒体平台问题上，如同印尼其他对外交流的特点一样，呈现外部投资多而内部投资少的特点。目前在印尼主要流行的新媒体平台中，外国平台占据显著优势而本土平台实力不足，这意味着中国平台在印尼的流行程度远超本地新媒体平台。另一方面，中国的流行新媒体平台主要为本土平台而没有任何外国平台。

从媒体交流的技术水平与技术储备、人才数量与人才质量的角度，也可以得出双边交流不对称的结论。根据各大互联网平台在印尼的用户调查，农村用户的数量远超城镇用户，说明印尼的城市化水平还处于发展的初级阶段，技术储备和人才培养平台显著不足。相反，中国经历了数十年的高速发展，2022 年城镇化率已经达到 65.22%，城镇化空间布局持续优化，新型城镇化质量稳步提高。[①] 中国数字城镇化水平达到空前的高度，这得益于中国庞大的数字技术人口和长年以来累积的基础设施建设成果。因此，在技术建设和人才培养方面，多是中国企业与高校向印尼提供合作项目或者为其建设数字人才培养机制，或是印尼方面输送留学生到中国学习相关知识，双边媒体技术与人才交流呈现显著不对称趋势，这与印尼缺乏国际影响力投射能力的现状是一致的。

中国与印尼的媒体交流的不对称性还体现在交流主体上，一般来说双边

---

① 《新型城镇化建设扎实推进 城市发展质量稳步提升》，国家统计局官网，2022 年 9 月 29 日，https：//stats.gov.cn/xxgk/jd/sjjd2020/202209/t20220929_1888803.html。

交流的主要组织者是官方机构（中央或地方政府的下属机构）或者专业机构（包括智库、企业与高校），而非官方与非专业的参与主体数量较少。非官方与非专业主体（目前主要是自媒体）在双边交流中起到的作用非常有限，几乎可以被看作经济交流下的附属现象。非官方与非专业参与主体的关注点集中在商品制成品跨国贸易、旅游和留学几个方面，而对专题化的其他领域的交流没有表现出特别倾向。综上，双边媒体交流可以被视作官方主导下的经济交流的配套环节与高校和智库主导的学术相关交流两大部分。另外，双方民间的自发交流是不充分的，是有着巨大的发展空间的，但是随着近几年的新媒体发展与自媒体生态的崛起，这一现象正在逐渐改善，并且对双边媒体交流起着积极的、良性的作用，成为双边官方与专业参与主体组织下的媒体交流的重要补充部分。

（三）后疫情时代双边交流有望复苏

在新冠疫情大流行时期，双边媒体交流受到了明显影响，但并未受到严重冲击。疫情在一定程度上阻断了双方的线下人员来往，不过在新技术的支持下大量的会议、论坛可以转移到线上进行。例如"中国（海南）—东盟2022智库论坛"于2022年12月20日在中国海南海口举办。论坛以"新时代构建中国—东盟蓝色经济伙伴关系：合作促进发展"为主题，共有来自6个国家和地区的100余位专家学者以线上线下相结合的方式参会。[1] 又如同年9月15日"中国—东盟应对气候变化与生态环境对话和2022中国—东盟环境合作论坛"以线上线下相结合的方式在广西南宁开幕。此次论坛的主题为"共促人与自然和谐共生，共创绿色低碳新时代"。2022年中国—东盟国际环保展的主题为"助力低碳发展 共创绿色未来"。[2] 东盟国家环境部门

---

[1] 《中国（海南）—东盟2022智库论坛在海口举行》，海南省政府网，2022年12月21日，https：//www.hainan.gov.cn/hainan/hnydyl/202212/41131d8ded4743a3b35c4cac20458e14.shtml。

[2] 《中国—东盟应对气候变化与生态环境对话和2022中国—东盟环境合作论坛开幕》，中华人民共和国发展与改革委员会官网，2022年10月28日，https：//ndrc.gov.cn/fggz/dqjj/qt/202210/t20221028_1339594.html？state=123&state=123&state=123。

和驻华使节、中国地方生态环境部门，以及相关国际组织、研究机构、企业等480余名代表参会。11月15日，2022中印尼人文交流发展论坛以线上线下结合方式在华中师范大学成功举办。论坛以"共享治理经验 共谋合作发展"为主题，由教育部中外人文交流中心与华中师范大学共同主办，华中师范大学中印尼人文交流研究中心承办，华中师范大学政治学部、华中师范大学政治与国际关系学院协办，中国社会科学院亚太与全球战略研究院东南亚研究中心支持。两国专家学者围绕主题，秉持人文交流理念，就教育、经济数字化、基层治理、扶贫减贫等领域的治理经验展开研讨交流，将进一步推动双方互学互鉴，为促进包括教育在内的各领域合作和共同发展拓展思路、贡献智慧。①

由此可见，疫情并未完全阻断中国与东盟国家的交流，双边例行交流的论坛、会议开始从以线上为主朝着线上线下交流并行的方向转变，那么可以推断出在双方旅行管制逐渐开放的未来，这些活动将会通过以线下为主、线上为辅的形式开展，双边人员交流呈现复苏态势。

（四）中国与印尼媒体合作优势亟待凸显

印尼人民群众对于中国与印尼媒体合作的相关产品的需求不高，消费欲望并不高涨。印尼的经济发展水平相对中国来说有一定差距，除了教育、新闻类产品外，印尼民众对于其他类型文化产品的需求相对不足。另外，印尼年轻一代更愿意消费来自美国、韩国、日本和欧洲的文化娱乐产品。此外，由于文化亲和性，本土文化产品也有相当的竞争力。②

中国与印尼同属于发展中国家，主要关注基础设施建设和人力资源建设，对媒体相关的文化产业的投入力度是不足的，尽管双方已经意识到以媒体为平台的文化交流的重要性，并建立了若干机制，但是从合作成效来看，媒体合作

① 《2022中印尼人文交流发展论坛举行》，华中师范大学中印尼人文交流研究中心官网，2022年11月16日，http://cistudy.ccnu.edu.cn/info/1134/17644.html。

② 车南林、肖琴：《21世纪中国-印度尼西亚媒体及相关产业合作初探》，《东南亚纵横》2021年第2期，第105~112页。

还不是双边交流的主要发展领域。印尼的文化政策也使得双边媒体交流合作难以进入高速发展阶段，印尼当局对本土文化的保护意识十分强烈，对外国文化输入采取了高度警惕的姿态。例如，印尼政府长期限制进口电影的数量，为了将外国电影与本土电影的比例维持在特定范围，对外国文化产品的审核周期十分漫长。印尼还禁止外国资本进入传统媒体领域（广播电视、印刷传媒、电影业等），直接限制了双边媒体合作项目发展。此外，双方合作主体的合作意愿也不是非常强烈，尤其是以企业为主导的媒体合作项目，考虑到印尼文化企业数量不足而且技术水平较低，中国企业更愿意对印尼进行投资而并非直接与印尼本土企业合作创造文化产品。

四　中国与印度尼西亚媒体交流的建议

中国与印尼的媒体交流还处于发展不充分、不平衡的阶段，尽管双方合作的前景是令人期待的，但是受限于双方投资规模小、人才储备少、技术缺乏等问题，双方的交流合作仍未达到成熟阶段。因此，双方的媒体交流可以从以下几个方面推进，从而发挥双方相对优势，实现互利互补。

（一）坚持传统媒体与新媒体并行发展

目前媒体交流还不是双方交流合作的主要领域，但是随着双方开放进程的推进，两国人民的精神文化需求会不断增多，从而推动两国媒体领域合作不断发展。为了提高双边交流水平，应当以传统媒体为基础，以新媒体为发展方向，两国政府携手给予政策扶持，促进双边交流与投资便利化。双方还可以最大化利用已有的合作机制与平台，如"一带一路"倡议、RCEP、中国—东盟全面战略伙伴关系行动计划等，将两国合作的声音通过媒体传播出去，让更多国家了解到"构建人类命运共同体"的必要性，这对于化解国家间利益矛盾、维护国际体系、促进共同发展有着举足轻重的作用。

传统媒体是两国官方发声的主要渠道，有着最为广泛的受众群体，体现了深厚的社会影响力。传统媒体的运营模式已经非常成熟，资源应该投入具体表达内容的呈现方式上，同时在内容上可以尝试通过多个形式并行发表。新媒体是未来最有可能实现媒体革新的领域，是最有发展潜力的方向，也是新技术的试验场。中国与印度尼西亚都是人口大国，可以发挥比较优势，在大市场中检验新媒体传播的最优方案，两国具有制作出有广泛传播能力的文化产品的先天条件。

（二）合作培养专业人才

双方媒体合作离不开大量专业人才的支持，在进行跨国投资或者项目合作的背景下，更需注重专业人才的培养。专业人才的具体类型至少有以下三类：其一，精通两国语言和文化的人才，他们是两国合作的润滑剂，能够避免由互相不了解对方文化导致的误解，从而提高双边合作的运行效率；其二，文化产品内容的制作人才，在整个合作框架之中填充具体内容必须有懂得如何制作文化产品的专业人员；其三，项目设计与管理运营的人才，他们可以针对在哪些领域进行合作并且合作后如何进行发展提供建议。双方还可建立平台，培养跨学科的综合性人才，以减少成本开支。人才培养的主体可以是高校、政府机构或者相关企业，并且应该积极拓展人才培养的方式，尤其是要注重跨学科人才的培养办法。

根据世界银行和麦肯锡的估计，未来印尼还需至少 900 万名数字人才。在"一带一路"背景之下，中国华为技术有限公司为在印度尼西亚培养数字人才与印尼教育、文化、研究和技术部职业教育总局开展的合作是与数字人才发展相关的最新项目之一。2022 未来之星计划是华为印尼公司"I Do Contribute"承诺的支柱之一，旨在 5 年内培养 100000 名印尼数字人才，为印尼未来的数字生态系统奠定坚实的基础。①

（三）创新合作模式，宣传合作成果

媒体从业者作为合作主体，应当充分发挥主观能动性，不只是参与合作项

---

① 《华为：在印尼为印尼践行承诺使能数字化转型》，中国商务新闻网，2022 年 11 月 15 日，https：//www.comnews.cn/content/2022-11/15/content_18882.html。

目，还需要有针对性地宣传合作成果，打造更多更优质的合作品牌，建构双方媒体合作的正面形象，使得双方更多民众能够了解到双边合作的美好前景。并且应当提高双方合作的频率，可以建立一些长期项目来打造品牌效应，从而消除此前项目合作"短、平、快"的缺陷。

在合作模式上，双方应该逐步探索适合发展的新模式，让合作充分渗透到各个环节中，提高双方的参与意愿。就现状来看，印度尼西亚媒体行业的人才数量与质量、技术成熟度、合作机制完备度等均处于匮乏状态。因此，双边合作还需要中国相关行业提供人才和技术的支持，双方可以定期开展研讨会、培训班等形式的专业人士交流，以提高专业水平。同时要注重技术生态建设，制定人才培养与技术输送的具体方案，并积极与相关机构合作，提高参与主体的参与意愿，使得双方切实感受到合作带来的好处，实现 1+1>2 的效果。

（四）提高投资开放度，扩大合作领域

为了推动中国与印尼的相关媒体产业合作，两国政府应该提供更多支持，朝着促进双边贸易往来与相互投资便利化、鼓励相关企业积极参与合作的方向前行。另外，在推动相关产业发展的同时应该注意合作领域的平衡性，双方的合作领域不应该只局限于传统媒体行业，尝试拓展新媒体领域合作可以创造更多发展空间，吸引更多消费者、投资人与专业技术人士。

2022 年 8 月 31 日中国互联网信息中心（CNNIC）在北京发布的第 50 次《中国互联网络发展状况统计报告》显示，截至 2022 年 6 月，我国网民数量达到 10.51 亿人，互联网普及率达 74.4%，网民平均每周上网时长为 29.5 小时，网民使用手机上网的比例达 99.6%。[①] 2021 年，印度尼西亚网民数量超过 2 亿人，其中有 95% 的人通过手机访问互联网。[②] 双方市场规模庞大，而且移动互联网的使用比例较高，这意味着双方在移动互联网上进行

---

① 《第 50 次〈中国互联网络发展状况统计报告〉发布》，中国政府网，2022 年 9 月 1 日，http://www.gov.cn/xinwen/2022-09/01/content_5707695.htm。

② 《印尼互联网用户近 2 亿 95% 用智能手机移动上网》，中国新闻网，2020 年 11 月 11 日，https://www.chinanews.com.cn/gj/2020/11-11/9336148.shtml。

合作能够创造更多的经济效益。

结　语

　　中国与印度尼西亚作为人口大国和亚洲的重要经济体，双边关系正处于不断深化的过程之中，双边人文交流从质量、频率、范围上都在稳步提升。其中，传统媒体平台是双方文化合作的基础方向，以中国文化产品进入印度尼西亚市场为主，以双方共同投资制作文化产品为辅。另外，新闻媒体对塑造双方国际形象、传播双边话语、增进官方和民间互信起到了至关重要的作用。

　　伴随新技术、新概念的崛起，新媒体成为双方文化交流的新平台。由于人工智能、大数据、区块链等技术的应用范围扩大，以短视频为主的移动互联网视听平台成为双方民众了解对方国情民情的新兴渠道，社交电商成为社交平台与商业融合的新形式并且在两国社会上成为流行的商业模式。自然语言处理、数字货币等新的人工智能与区块链技术的出现预示着下一代互联网即将到来，下一代互联网带来的新媒体形式应用有望成为双边交流的新平台。

　　在经济短期复苏的预期之下，可以推测中国与印度尼西亚线下会议、论坛和访问的频次将会稳步恢复并超过2019年的水平，未来几年双边往来的质量有望提升。伴随中国与印度尼西亚防疫政策的变化，不仅中国一般旅客前往印尼学习、旅游的意愿将会显著提高，双边商务往来也有望迈上新的台阶。

2022年中国与印度尼西亚影视合作交流

王甜甜　陈　菲*

摘　要： 近年来，中国与印度尼西亚的影视合作日趋紧密，2022年两国的影视合作出现了新的特点与动向。在官方影视交流活动不断、两国影视产业链合作更为深入的同时，语言障碍、法律限制、内容偏好、市场占比等问题都将成为双方影视合作深入的绊脚石。而搭建多语种智慧平台、加强原创内容的构建、完善相关法规以及学习跨文化传播先进经验能够推动中印尼影视合作的长远发展。

关键词： 印尼　中国　影视合作　文化交流　公共外交

一　中印尼影视交流现状及特点

随着中国与东南亚的经贸关系日益紧密，作为东盟主要国家的印度尼西亚与中国的影视交流也愈发频繁。受制于全球新冠疫情，两国影视交流的内容、方式、途径与往年相比呈现出了不同的特点。了解2022年中印尼影视合作概况，需要先分析中印尼影视市场出现的新形势，然后结合近年来两国影视合作的经验，从影视合作方式、合作内容、合作效果三个角度来梳理2022年中印尼影视合作的成果，进而总结其特点。

---

*　王甜甜，华中师范大学政治与国际关系学院硕士研究生；陈菲，华中师范大学政治与国际关系学院副教授，硕士生导师，中印尼人文交流研究中心副主任。

（一）中印尼影视市场的新动向

中国与印尼于1950年4月13日建交，2013年10月建立全面战略伙伴关系，2021年6月建立高级别对话合作机制。① 政治关系的稳固和经贸关系的紧密不断推动双方影视行业的交流。进入全球化时代，随着信息技术的进步，新媒体凭借其传播速度快、时效性强的优势推动传统影视行业格局变化和内容创新。

印度尼西亚和东南亚其他国家一样，影视行业都是伴随着西方文化的传入而产生的。② 经历坎坷发展之后，在机构助推、政策助力的背景下，目前印尼电影行业在影院分布量、银幕数量、观影人数等方面都呈现快速增长的态势。③ 疫情背景下全球经济低迷，创意经济正在成为新的经济增长点。2021年，印尼旅游与创意经济部向72家影视公司资助了7055亿印尼盾（1美元约合1.43万印尼盾），用于影视作品制作和推广，同时斥资近130亿印尼盾，资助53名影视制作人拍摄短片和纪录片。政府还积极搭建国内电影行业同海外投资者沟通的桥梁，派代表参加全球各大电影节以及创意融资论坛等活动，在展示本国影视作品的同时，向投资者推销自己的创意。④ 开放包容的政策与蓬勃发展的影视市场吸引了更多的投资者。美国Netflix于2016年1月进入印尼，同年Amazon Prime Video紧随其后入驻。2019年，Apple TV+向印尼用户开放，而HBO Go和Disney+Hotstar也分别于2022年2月和9月在印尼推出了流媒体服务。中国一些影视制作平台也加快出海进程，腾讯视频海外版WeTV和爱奇艺不断推进自身内容本土化，与西方公司进行市场竞争，取得不俗成绩。

---

① 《中国同印度尼西亚的关系》，中华人民共和国外交部官网，2023年1月，https://www.fmprc.gov.cn/web/gjhdq_676201/gj_676203/yz_676205/1206_677244/sbgx_677248/。
② 代湘云：《印度尼西亚电影文化研究综述》，《电影文学》2021年第16期。
③ 许婷婷：《2019年中国与印度尼西亚影视合作交流成果及展望》，载韦红主编《中国与印度尼西亚人文交流发展报告（2020）》，社会科学文献出版社，2020，第63页。
④ 《印尼鼓励发展创意产业》，国际在线，2022年3月2日，https://ge.cri.cn/2022-03-02/7afc97de-b08a-2f69-4f6f-11c1554a4c85.html。

相较于蓬勃发展的印尼影视市场，中国影视市场运行机制成熟，行业工业化程度高，消费市场庞大。经过多年的发展，电影投资制作公司有中国电影集团公司、光线传媒、万达影业、华谊兄弟、果然传媒、博纳影业等；中游宣发有传统发行公司中国电影集团公司、华策影视、阿里巴巴影业集团等，网络发行有优酷、芒果 TV、爱奇艺和腾讯视频；下游院线有万达电影、金逸影视、中影南方、大地数字影院、横店影视等，并衍生了互联网线上票务平台淘票票、猫眼电影，互联网文学创作平台晋江文学城，内容二创平台LOFTER（乐乎）等。2021 年，根据中国国家电影局统计数据，中国银幕数量突破 8 万块，全年总票房和银幕总数保持全球第一。[①] 电视剧知名的制作公司则以正午阳光、恒星引力为代表。

近年来，中印尼影视合作不断增多，两国市场现有的影视发展基础与趋势给两国合作带来了极大的便利，推动合作更深层次的发展，不再局限于两国的政府、使领馆、广电局等文化机构举办文化交流节等形式，更多集中于资本合作、内容创新、终端输出方式改革等方面。

南洋桥传媒[②]是最早开展中印尼影视交流合作的公司，致力于促进中印尼之间的文化交流，频繁参加双边影视文化宣传活动。在第 11 届北京电影节上推出了印度尼西亚本土多个优秀的影视项目，其中两部影片《印尼羽球英雄：王莲香》和《一个叫阿学的人》还通过了层层筛选，于首届"市场放映"期间与嘉宾及买家见面。[③] 为使双方影视传播更为方便，南洋桥传媒与中国中央广播电视总台和国家广播电视总局启动中国剧院项目，提供全面授权服务。[④] 除此之外，南洋桥传媒希望通过内容发掘，形成与中国观众

[①] 《全年总票房和银幕总数保持全球第一》，国家电影局官网，2022 年 1 月 5 日，https://www.chinafilm.gov.cn/chinafilm/contents/142/4075.shtml。

[②] Nanyang Bridge Media，https://www.nanyangbridge.com/company/.

[③] 《市场"主宾国"项目，初遇东南亚》，北京国际电影节官网，2021 年 9 月 17 日，https://www.bjiff.com/dysc/dysc/202109/t20210917_103280.html。

[④] "Bridging Cultures Across Asia with Content"，Nanyang Bridge Media，https://www.nanyangbridge.com/bridging-cultures-across-the-straits-with-films/.

产生共鸣的印尼文化和故事。①

（二）2022年中印尼影视合作的成果与特点

2022年，中印尼影视合作成果显著，政府和民间多主体共同发力，推动了双方影视行业的繁荣，推动双方影视作品互相传播、提高文化吸引力。除此之外，中印尼在影视产业链上有着更加深入的合作。

1. 官方影视交流活动不断

2022年9月1日，东盟+3电影节（东盟国家和中国、日本、韩国驻捷克使团主办）开幕式暨各国短片展映活动在捷克首都布拉格市图书馆电影院拉开帷幕，在电影节期间，中方展映了《你好，李焕英》等优秀电影。② 9月6日晚，第四届中国—东盟视听周在广西南宁启动。此届视听周的主题为"新时代 新视听 新机遇 新未来"，③ 包括中国电视剧《大山的女儿》、电影《天琴》、纪录片《山歌好比春江水》、广播剧《山海情》，中国东盟合拍纪录片《患难与共中柬情》《志同道合》，印尼短视频《美丽印尼》等在内的45部共174集优秀视听作品，在中国、印尼等7个国家的主流电视频道和新媒体平台播出。7月，中共成都市委外事工作委员会办公室发布《2022成都·印度尼西亚文化（电影）周服务项目成交公告》，成都市电影集团有限责任公司拟联合印尼驻华大使馆在蓉举办"2022成都·印度尼西亚文化（电影）周"，计划选取7部印尼电影作品向成都市民公益放映，包含首映仪式、电影展映、文化沙龙、艺术交流等板块，于9月在博物馆/图书馆、影院等场所开展。④ 11

---

① "Resonating Indonesian Culture and Stories with Chinese Audience", Nanyang Bridge Media, https://www.nanyangbridge.com/indonesian-films-localization-in-china-2/.

② 《驻捷克使馆临时代办张茂明出席东盟+3电影节》，中华人民共和国外交部官网，2022年9月2日，https://www.fmprc.gov.cn/web/gjhdq_676201/gjhdqzz_681964/lhg_682518/zwbd_682538/202209/t20220902_10759639.shtml。

③ 《第四届中国—东盟视听周开幕 优秀视听节目实现双向互播》，新华网，2022年9月7日，http://gx.news.cn/newscenter/2022-09/08/c_1128985221.htm。

④ 《2022成都·印度尼西亚文化（电影）周活动服务项目成交公告》，成都市人民政府网，2022年7月11日，http://cdfao.chengdu.gov.cn/cdwqb/c146847/2022-07/11/content_fe3ad40a1e042839ce7a54fe0b26ec7.shtml。

月 7 日，"2022 视听中国·优秀视听节目印度尼西亚展播活动"在雅加达正式启动，合拍剧《三十而已》、WeTV 线上展播专区上线等合作项目也正式开始，《山海情》《大江大河》也作为主要展播电视剧参与其中。① 两国影视制作和传播机构就《闽宁小镇》《三十而已》等中国热门电视剧等优秀中国影视产品在印尼播出达成合作意向。

2. 产业链合作深化

影视产业链主要分为三部分，即上游制片、中游宣发、下游院线，互联网产业发展后衍生出线上票务平台和网络文学 IP 作为产业终端。②

中国上游制作公司竞争激烈，不仅行业制作巨头争先投资印尼，新的制片公司也加入战场。导演陈可辛在 10 月举行的釜山电影节上宣布成立泛亚洲制片公司 Changin' Pictures，并公布五部新剧，后续卡司人选范围扩至印尼等国。③ 2022 年，在国家电影局的支持下，中央广播电视总台央视网旗下未来电视有限公司④进入印尼新媒体市场，与印尼电信达成合作，通过规模化、常态化、本土化译制等多种方式，带动中国视听节目在印尼新媒体平台传播，为印尼互联网年轻用户了解真实立体全面的中国开辟了新的渠道。⑤

中游宣发合作更为紧密。8 月 13 日第十二届北京国际电影节开幕，南洋桥传媒提前半年就在其官网对电影节进行宣传与电影介绍，希望通过电影连接中国和印度尼西亚，⑥ 推动更多的印尼电影参与中国举办的国际电影节。腾讯视频和爱奇艺视频继续竞争东南亚。腾讯视频暑期档电视剧《星

---

① 《2022 视听中国·优秀视听节目印尼展播活动启动》，《印度尼西亚商报》2022 年 11 月 7 日，http：//www.shangbaoindonesia.com/read/2022/11/07/special-news-1667832005。
② 《上游竞争持续激烈，中下游格局日趋稳定》，渤海证券研究所官网，2019 年 5 月 13 日，http：//pdf.dfcfw.com/pdf/H3_AP201905131329120333_1.pdf。
③ Patrick Frater，"Peter Chan on the 20-Year Journey to Launch of Asia-Based TV Studio Changin' Pictures"，Variety，October 5，2022，https：//variety.com/2022/global/news/peter-chan-asia-tv-changin-pictures-1235394294/。
④ 未来电视有限公司官网，https：//www.chinaott.com/hwzq.html。
⑤ 《未来电视：深耕印尼新媒体市场，培育中国视听节目本土化传播主平台》，中国联合展台在线平台，2021 年 1 月 10 日，https：//chinapavilion.com.cn/art_det/id/848.html。
⑥ 《嘿，电影人！第十二届北京国际电影节向你呼唤！》，Nanyang Bridge Media，2022 年 2 月 24 日，https：//www.nanyangbridge.com/cn/filmmakers-beijing-international-film-festival-12/。

汉灿烂·月升沧海》在印尼掀起追剧热潮，斩获 9.5 分的高分，WeTV 网站上也打出《星汉灿烂·月升沧海》的宣传语：Zhao Lusi is Back。而爱奇艺 2022 年《苍兰诀》的火爆以及长期表现不俗的"迷雾剧场"最终结束了其亏损十年的财务状况，[①]《苍兰诀》登陆 Netflix 并被翻译为印尼语、泰语、韩语等进一步推动了其火爆程度提升。[②]

下游院线与 IP 合作蓬勃发展。11 月 17 日，印尼版《三十而已》——*Jalan Tiga Puluh* 开拍，由香港电讯盈科 PCCW 旗下领先的跨区域 OTT 视频流媒体平台 Viu 和柠萌影业联合打造。这是中国与印度尼西亚首次针对国产剧集进行的改编翻拍合作，也是国产剧集首次以合拍的形式与海外流媒体平台进行的深度合作，柠萌影业是多部火爆电视剧如《小别离》《小欢喜》《小舍得》《九州缥缈录》《扶摇》的出品方，此次也是其 IP 出海的重要尝试。[③]在国内深耕二次元文化的哔哩哔哩视频网站在 2022 年致力于深耕二次元 IP 和国产漫画，"Bilibili Comics"（哔哩哔哩漫画海外版）正在海外积极推广，为自身引流。"Bilibili Comics"的 Top5 下载市场分别是美国、印度、菲律宾、马来西亚、印尼，[④]漫画专门有印尼语版本。可见漫画正在成为中印尼影视交流的新的增长点。

与往年相比，2022 年，中印尼开展了更频繁的影视交流，而且由疫情带来的出行不便推动了双方流媒体的合作，双方提升了影视合作的广度和深度。

二 中印尼影视合作的基础

伴随着"一带一路"倡议的全面推进，中印尼影视合作机遇增多，高

① 《爱奇艺发布 2022Q4 及全年财报：首次实现全年运营盈利 会员数涨至 1.2 亿》，新华网，2023 年 2 月 23 日，http：//www.news.cn/fortunepro/20230223/e62e449613844244ba194bf4627bbbb8/c.html。

② Love Between Fairy and Devil，https：//www.netflix.com/title/81622849.

③ 《"什么都联手只会害了你？"柠萌影视国际片单发布计划引网友争议》，扬子晚报网，2023 年 3 月 26 日，https：//www.yangtse.com/zncontent/2796319.html。

④ Bilibili Comics-Manga Reader 的应用统计数据，https：//www.similarweb.com/zh/app/google-play/com.bilibili.comic.intl/statistics/。

质量的合作是双方互信不断增强的体现。中印尼影视合作基础可以从双边政策、文化环境、技术创新与创作环境四个方面来考虑。

（一）双边政策支持

不断深入的影视合作背后是中印尼不断融洽的政治经贸关系。中国与东盟是地理上的邻居，中国是东盟的最大贸易伙伴和战略伙伴。7月，佐科总统成功访华，成为疫情以来中国单独接待的首位国家元首；11月，习近平主席赴巴厘岛出席G20峰会，把印尼作为中共二十大后的首访首站。[①] 两国元首就构建中印尼命运共同体达成重要共识，为双边关系擘画了宏伟蓝图。2022年11月11日，中国外交部公布《中国—东盟全面战略伙伴关系行动计划（2022—2025）》，[②] 进一步明确了中国与东盟加强政治互信和经贸往来的承诺。2022年是中印尼两国关系突飞猛进的一年，在此背景下，中印尼影视合作有着稳定的政策支持。2022年9月1日，中资企业在雅加达举办的印尼制造业投资峰会获印尼经济界热烈响应，其中提到加强中印尼双方的多方面交流；[③] 10月27日，印尼三——大学孔子学院以线上线下结合方式，举办"促进中印尼命运共同体建设"国际研讨会，该研讨会提到要加强中印尼政治、经济、文化上的交流；[④] 中国驻印尼大使馆从2006年开始就举行"中印尼文化交流研讨会"来加强两国之间的文化交流。[⑤]

[①] 《驻印度尼西亚大使陆慷在中印尼青年过大年活动上的致辞》，中华人民共和国外交部官网，2023年1月15日，https：//www.mfa.gov.cn/web/zwbd＿673032/wjzs/202301/t20230116＿11008524.shtml。

[②] 《中国—东盟全面战略伙伴关系行动计划（2022—2025）》，中华人民共和国外交部官网，2022年11月11日，https：//www.mfa.gov.cn/web/ziliao＿674904/1179＿674909/202211/t20221111＿10972996.shtml。

[③] 《中企举办印尼制造业投资峰会获热烈响应》，中国新闻网，2022年9月1日，https：//www.chinanews.com.cn/hr/2022/09-01/9841776.shtml。

[④] 《印尼孔子学院举办"促进中印尼命运共同体建设"国际研讨会》，中国新闻网，2022年10月28日，http：//www.chinaqw.com/hwjy/2022/10-28/343650.shtml。

[⑤] 中华人民共和国驻印度尼西亚共和国大使馆官网，http：//id.china-embassy.gov.cn/whjy/zgwh/。

印尼政府近年来致力于开发支持印度尼西亚数字经济发展的生态系统。印尼总统佐科早在 2015 年就设立印度尼西亚创意经济局（BEKRAF），希望通过专门的机构来挖掘印度尼西亚创意经济的巨大潜力。① 在此背景下，印尼政府制定了 2021~2030 年发展数字经济的框架。该框架是实现成为推动包容、互联和可持续经济增长的数字经济强国愿景的指南。② 在印尼的创意经济中，电影、音乐、电脑应用程序和游戏领域的发展也令人振奋，增长势头强劲，这离不开印尼政府政策的支持。

（二）文化环境相似

东盟与中国地理位置相近，是一个深受中国文化影响的地区，双方有着深厚的历史文化传统和相似的思想，这是中国文化在"走出去"时与欧美文化相比的优势所在。③ 布鲁金斯学会就指出，中国一直以来都十分注重东亚与东南亚邻国的关系，整个文化圈都有着浓重的儒家思想。④ 印尼民族众多，多样性中的团结是印度尼西亚的座右铭，因为它象征着印度尼西亚广泛的种族和文化多样性以及他们和平共处的愿景，这和中国倡导的天下大同、和平共处的思想也是一致的。印尼的华人文化也是多元民族和文化的一部分，现在已成为印度尼西亚社会的一部分。⑤

印尼的著名电影《因果报应》（*Karma*）、《照看隔壁店》（*Cek Toko*

---

① 《印度尼西亚发挥创意经济潜力》，世界知识产权组织（WIPO），2019 年 10 月，https：//www. wipo. int/wipo_ magazine/zh/2019/05/article_0003. html。

② "Coordinating Minister Airlangga：Digital Economy in Indonesia is The Highest Among Southeast Asia Countries"，Coordinating Ministry For Economic Affair Republic of Indonesia，April 11，2022，https：//www. ekon. go. id/publikasi/detail/4026/coordinating-minister-airlangga-digital-economy-in-indonesia-is-the-highest-among-southeast-asia-countries.

③ Martin Stuart-Fox，"Southeast Asia and China：The Role of History and Culture in Shaping Future Relations，" *Contemporary Southeast Asia*，Vol. 26，No. 1，2004，pp. 116-139，https：//www. jstor. org/stable/25798674？ seq = 1&cid = pdf-reference#references_ tab_ contents.

④ Jeffrey A. Bader，"China's Role in East Asia：Now and the Future"，Brookings，September 6，2009，https：//www. brookings. edu/on-the-record/chinas-role-in-east-asia-now-and-the-future/.

⑤ "Chinese Cultures in Indonesian Films"，Nanyang Bridge Media，February 8，2022，https：//www. nanyangbridge. com/chinese-cultures-in-indonesian-films/.

Sebelah）、《牌九》（*Pai Kau*）等都以中国文化为主题。受印尼民众热烈欢迎的中国影视剧多是代表东方玄幻、古代仙侠的古代剧和表现当下东亚生活的现代伦理剧，即使使用的是非当地语言，但叙述方式与思想内核与印尼当地有着较高的契合程度。如腾讯视频出品的《庆余年》《琅琊榜》《陈情令》、爱奇艺出品的《苍兰诀》、优酷出品的《沉香如屑·沉香重华》都在海外取得很大成功，1998 年播出的《还珠格格》仍然在印尼有着巨大的商业价值，《金太郎的幸福生活》《媳妇的美好时代》《父母爱情》等家庭剧也有着庞大的海外受众。除此之外，印尼华人修建了许多具有中华传统文化底蕴的建筑设施，更激发了印尼对中国文化的关注。如位于雅加达东区华侨华人相对聚居的椰风新城（Kelapa Gading）的老上海广场，该广场随着中国风席卷东南亚成为网红打卡圣地。①

（三）技术不断创新

大数据、云计算、人工智能推动了影视产业链的变革和影视市场的变化。影视制作技术的提高带来更多品类的作品，高品质的银幕和高清晰度的选择、精准的大数据推送和喜好计算以及客户端输出的多样化都给观众带来了更愉快的影视娱乐体验，而这些都离不开技术的创新。《流浪地球 2》的 3000 多个视效镜头、1000 多个面部视效离不开中国国产影视特效的进步；②"唐人街探案"系列电影在拍摄手法上不断进步，第三部直接使用 IMAX 摄影机拍摄了全片，呈现出的视觉效果更加震撼；印尼观众喜爱的《苍兰诀》《与君初相识》等玄幻仙侠热剧都需要精美的后期特效制作才能达到理想水平。优秀的影视作品仍然需要更多的渠道进行传输。

早年印尼乃至东南亚的流媒体发展一直比较缓慢，很大一部分原因是整体互联网基础设施的不足，同时盗版、消费能力、用户消费习惯等也是限制

---

① "Culinary and Cultural Complex Offers Chinese Delicacies with an Indonesian Twist"，CGTN，May 9，2023，https：//news. cgtn. com/news/2023-05-09/Jakarta-s-new-cultural-complex-Old-Shanghai—1jF8JroXBVm/index. html.

② Morevfx，http：//www. morevfx. com/intro/.

流媒体发展的因素。而在近几年，东盟加大对数字经济的投入力度，加之疫情的影响，线上支付、观影习惯得以形成，影视下游生态得以建立，流媒体在疫情期间发展迅速。① 印尼流媒体平台 Vidio 顺利融资 1.5 亿美元，在疫情期间付费用户突破 100 万。② 2020 年，腾讯收购东南亚流媒体平台 iflix，以用于扩大其在东南亚的影响力，进一步拓展了中国企业与印尼等东南亚国家的影视合作。③

（四）高回报的影视合作

疫情推动了东南亚数字经济市场的发展。根据《东南亚在线视频消费洞察与分析》数据，2020 年 1 月 20 日至 4 月 11 日，四个东南亚国家市场（包括印度尼西亚、菲律宾、新加坡和泰国）的流媒体用户平均观看时间增长了 150%。④ 庞大的数字用户市场促进了越来越多的影视行业合作。

根据中华广播影视交流协会的报道，中国 2018~2022 年共出口电视剧 2689 部次，10 万多集，⑤ 数量庞大，东南亚成为中国影视出海的主要市场。中印尼的影视交流目前主要还是电影、电视剧的制作与版权买入，涉及现实、甜宠言情、职场、家庭、恐怖、仙侠、科幻等多种题材。⑥ 伴随着网络文学出海、漫画影视化、游戏 IP 影视化的行业趋向，中印尼的文学创作与交流题材更加多样前卫。受制于政策要求与市场偏好，中国针对特定市场出

---

① "Forecast：Indonesia Poised for Streaming Growth"，Advanced Television，October 11，2022，https：//advanced - television. com/2022/10/11/forecast - indonesia - poised - for - streaming - growth/.

② 《融资 1.5 亿美元，印尼流媒体和泛娱乐竞争格局到底如何？》，环信，2021 年 11 月 24 日，https：//www. easemob. com/news/7479.

③ "Tencent Buys Malaysian Streaming Platform iflix in SE Asia Push"，Reuters，June 25，2020，https：//www. reuters. com/article/us-tencent-iflix-idUSKBN23W0H4.

④ "Southeast Asia Online Video Consumer Insights & Analytics"，Media Partners Asia，https：//media-partners-asia. com/reports/ampd-online-video-consumer-insights-analytics-2021/.

⑤ 《中国电视剧国际传播迈向合作出海新阶段》，中华广播影视交流协会官网，2022 年 9 月 29 日，http：//carfte. cn/hyfc/2022/09/29/092841512. html.

⑥ 余佳丽、李怡敏：《后疫情时代中国长视频流媒体平台海外传播研究》，《东南传播》2021 年第 12 期。

口特定题材的影视产品，比如打破男女主角限制的《陈情令》《山河令》《上瘾》等颇受印尼年轻民众喜爱，成为海外爆款，剧版《三体》在 WeTV 北美地区剧集日均站内播放量排名中始终高居 Top1，① 东方玄幻题材电视剧《苍兰诀》被翻译为多种语言播出。高点击率给平台带来的是更多的广告投资和付费收入。② 爱奇艺于 2019 年 6 月首次开启海外扩张，2021 年第二季度财报显示，爱奇艺国际用户开始进入快速增长期，爱奇艺海外 MAU 较上季度增长 77%，新增下载量在东南亚多个国家和地区稳居 Top5，特别是在泰国、印尼、马来西亚等国家和地区长期保持第一。③ 2022 年全年财报显示爱奇艺第四季度运营利润率达 7%，④ 其成功解决了债务问题，首次实现全年盈利，爱奇艺海外会员收入同比增长 30%，其中美国和加拿大的订阅会员增长率超过了 70%，而且原创剧集也吸收了更多广告主的投资。⑤ 合作出海的高回报吸引了更多企业走出国门。

印尼也在与中国的影视合作中推动了本国经济的发展与行业的改革。印尼国家统计局宣布该国 2022 年国内生产总值（GDP）同比增长 5.31%，创下 9 年来最高增速。印尼经济统筹部部长艾尔朗加（Airlangga）就公开表示，数字经济促进了印尼经济的发展，印尼数字经济在东南亚国家中位居前列。⑥ 印尼著名影视公司 MD Pictures⑦ 在 2020 年接受腾讯投资之后宣布为

---

① 《腾讯视频亮相香港国际影视展　推动多元佳作从出圈到出海》，香港文汇网，2023 年 3 月 15 日，https：//www.wenweipo.com/a/202303/15/AP64114065e4b0b6003c018821.html。

② 《腾讯影片遭遇"冤家"亚马逊》，志象网，2022 年 2 月 19 日，https：//www.gushiciku.cn/pl/aQrO/zh-tw。

③ "IQIYI, Inc. 2021Q1 Shareholder Letter"，IQIYI，August 18，2021，https：//ir.iqiyi.com/news-releases/news-release-details/iqiyi-inc-2021q1-shareholder-letter/.

④ 《爱奇艺 2022Q4 及全年财报：首次实现全年运营盈利 会员数涨至 1.2 亿》，爱奇艺，2023 年 3 月 1 日，https：//www.iqiyi.com/kszt/news2023022203.html。

⑤ 《爱奇艺"资产重定价"：首次全年运营盈利是拐点，底层逻辑大改善》，DoNEWS，2023 年 2 月 24 日，https：//www.donews.com/article/detail/5457/52195.html。

⑥ "Coordinating Minister Airlangga：Digital Economy in Indonesia is The Highest Among Southeast Asia Countries"，Coordinating Ministry For Economic Affair Republic of Indonesia，April 11，2022，https：//www.ekon.go.id/publikasi/detail/4026/coordinating-minister-airlangga-digital-economy-in-indonesia-is-the-highest-among-southeast-asia-countries。

⑦ MD Pictures，https：//mdentertainment.com/pictures/about/about-company/.

印尼 WeTV 排定的五部新的原创剧也大获成功。[①]

政策上的扶持，数字经济的逆势增长，互联网经济的高速发展，华人文化圈在传播东南亚文化、语言、上下游产业集群等方面具有的天然优势，高回报的影视合作等多种因素共同助力中国影视产业更快融入东南亚。作为东南亚经济实力发展引擎的印尼也在与中国的影视合作中激发了中国观众对印尼的兴趣，促进了印尼旅游业、留学等行业的发展，中国影视镜头下的中国也有助于改变西方话语视角下的中国形象。随着全球的经济的复苏，中印尼影视合作的机会和意愿将会增加。

三　中印尼影视合作存在的挑战

影视交流是文化交流的重要表现形式，主观意愿和客观趋势赋予了影视交流新的内涵，影视交流不单单是思想交流与情绪抒发的媒介，也成为提升国家形象、扩大文化软实力的重要载体。中国—东盟建立关系以来，文化交流不断，形成了多渠道、多层次的文化交流，中印尼影视合作整体态势也不断向好。然而在中印尼开展影视合作和人文交流时，语言障碍、法律限制、内容偏好、市场占比等问题都将成为双方影视合作深入的绊脚石。

（一）语言交流存在进步空间

语言是沟通交流的直接工具，是阐释自我、传递思想、解析价值的外在表达，文化差异性最直观的表现就是语言和文字的差异。中国与印尼的民众在语言和文字上的不同会造成双方在生活习惯、宗教信仰、思维路径、价值判断上的不同，这使得中印尼在影视交流中存在障碍。

语言不通是中印尼影视合作不能深入的最直接原因。比如，中印尼电视台、影视公司共同制作的电视剧并不太多，目前中印尼影视合作仍然处于相

---

① 《腾讯影片遭遇"冤家"亚马逊》，志象网，2022 年 2 月 19 日，https：//www.gushiciku.cn/pl/aQrO/zh-tw。

互购入影视版权的阶段。尽管影视公司或流媒体平台意识到本土节目的重要性，但也更倾向于收购当地流媒体或出资委托当地制作团队进行项目实施而非双方团队共同合作制作内容。WeTV 与印尼制作公司合作的 *My Lecturer My Husband* 和 *Antares* 被续订第二季，但在具体分工方面，WeTV 负责资金部分，印尼制作公司则全权负责内容制作，前文提到的腾讯投资印尼著名影视公司 MD Pictures 也是如此。

即使影视产业链上游制作过程可以通过投资、收购等手段最大限度规避语言上的障碍，下游影视作品能否被当地受众接受仍然要看作品的语言表达能力，译制配音水平直接决定了影视作品的传播范围和讨论热度。虽然印尼影视作品在语言翻译上被中国观众接受的难度相对较低，但观看印尼影视作品在中国尚属小众爱好，印尼语字幕翻译相对于韩语、日语、英语、泰语字幕翻译市场需求小、利润低。由于缺乏相对大型的字幕组进行翻译，人工智能翻译带来的观影体验也并不好，印尼影视作品在中国的传播存在诸多障碍。

中国影视作品出海印尼在语言上遇到的挑战则更为明显。首先，印尼民族情况复杂，宗教信仰和禁忌较多，宗教话题对翻译人员提出了更高的要求，如果翻译不当甚至可能导致国际纠纷。其次，印尼全国有 300 多种当地语言，并不是所有印尼人都使用官方语言印尼语。即便统一翻译为印尼语，中国印尼语专业人才在现阶段也存在不足。截至 2022 年，只有 16 所普通高校开设了印度尼西亚语专业，且大多为小班教学，隔年招生。[①] 印尼语翻译人员供不应求。最后，印尼语比大多数语言的词汇量少，不能完整表达真实含义，外文翻译成印尼文后读起来会显得"累赘和重复"，古板的翻译势必会降低作品原本的魅力。[②] 这些都增加了中国影视作品的出海难度。

---

① 《国家级一流本科专业建设点——印度尼西亚语》，广东外语外贸大学高考招生网，2022年，https://zsb.gdufs.edu.cn/__local/5/1C/43/4174018E515AE3E34AD4861C464_43BB632A_38D9E.pdf? e=.pdf。

② 《为何印尼人很少说官方语言印尼语》，BBC，2018 年 8 月 5 日，https://www.bbc.com/ukchina/simp/vert-tra-45074152。

（二）版权保护力度有待加大

版权问题越来越受到中印尼双方的关注。无论是平台运营版权，还是影视作品版权，在合作过程中都需要得到重视。近年来，东南亚效仿中国在互联网领域的发展，这使得中国互联网企业出海后难免会遇到相似的产品。2020年底，中国视频网站哔哩哔哩宣布出海东南亚。由于东南亚国家文化各异，哔哩哔哩以 bilibili.tv 为入口，设置多种东南亚语言版本可供选择。哔哩哔哩在印尼的网站名为"Bstation（B站）"，此举就是为了与印尼一家名为 Blibli① 的本土电商平台区别开来。

影视作品版权保护是中印尼影视合作的利润来源之一。根据国家版权局网络版权产业研究基地《中国网络版权产业发展报告（2020）》，盈利模式以广告和用户付费为主，其中广告占比不断下降，说明用户付费已然成为流媒体网站的主要利润来源。② 印尼市场对价格非常敏感，流媒体一般采取的是 SVOD+AVOD 的混合模式。近年来随着中国风的流行，中国影视作品的市场价值不断提高，但美剧单集进口价格高达上百万美元，而中国影视剧海外版权价格过低，单集上万美元的国产剧已属"天价"。即使如此，印尼创意经济虽有政策扶持，但也由于成本问题，一些热播剧集很难第一时间被电视台购入，即使正版平台收取的服务费很低，人们也更希望找到免费渠道，这导致部分盗版视频的流行。国家版权局在 2021 年的报告中提到2021 年网络文学盗版损失规模为 62 亿元，加强版权保护已成为全行业的共识。2022 年 4 月，业内首个盗版举报公示平台"全民反盗版联盟"正式上线。③

---

① Blibli 是印尼烟草集团针记的分公司 PT Global Digital Niaga 旗下的电子商务平台，该平台于 2011 年推出，是 PT Global Digital Niaga 的首个产品，主要提供网络购物服务。截至 2017 年，Blibli 是印尼五大电子商务平台之一。

② 《中国网络版权产业发展报告（2020）》，国家版权局网络版权产业研究基地官网，2021 年 5 月 17 日，https://www.ncac.gov.cn/chinacopyright/upload/files/2021/6/9205f5df4b67ed4.pdf。

③ 《盗版泛滥，打击作家创作热情》，新华网，2022 年 5 月 27 日，http://www.news.cn/2022-05/27/c_1128688012.htm。

印尼创意经济的知识产权保护十分困难，目前主要依托印度尼西亚知识产权总局来处理，与数字经济的快速发展相对应的则是滞后的管理与追责方式。印度尼西亚创意经济的主体中只有大约11%已经获得知识产权。尽管面对盗版现象，印尼创意经济局有针对性地成立了反盗版工作组，但是实际上该部门并没有调查知识产权侵权案件的权力，只能提供一些建议，效果甚微。

（三）存在内容偏好，市场竞争激烈

在中印尼影视合作中，古装剧及其中的古装甜宠剧最受欢迎，从2015年热播的《琅琊榜》到2019年火遍全网的《陈情令》再到2022年的《苍兰诀》等都取得了不俗的成绩，其他题材则反响平平，即使有《白夜追凶》《猎罪图鉴》这样好口碑的悬疑剧，但和甜宠剧所占市场份额相比相差甚远。芒果TV海外版和WeTV均将甜宠剧、校园剧作为主打，爱奇艺则更多希望多种题材开花，现实则表明了WeTV战略的正确性——WeTV在Google Play中的下载量比国内其他流媒体平台排名靠前。

国内流媒体平台出海除了相互竞争，还要面对其他流媒体平台的竞争。全球流媒体巨头奈飞Netflix、日本Line TV相继宣布进入东南亚市场，Disney+Hotstar（迪士尼旗下流媒体）、ViuTV（中国香港电视娱乐有限公司开办的一个粤语免费电视频道）、Apple TV+（苹果公司订阅）等是爱奇艺和腾讯WeTV在东南亚市场的劲敌。此外，Media Partners Asia（MPA）2022年发布的东南亚地区在线流媒体市场调查报告显示，该地区最受欢迎的内容类型依次是韩剧（30%）、美剧（23%）、中剧（14%），[①] 中剧占比有所上升但并非主流，一旦观众对古装甜宠剧产生审美疲劳，后续如若没有新的兴趣增长点，中印尼的影视合作进度将会变缓。

---

① "Southeast Asia Online Video Consumer Insights & Analytics", Media Partners Asia, https://media-partners-asia.com/reports/ampd-online-video-consumer-insights-analytics-2021/.

四　中印尼影视及相关产业合作的建议

尽管中印尼合作仍然存在多种挑战，但这些挑战是跨文化交流合作和企业出海运营不可避免的，而且未来伴随着更加深入的发展可能会出现更多未知的挑战。中国与东盟政治与经贸合作水平不断提高，中印尼影视合作整体趋势向好。影视产品有着经济、政治、文化等多种属性，对中印尼双方意义重大。搭建多语种智慧平台、加强原创内容的构建、完善相关法规以及学习跨文化传播先进经验能够推动中印尼影视合作的长远发展。

首先，中印尼合作必须解决语言障碍，可以尝试搭建多语种智慧平台，积极探索文化共识。中央广播电视总台国际传播规划局李宇就在谈论跨文化传播时提到："对于不同文化背景的受众来说，题材的共享性和低语境性至关重要。"① 中印尼在进行影视文化合作时也需要关注这两点。中国传统文化博大精深，内容相对厚重，影视作品在出海时要注重传播方式，注重与全人类共同价值结合起来。比如美国的《疯狂动物城》《变形金刚》等影片都在主题选择和价值观表达上门槛低，共享性强，有助于打开全球市场。中国的"流浪地球"系列通过凝聚全人类的共识解决地球的生存危机，传递了"人类命运共同体"理念，凸显了中华文化的张力，也是一种积极和有价值的探索。

其次，必须加强原创 IP 构建，追求内容质量。对原创的重视是中印尼进入"互联网+"的时代要求。原创 IP 的构建不仅有助于提升中国影视作品在全球影视市场中的份额，也有助于提高影视作品的附加值。"漫威"和"哈利·波特"系列电影获得成功之后，均围绕 IP 建设环球影城、制作周边产品，带动了城市基础建设的发展。近年来中国在国际上相对成功的原创 IP 为"唐人街探案"系列，但也只在亚洲地区存在影响力。另外，中印尼影视行业要潜心开发新内容，谨防仙侠剧、甜宠剧套路化和模式化的倾向。

---

① 李宇：《跨文化视阈下影视出海的内容题材与译制配音策略》，《现代视听》2020 年第 9 期。

最后，完善影视合作法规，学习先进运营经验，提高合作水准。中国与东盟睦邻友好，通过中国—东盟短视频大赛、媒体论坛、智库论坛等旗舰项目，进一步加深青年一代之间的相互了解。[1] 中印尼影视合作虽然有双方政策的支持，但在实际实施过程中个别项目法律规定不够清晰、责任不明确，易导致双方合作过程中出现误解和纠纷。中印尼在版权保护、跨国企业运营税务、合同签订、商标注册等领域要充分交流意见，共同加强对创意经济和知识产权的保护。此外，中印尼国际传播起步较晚，影视作品出海仍然处于逐步发展的阶段，学习有效的影视运营经验可有效规避跨文化传播中出现的问题。以韩国影视作品出海为例，从 20 世纪 80 年代确定"文化立国"政策之后，韩剧、韩国电影、韩国流行音乐共同发力，不仅推动了文化产业的发展，也带动了旅游、文创等多个产业的发展，经济效益巨大。中印尼需要学习韩剧的制作与营销模式。

结　语

人文交流是国与国关系的重要纽带，人文交流的目的是促进不同国家和地区之间民众的相互交往和沟通，加深相互理解。[2] 影视合作是中印尼文化交流的重要内容，从共同制作到共同出资、从内容创作到 IP 开发的多维合作，是中印尼双方未来合作的共同愿景。一方面，随着信息技术的深入发展与传播媒介的不断更新，中印尼的影视作品传播范围、传播规模、传播影响不断扩大；另一方面，中印尼双方的影视合作与交流仍然处于逐步发展的阶段，在全球文化市场中占有率较低，还存在着顶层设计和实际操作方面的诸多挑战，这都需要中印尼双方增强互信，不断创新，共同推动中印尼影视合作走向新的阶段。

---

[1] 《携手构建更加紧密的中国—东盟命运共同体》，中华人民共和国驻东盟使团官网，2021 年 11 月 23 日，http://asean.china-mission.gov.cn/eng/stxw/202111/t20211123_10451892.htm。

[2] 张斌、张莉、胡云莉：《进一步促进中国—东盟人文交流路径研究》，《东南亚纵横》2018 年 6 月。

专　题　篇

中国与印度尼西亚的互联互通合作

张敏丽　刘明周*

摘　要： 在百年未有之大变局下，中国高度重视印尼在地区和国际事务中的作用，积极同印尼加强互联互通，促进地区经济复苏，维护地区和平稳定。中印尼互联互通是"一带一路"建设的基础支撑、重要保障，更是两国合作发展的重要桥梁。2022年两国深入推进互联互通建设，创就业、引投资、助旅游、促发展，推动中国高端制造业"走出去"，为印尼发展促生新的经济增长点，推动两国战略合作持续走深。雅万高铁是中印尼发展战略对接和共建"一带一路"的旗舰项目，全方位基础设施建设推动双方互联互通持续升级，源源不断的合作成果彰显"一带一路"倡议的强大吸引力。虽然在双方不断推进务实合作的过程中仍存在行政效率低下、投资环境欠佳等阻碍因素，但双方

* 张敏丽，华中师范大学政治与国际关系学院硕士研究生；刘明周，华中师范大学政治与国际关系学院教授，博士生导师，中印尼人文交流研究中心研究员。

互联互通建设仍然持续迸发新的生命力，引领双边关系不断发展。

关键词： 中印尼关系　互联互通　"一带一路"　雅万高铁

2023 年 3 月 23 日，印度尼西亚学者提出：中国式现代化打破了"现代化＝西方化"的迷思，中国根据实际情况形成了综合性的发展模式，这说明任何国家都可以根据具体情况来形成自己独特的发展模式，中国的成功经验值得印尼及其他发展中国家学习。"基础设施是实现可持续发展的基础。鉴于印尼有这么多岛屿，我们必须把重点放在基础设施建设上。……印尼本届政府真正把建设互联互通的基础设施纳入了考虑范围，这说明我们确实在向中国学习，而且中国也通过一些倡议帮助印尼实现了这一点。这正是我们可以发展双边关系的领域。"[1] 中国与印度尼西亚的互联互通建设顺应了国家发展之要，也顺应了时代发展之潮。

当今世界正面临百年未有之大变局，2022 年世界形势风云突变，重大国际事件接连发生，大国关系动荡不定，各国均面临一系列重大挑战。中国和印尼同为发展中大国和新兴经济体代表，都秉持以人民为中心的发展思想，理念主张相通，共同利益相连，前途命运攸关。双方协力共同推进现代化建设，提升两国人民福祉，为全球和平、合作和发展事业做出更大贡献。[2] 习近平主席与佐科总统在 2022 年内举行了四次会谈，双方均强调要加强经贸、抗疫等领域合作，积极推进共建"一带一路"，建设好"区域综合经济走廊"和"两国双园"等重大合作项目，坚持团结合作、互利共赢，推动双方合

---

① 《印尼学者：中国式现代化打破"现代化＝西方化"迷思》，中国网，2023 年 3 月 24 日，http：//news.china.com.cn/2023-03/24/content_85189104.htm。

② 《中华人民共和国和印度尼西亚共和国联合声明》，中华人民共和国外交部官网，2022 年 11 月 17 日，https：//www.mfa.gov.cn/zyxw/202211/t20221117_10976699.shtml。

作再上新台阶。① 对于作为"一带一路"倡议和中印尼两国务实合作的标志性项目——雅万高铁，印尼总统佐科表示，雅万高铁是印尼快速发展的象征，成为两国友谊的又一丰碑。② 中印尼互联互通是"一带一路"建设的基础支撑、重要保障，更是两国合作发展的重要桥梁，为双方践行真正的多边主义，坚持开放的区域主义奠定基础。③ 双方互联互通合作也在 2022 年取得丰硕成果。

一　中国与印度尼西亚互联互通合作开展背景

国家是国际社会的主要行为体。国家作为一个理性行为体，其利益关系是国家对外行为的基本出发点，而在对外交往中，国家之间的利益关系既有对立和冲突的一面，也有协调和重合的一面，国家间为了可以共同获利就会对本国制定的对外政策进行调整，以使自身的政策和其他国家的政策兼容，进行国际合作。中国与印度尼西亚的互联互通合作就建立在国际社会不断发展的过程中能够共同获益的基础上，并逐步走远走深。2005 年 4 月 25 日，中国与印尼建立战略伙伴关系；2012 年 11 月 7 日，中国—东盟互联互通合作委员会第一次会议在雅加达举行，会议旨在落实温家宝总理与东盟各国领导人在 2011 年第十四次中国—东盟领导人会议上就成立中国—东盟互联互通协调委员会达成的共识；④ 2013 年，中国国家领导人在对印尼进行国事访问期间提出关于共建"21 世纪海上丝绸之路"的重大倡议，中印尼两国领

---

① 《习近平同印度尼西亚总统佐科通电话》，中华人民共和国驻印度尼西亚共和国大使馆官网，2022 年 1 月 11 日，http：//id. china - embassy. gov. cn/zgyyn/202201/t20220111 _ 10481027. htm。

② 《习近平同印度尼西亚总统佐科会谈》，中华人民共和国驻印度尼西亚共和国大使馆官网，2022 年 7 月 26 日，http：//id. china - embassy. gov. cn/zgyyn/202207/t20220726 _ 10728298. htm。

③ "Presiden Jokowi dan Presiden Xi Bahas Penguatan Kerja Sama Ekonomi hingga Isu Kawasan dan Dunia", Sekretariat Kabinet Republik Indonesia, Juli 26, 2022, https：//setkab. go. id/ presiden-jokowi-dan-presiden-xi-bahas-penguatan-kerja-sama-ekonomi-hingga-isu-kawasan- dan-dunia/.

④ 《中国—东盟互联互通合作委员会第一次会议在雅加达举行》，中华人民共和国商务部官网，2012 年 11 月 7 日，http：//www. mofcom. gov. cn/article/xwfb/xwrcxw/201211/20121108423917. shtml。

导人一致同意将双边关系提升为全面战略伙伴关系；2016 年，印尼"全球海洋支点"构想和中国提出的"21 世纪海上丝绸之路"倡议高度契合，为推动中印尼全面战略伙伴关系发展提供了广阔空间，双方在能源业、旅游业、基础设施建设、制造业等领域积极开展多方位合作，就经济发展战略和政策充分交流对接，从而不断扩大和深化双方在经济领域的合作；① 2018 年，中印尼贸易额达 774 亿美元，中国连续 8 年成为印尼最大贸易伙伴，进一步增强了中印尼互联互通发展的紧急性与必要性。

2019 年上半年，中国对印尼直接投资达 22.9 亿美元，接近 2018 年全年水平，两国在基础设施、产能、数字经济等领域的合作不断深入。② 近年来，在两国元首的战略引领下，中印尼关系蓬勃发展，双方伙伴合作的重要性愈加凸显。2022 年 7 月印尼总统佐科访华，11 月中国国家主席习近平出席 G20 峰会并与印尼总统佐科举行会谈。两国元首也进行了多次通话，就双边关系及重大地区和国际问题深入交换意见。在此背景下，两国对接"一带一路"倡议和"全球海洋支点"构想，共同构建中印尼命运共同体，不断深化政治、经济、人文、海上合作"四轮驱动"合作格局，树立了发展中大国联合自强、互利共赢的典范。③ 中方欢迎印尼抓住中国构建新发展格局的契机，统筹推进两国各领域务实合作，深入对接"一带一路"倡议和"全球海洋支点"构想，打造更高质量、更大规模合作。④ 交通互联互通是"一带一路"建设的基础支撑、重要保障，扮演着"先行官"的关键角色。⑤ 随着两国战略合作发展的不断深入和社会经济发展的需要，一批"一带一

---

① 《中国和印尼将进一步深化合作，实现互利共赢和共同发展——杨洁篪答记者问》，中华人民共和国驻哈巴罗夫斯克总领事馆官网，2016 年 5 月 10 日，http://khabarovsk.china-consulate.gov.cn/chn/zgyw/201605/t20160510_3672338.htm。

② 《中印尼友好关系历久弥新》，中国政府网，2019 年 10 月 19 日，http://www.gov.cn/xinwen/2019-10/19/content_5442326.htm。

③ 《RCEP 辉耀，中印尼同添新动能》，中国自由贸易区服务网，2023 年 1 月 5 日，http://fta.mofcom.gov.cn/article/rcep/rcepgfgd/202301/51756_1.html。

④ 《习近平同印尼总统佐科通电话》，中华人民共和国驻印度尼西亚共和国大使馆官网，2021 年 4 月 23 日，http://id.china-embassy.gov.cn/zgyyn/202104/t20210423_8924711.htm。

⑤ 《雅万高铁：共建"一带一路"的生动实践》，环球网，2011 年 11 月 21 日，https://opinion.huanqiu.com/article/4AYuMHItjLY。

路"重大基建项目正给印尼带来持续的经济和社会效益。

二　中国与印度尼西亚共谋互联互通的重大意义

在百年未有之大变局下，中方高度重视印尼在地区和国际事务中的作用，积极同印尼落实好 2021 年中国—东盟纪念峰会共识，加强互联互通，促进地区经济复苏，维护地区和平稳定。[①] 中印尼双方积极落实全球发展倡议，践行真正的多边主义，维护新兴市场国家和发展中国家利益，为促进世界经济复苏发展、完善全球经济治理做出贡献。这对于双方在为国家谋发展、为人民谋幸福的道路上前进具有重要意义。

（一）创就业，解难题

近年来，中国以基础设施"硬联通"为优先领域，广泛参与印尼电站、公路、铁路、桥梁和港口等各类基础设施互联互通建设。除了雅万高铁这一重点项目，东南亚最长跨海大桥泗马大桥、印尼最长钢拱桥塔园桥和印尼第二大水坝佳蒂格迪大坝等一系列精品工程为印尼"联通千岛"做出积极贡献。[②] 在为当地人民带来实实在在便利的同时，"一带一路"基础设施建设项目也不断吸纳就业人员。雅万高铁中方参建单位坚持优先聘用印尼当地员工，为当地民众创造就业机会。如图1、表1所示，印度尼西亚就业人数在 2022 年明显增加。在建设期间，中方就按照中印尼用工比例 1∶4 配置用工，最高曾达到 1∶7 左右，累计为印尼当地带来 5.1 万人次的就业。中方还持续加大对印尼员工的培训力度，通过建立培训机构、中方员工"师傅带徒弟"、现场实训等方式，扶持印尼组建一支自己的高铁技术力量和员工队伍，累计培训印尼员工达 4.5 万人次。雅万高铁建成通车后，预计还可每

---

① 《习近平同印度尼西亚总统佐科通电话》，中华人民共和国驻印度尼西亚共和国大使馆官网，2022 年 1 月 11 日，http：//id. china-embassy. gov. cn/zgyyn/202201/t20220111_10481027. htm。
② 《中国印尼贸易投资合作不断深化 发展成果惠及两国人民》，中国网，2022 年 11 月 14 日，http：//news. china. com. cn/2022-11/14/content_78518574. htm。

年为印尼创造 3 万个就业岗位。① 雅万高铁项目建设工人塔利亚说："我在这里的工资是原来的 3 倍，家里修了新的房子，以后我想继续参加铁路上的培训，争取在铁路开通以后也留在这里工作。"② 在尽力提供就业岗位的同时，中方还建立培训中心和各专业培训学校，确保印尼员工能熟练掌握职业技能，提升就业能力。中国路桥在印尼的一系列高质量基础设施建设合作项目中带动当地钢筋、水泥等建材生产以及船机设备的租赁需求，为当地上万人提供了就业。③ 印尼旅游与创意经济部部长乌诺在 2022 年 11 月表示，中国是印尼最大的贸易伙伴，两国双边贸易和投资合作发展迅速，特别是在绿色经济、基础设施建设、高铁等领域的合作为印尼创造了广泛的就业机会。④

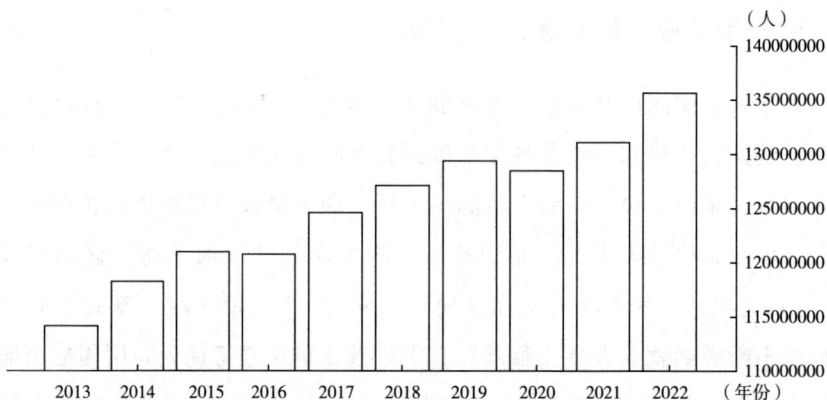

图 1　印度尼西亚 2013~2022 年就业人数统计

资料来源：Trading Economics 网站，https：//zh. tradingeconomics. com/indonesia/ employed-persons。

---

① 《雅万高铁：擦亮中国高铁"金名片"》，人民网，2022 年 12 月 7 日，http：//society. people. com. cn/n1/2022/1207/c1008-32582075. html。

② 《中国印尼贸易投资合作不断深化 发展成果惠及两国人民》，中国网，2022 年 11 月 14 日，http：//news. china. com. cn/2022-11/14/content_78518574. htm。

③ 《共筑中印尼"一带一路"高质量发展》，中华人民共和国商务部官网，2022 年 11 月 23 日，http：//fec. mofcom. gov. cn/article/fwydyl/zgzx/202211/20221103369496. shtml。

④ 《专访："我期待成为雅万高铁的第一批乘客"——访印尼旅游与创意经济部长乌诺》，新华网，2022 年 11 月 15 日，http：//www. news. cn/world/2022-11/15/c_1129130847. htm。

表 1 印度尼西亚经济指标——2022 年劳动力数据对比

印尼	近期数据	前次数据	单位	参考日期
失业率	5.86	5.83	%	2022 年 9 月
失业人员	842153.00	8746008.00	人	2022 年 12 月
就业人数	135611895.00	131064305.00	人	2022 年 12 月
劳动力参与率	69.06	68.08	%	2022 年 12 月
制造业工资	2986940.00	2849199.00	IDR/月	2022 年 9 月
人口	272.70	270.20	百万人	2021 年 12 月

资料来源: Trading Economics 网站，https：//zh.tradingeconomics.com/indonesia/employed-persons。

(二)引投资，添动力

投资合作也是中国与印尼经贸合作的亮点之一。2022 年初，习近平同印度尼西亚总统佐科通电话，佐科总统提出印尼愿同中方加强经贸、抗疫等领域合作，积极推进共建"一带一路"，建设好"区域综合经济走廊"和"两国双园"，欢迎中国企业赴印尼投资，开展高技术、绿色等领域合作。[1] 中印尼互联互通程度的持续提升和交通设施的不断建设，为双方合作提供了更加便利的投资环境，2022 年，结合印尼工业化、基础设施、产业升级、数字经济等方面需求，中国对印尼投资大幅增加，成为印尼第三大外资来源国。[2] 近年来，随着中国"一带一路"倡议与印尼"全球海洋支点"构想的持续对接，中印尼经贸和投资合作发展迅速，数据显示，中国已连续多年成为印尼最大的贸易伙伴、进口来源国和出口市场，并已成为印尼第二大投资来源国。[3] 在 2022 年 6 月举办的印尼—中国商业伙伴论坛上，印尼海洋

---

[1] 《习近平同印度尼西亚总统佐科通电话》，中华人民共和国外交部官网，2022 年 1 月 11 日，https：//www.mfa.gov.cn/web/ziliao_674904/zt_674979/dnzt_674981/qtzt/kjgzbdfyyq_699171/202201/t20220111_10481027.shtml。

[2] 《中国印尼贸易投资合作不断深化 发展成果惠及两国人民》，中国网，2022 年 11 月 14 日，http：//news.china.com.cn/2022-11/14/content_78518574.htm。

[3] "Indonesia's Break through Year for Foreign Investment in 2022", The Asean Briefing, February 28, 2023, https：//www.aseanbriefing.com/news/indonesias-breakthrough-year-for-foreign-investment-in-2022/.

与投资统筹部部长卢胡特表示，印尼与中国秉持互惠互利原则，不断提升经贸合作水平，特别是中国企业对印尼投资，在提供资金支持的同时，不断加强技术和人力资源培训等领域合作，不仅增加了当地就业，扩大了对外出口，而且提振了印尼经济。"目前，印尼和中国的经贸合作达到历史最好水平，中国对印尼汽车、钢铁、家电、电子通信等众多领域均有投资，这反映出双方互利共赢的合作关系。"印尼战略与国际问题研究中心经济部主任法贾在 2022 年 8 月表示，印尼和中国同为发展中大国和新兴经济体代表，共同利益广泛，合作空间广阔。两国经贸合作为印尼就业增加和工业升级带来了巨大红利。[1]

在中国对外投资快速发展的背景下，印尼已成为中国企业对外投资的主要目的地之一。中国对印尼投资涉及矿冶、电力和基础设施、制造业、数字经济、农渔业及其他广泛领域，为提升印尼制造业水平、增加就业、改善基础设施建设做出了巨大贡献。[2]

（三）助旅游，增活力

据印尼国家统计局 2023 年 2 月 6 日公布的数据，印尼 2022 年国内生产总值（GDP）同比增长 5.31%，创下 2013 年以来的最高增速。印尼国家统计局局长玛戈·尤沃诺认为，国际机场的重新开放、出口价格的上涨和各项限制措施和隔离规定的取消，为促进经营活动并增加游客到访量做出积极贡献，有助于促进各项经济活动恢复正常。2022 年上半年，该国接待游客量超过 74 万人次，同比增长了 900%。[3]

---

[1]《中国投资促进印尼经济发展》，人民网，2022 年 8 月 2 日，http：//finance. people. com. cn/n1/2022/0802/c1004-32491605. html。

[2]《互利合作，中印尼同向远方》，广东省商务厅官网，2022 年 7 月 14 日，http：//com. gd. gov. cn/go/article. php？ typeid＝32&contentId＝23224。

[3]《印尼 2022 年经济增速创九年来新高》，越南人民报网，2023 年 2 月 7 日，https：// cn. nhandan. vn/%E5%8D%B0%E5%B0%BC2022%E5%B9%B4%E7%BB%8F%E6%B5%8E% E5%A2%9E%E9%80%9F%E5%88%9B%E4%B9%9D%E5%B9%B4%E6%9D%A5%E6%96% B0%E9%AB%98-post108618. html。

印尼旅游与创意经济部部长桑迪亚加·乌诺 2023 年 1 月 4 日在雅加达表示，印尼将在"保持谨慎的同时公开欢迎中国游客的到来"①。2023 年初，已有多家中国航空公司向印尼相关部门申请恢复或开通中国到雅加达和巴厘岛的直飞航班；亦有多家印尼航空公司将增开两国直飞航班。印尼国家统计局数据显示，新冠疫情暴发前的 2019 年，到访印尼的中国游客达 207万人次。2022 年 1~11 月，入境印尼的外国游客人数累计达 460 万人次，比2021 年同期增长了 228%。② 印尼旅游与创意经济部部长乌诺在 2022 年 11月表示，对正在建设中的雅万高铁给予高度评价和期待，高铁所连接的雅加达和万隆是印尼两个重要中心城市，对于经济社会发展和民众生活有重要意义。雅万高铁建成通车后，两地间的通行时间将由现在的 3 个多小时缩短至 40 分钟。万隆和其所在的西爪哇省是印尼国内最大的旅游市场之一，每年有近 1.2 亿人次的旅客流量，中国高铁首次在海外落地的高速铁路项目——雅万高铁将对现有基础设施形成有力补充，拉动印尼旅游业的发展。乌诺期待双方加强旅游业合作，疫情给印尼旅游业带来了巨大的冲击，近 100 万个工作岗位受到影响，因此，同中国的合作对印尼重振旅游业十分重要。③

印尼政府在 2023 年初将开通从北京、上海、广州至巴厘省登巴萨的直飞航班，并加强印尼热门旅游地在 TikTok（抖音国际版）上的宣传活动。印度尼西亚旅游与创意经济部部长桑迪亚加·乌诺在 2023 年 1 月 24 日举行的新闻发布会上表示，"我们不能否认，我们 2023 年的外国游客抵达（人次）目标实现将取决于中国游客"。印尼狮航、巴泽航空公司和一家中国航

---

① "Dorong Pemulihan Konektivitas, Indonesia Siap Sambut Turis dari Tiongkok", Tribun News, Februari 22, 2023, https://www.tribunnews.com/nasional/2023/02/22/dorong-pemulihan-konektivitas-indonesia-siap-sambut-turis-dari-tiongkok.

② 《印尼旅游部长：已准备好迎接中国游客》，中国新闻网，2023 年 1 月 4 日，https://www.chinanews.com/gj/2023/01-04/9927565.shtml。

③ 《专访："我期待成为雅万高铁的第一批乘客"——访印尼旅游与创意经济部长乌诺》，新华网，2022 年 11 月 15 日，http://www.news.cn/world/2022-11/15/c_1129130847.htm。

空公司也正在筹备中国和巴厘岛之间的定期航班。[①] 巴厘省省长科斯特在2023 年 1 月 22 日欢迎仪式上致辞表示印尼高度重视中国市场，中国多年来一直是巴厘岛的最大游客来源国之一，最高峰时到访巴厘岛的中国游客人数高达约 140 万人，中国旅游市场一直是印尼旅游业的支柱力量，印尼高度重视疫情开放后中国游客的到访对印尼旅游业的支持。双方互联互通建设不仅促进印尼本地的经济建设发展，也为促进印尼的便捷交通建设发展从而吸引更多旅客提供十分重要的支撑。而印尼当地政府也相信，2023 年中国游客的回归一定能推动巴厘岛旅游业蓬勃发展。[②]

（四）促发展，激潜力

中印尼两国的互联互通建设不仅对印尼国内的经济发展与基础设施建设具有十分积极的促进作用，对于"中国制造"影响力的发挥更是具有里程碑式意义。

1. 促进中国高端制造业"走出去"，增强"中国建造"生命力

2017 年，张崇和在接受《环球》杂志记者采访时提到，"一带一路"为"中国制造""走出去"提供了广阔舞台。一系列战略部署为"中国制造"指明了具体的前进方向和发展路径。以"一带一路"倡议的战略带动为契机，"中国制造"国际竞争力将会出现新的质的跃升，不断满足更高水平消费需求，为中国经济的跨越发展做出更大的贡献。[③] 曾有人感慨"中国制造不能卖 100 年衬衫"，以此表明产业升级换代、发展高端制造业及高端制造出口的重要性、必要性，但这一步却是知易行难。2015 年 10 月 16 日，中国与印度尼西亚在雅加达终于正式签署了连接印尼首都雅加达和万隆的高

---

① "Indonesia Ingin China Buka Perbatasan Bertahap, Perluas Konektivitas Udara", Bisnis, Juni 14, 2022, https://ekonomi.bisnis.com/read/20220714/98/1555129/indonesia－ingin－china－buka-perbatasan-bertahap-perluas-konektivitas-udara.

② 《美媒：印尼计划开通更多与中国的直飞航班，希望恢复到疫情前水平》，环球网，2023 年 1 月 25 日，https://m.huanqiu.com/article/4BQlgT8uKNg。

③ 《张崇和："一带一路"为"中国制造"走出去提供广阔舞台》，人民网，2017 年 10 月 31 日，http://industry.people.com.cn/n1/2017/1031/c413883-29617956.html。

铁项目。印尼雅加达—万隆高铁项目虽一波三折，但中国终在中日高铁技术"强强对话"中占据先手。该项目是中国高速铁路从技术标准、勘察设计、工程施工、装备制造，到物资供应、运营管理和人才培训等全方位整体"走出去"的"第一单"，也是首个由政府主导搭台、两国企业对企业（B2B）进行合作建设的第一个铁路"走出去"项目，对于统筹国际国内两个市场、两种资源，具有重要的示范效应、历史性意义。中国高铁"走出去"，虽然也获得了其他国家的一些项目，但是东南亚地区是非常具有象征意义的，因为中国和日本等国家的竞争，最为激烈的地区就是东南亚地区。所以雅万高铁项目的落地，对于中国高铁的装备输出、建设能力的输出、运营能力的输出，包括资本的输出，意义都是非常重大的。这是中国在东南亚地区战胜日本影响力的一个重要战役，中印尼高铁项目让中国装备在世界上又多了一个展示的空间，① 真正推动了中国高端制造业"走出去"的进程。

　　中印尼两国正同处发展振兴的关键阶段。2013 年，习近平主席访问印尼并提出共同建设"21 世纪海上丝绸之路"。2022 年，中印尼共建"一带一路"进入重要收获期并开启高质量发展新阶段。双方正紧密配合，确保雅万高铁这一首要旗舰项目如期建成，并打造"区域综合经济走廊"和"两国双园"等新旗舰项目。② 雅万高铁是中国与印尼深化务实合作的一张"名片"，中国把先进的技术标准带到了海外，为当地量身打造了一套中国方案。雅万高铁的修建更被视为中国同周边国家一道，坚持共商共建共享原则，深化互利共赢合作的生动写照，反映了中国始终坚持践行真正的多边主义。对于地区与世界而言，发展好中印尼关系不仅符合两国共同长远利益，也将在地区和全球层面产生积极深远影响。中印尼加深合作，可以为中国—东盟合作提供示范，在地区起到较强的带动作用，推动中国高端制造业

---

① 《中国铁路走出去获历史性突破：中印尼铁路合作协议正式签署》，中国经济网，2015 年 10 月 17 日，http://finance.china.com.cn/roll/20151017/3386983.shtml。

② "Two Countries Twin Park Koridor Kerjasama Ekonomi RI - RRT", Kedutaan Besar Republik Indonesia, September 20, 2022, https://kemlu.go.id/beijing/id/news/20943/two-countries-twin-park-koridor-kerjasama-ekonomi-ri-rrt.

"走出去"，为推进《区域全面经济伙伴关系协定》（RCEP）提供助力。中国众多海外基建项目有效拉动了产业链上下游各环节的发展，加深了中国始终积极维护广大发展中国家和国际社会的共同利益的国际形象，正被越来越多的国家所欢迎和接受。雅万高铁项目将在展现"中国建造"生命力的同时，更快推动中国高端制造业走出国门，为印尼经济发展和社会进步带来巨大助推力，也将向世界彰显"一带一路"倡议的吸引力，为推动全球"共同复苏、强劲复苏"贡献中国力量。①

2. 带动印尼经济快速发展，拓宽印尼发展新渠道

中国与印尼地区持续的互联互通建设促进双边关系发展，使两国经贸合作持续保持强劲增长势头，中国成为印尼最大贸易伙伴和主要投资来源地。② 双方正加快制定双边关系发展新的五年行动计划，推动两国全方位、多层次、高水平合作朝更广阔领域和更纵深方向发展，共同提升两国人民福祉水平。③ 据印尼国家统计局 2023 年 2 月 6 日公布的数据，该国 2022 年国内生产总值（GDP）同比增长 5.31%，创下 2013 年以来最高增速。印尼国家统计局局长尤沃诺介绍，消费、出口和投资支撑了 2022 年印尼经济的增长。其中增长最快的是运输和仓储业，同比增长 19.87%；商品和服务出口同比增长 16.28%，住宿和餐饮业同比增长 11.97%。④ 2022 年中印尼经贸合作更是取得新进展。2022 年 1~4 月，中印尼两国双边贸易额达 443.6 亿美元，同比增长 34.36%。其中印尼对华出口 227.4 亿美元，进口 216.2 亿美

---

① 《雅万高铁缘何成为中国与印尼合作的一张"名片"?》，中国新闻网，2022 年 11 月 17 日，http://www.chinanews.com.cn/gn/2022/11-17/9896290.shtml。

② 《陆慷大使在第二届印尼—中国商业伙伴论坛上的致辞》，中华人民共和国驻印度尼西亚共和国大使馆官网，2022 年 10 月 16 日，http://id.china-embassy.gov.cn/sgsd/202210/t20221016_10784343.htm。

③ 《为构建中印尼命运共同体注入新动力》，人民网，2022 年 11 月 14 日，http://cpc.people.com.cn/n1/2022/1114/c64387-32565380.html。

④ 《深化对华合作 加强互联互通 东盟经济实现持续复苏（国际视点）》，人民网，2023 年 2 月 13 日，http://paper.people.com.cn/rmrb/html/2023-02/13/nw.D110000renmrb_20230213_1-15.htm。

元,对华贸易顺差 11.2 亿美元。① 1~11 月双边贸易额达 1.36 亿美元,同比增长 22.6%。前三季度中国对印尼的直接投资额达 51.9 亿美元,同比增长 128%,中国继续成为印尼最大的贸易伙伴、进口来源和出口市场。② 而雅万高铁正如一场"及时雨",不仅将全面刷新印尼的铁路建设历史,也有望成为印尼新的经济增长点。③

2022 年 1 月,国家主席习近平同印度尼西亚总统佐科通电话。佐科表示,2021 年,印尼和中国双边贸易投资快速增长,雅万铁路建设进展顺利,有望如期建成通车。印尼同中国的良好关系基于相互尊重、合作共赢,印尼愿同中方加强经贸、抗疫等领域合作,积极推进共建"一带一路",建设好"区域综合经济走廊"和"两国双园",欢迎中国企业赴印尼投资,开展高技术、绿色等领域合作。④ 中方"一带一路"倡议与印尼"区域综合经济走廊"深度对接,使得两国贸易额去年同比增长近 6 成。⑤ 双方对两国经贸合作丰硕成果,特别是贸易额去年增幅居东盟国家首位感到满意,将继续推动经贸合作更加平衡、高质量发展。双方积极评价发展融资合作取得的进展,将多管齐下就传统基建和新基建项目开展更多融资合作。⑥ 雅万高铁是中印尼发展战略对接和共建"一带一路"的旗舰项目,建成通车后,不仅将有效缓解雅加达至万隆沿线交通压力,为当地民众创造方便快捷的出行条件,

① 《印尼 2022 年 1—4 月对华贸易呈现顺差》,中华人民共和国商务部官网,2022 年 6 月 29 日,http://id.mofcom.gov.cn/article/sbmy/202207/20220703324120.shtml。

② 《RCEP 辉耀,中印尼同添新动能》,中国自由贸易区服务网,2023 年 1 月 5 日,http://fta.mofcom.gov.cn/article/rcep/rcepgfgd/202301/51756_1.html。

③ 《谱写中印尼经贸合作新篇》,中国经济网,2022 年 11 月 14 日,http://intl.ce.cn/sjjj/qy/202211/14/t20221114_38226289.shtml。

④ 《习近平同印度尼西亚总统佐科通电话》,中华人民共和国驻印度尼西亚共和国大使馆官网,2022 年 1 月 11 日,http://id.china-embassy.gov.cn/zgyyn/202201/t20220111_10481027.htm。

⑤ 《王毅:中国印尼关系是地区国家互利合作的典范》,中华人民共和国驻印度尼西亚共和国大使馆官网,2022 年 3 月 9 日,http://id.china-embassy.gov.cn/zgyyn/202203/t20220309_10650056.htm。

⑥ 《王毅共同主持中印尼高级别对话合作机制第二次会议》,中华人民共和国驻印度尼西亚共和国大使馆官网,2022 年 7 月 12 日,http://id.china-embassy.gov.cn/zgyyn/202207/t20220712_10719021.htm。

还将优化当地投资环境，带动沿线商业开发和旅游发展，加快形成高铁经济走廊。① 雅万高铁的建设不仅大幅提高了当地基础设施建设标准，也为经济社会发展带来了新的动力。印尼中国高速铁路公司董事长堆燕纳说："来自中国的投资，将会促进印尼经济发展水平的持续提升，也将为东盟国家的发展带来乘数效应。"②

印度尼西亚中国商会总会 2022 年 10 月 28 日在雅加达发布的《2020—2022 年印尼中资企业社会责任报告》显示，中资企业积极参与印尼经济发展和产业升级，在镍产业、数字经济、基础设施、新能源等领域，通过引进先进技术、提供资金支持、培养当地人才等方式，为印尼经济发展做出贡献。③ 中印尼在互联互通的基础上不断寻找促进双方共同发展的新渠道，不断提升双方的经济合作水平，在持续的探索过程中实现双赢，为印尼经济的发展提供助力。

三　中国与印度尼西亚互联互通合作进展

2022 年中印尼两国互联互通合作成果丰硕。东盟首个高铁项目雅万高铁成功试运营，"两国双园"项目做大做强，国际陆海贸易新通道高效联通欧亚，高质量共建"一带一路"取得了标志性成果。④ 中国曾多次表示，欢迎周边国家搭乘中国发展的"快车""便车"，让中国发展成果更多惠及周边国家。在中国和周边国家强烈的合作意愿推动下，近年来共建"一带一

① 《专访：构建中印尼命运共同体是两国人民的共同心声和普遍期待》，新华网，2022 年 11 月 13 日，http：//m. news. cn/2022-11/13/c_1129125002. htm。

② 《中国印尼贸易投资合作不断深化 发展成果惠及两国人民》，中国网，2022 年 11 月 14 日，http：//news. china. com. cn/2022-11/14/content_78518574. htm。

③ 《报告显示中企为印尼经济社会发展作贡献》，新华网，2022 年 10 月 29 日，http：//www. news. cn/asia/2022-10/29/c_1129086976. htm。

④ "Two Countries Twin Park Koridor Kerjasama Ekonomi RI-RRT", Kedutaan Besar Republik Indonesia, September 20, 2022, https：//kemlu. go. id/beijing/id/news/20943/two-countries-twin-park-koridor-kerjasama-ekonomi-ri-rrt。

路"在中国周边国家取得许多实打实的成果，①尤其在基础设施领域，中国同周边国家共同推进的一大批重点项目纷纷"开花结果"。2022年，中印尼双方持续开展互联互通合作，在创造运输大动脉的过程中也释放出更多发展红利，带来了更多的新机遇、新发展。

（一）雅万高铁架设合作共赢发展路

雅万高铁，全称为印度尼西亚雅加达至万隆高速铁路，是一条连接印度尼西亚首都雅加达和第四大城市万隆之间的高速铁路，是东南亚首条高速铁路，也是中国高铁首次全系统、全要素、全产业链在海外落地的高速铁路项目。②2015年10月16日，雅万高速铁路项目正式被中国拿下，中国铁路总公司与4家印度尼西亚国有企业签署协议，成立合资公司，共同建设和运营雅万高速铁路。③2017年4月4日，雅万高速铁路项目进入全面实施阶段。2018年6月，雅万高速铁路全面开工建设。

2022年5月6日，国务委员兼外长王毅表示，中方愿同印尼共同推动雅万高铁如期建成通车，将中印尼"两国双园"建设成中国同东盟国家间首个经贸创新发展示范园区，推动海上合作取得新成果，在绿色发展、数字经济、基础设施融资、粮食安全等领域培育更多合作增长点，打造两国高质量共建"一带一路"升级版。④2022年6月21日，随着雅万高速铁路2号隧道顺利贯通，实现了全线13座隧道的全部贯通。⑤2022年6月21日，陆

---

① 《中国同周边国家共建"一带一路"成果实打实、沉甸甸》，中国一带一路网，2022年11月22日，http：//ydyl. china. com. cn/2022-11/22/content_78531291. htm。

② 《采用"中国标准"雅万高铁进入铺轨阶段》，央视网，2022年7月19日，https：//news. cctv. com/2022/07/19/ARTIb8huRiFzFwVkWl6kkcVQ220719. shtml。

③ 《中国与印尼雅万高铁项目正式签署协议11月正式开工》，观察者网，2015年10月16日，https：//www. guancha. cn/Neighbors/2015_10_16_337777. shtml。

④ 《王毅同印尼对华合作牵头人、统筹部长卢胡特举行视频会晤》，中华人民共和国驻印度尼西亚共和国大使馆官网，2022年5月6日，http：//id. china-embassy. gov. cn/zgyy/202205/t20220506_10682629. htm。

⑤ 《雅万高铁全线13座隧道全部贯通》，界面新闻，2022年6月21日，https：//www. jiemian. com/article/7623669. html。

慷大使出席雅万高铁 2 号隧道贯通仪式时表示，2 号隧道是雅万高铁全线施工难度最大的隧道之一，其顺利贯通标志着雅万高铁建设又取得一项重大阶段性成果。雅万高铁是习近平主席和佐科总统高度关注的中印尼务实合作和共建"一带一路"的标志性项目，在两国政府主管部门的有力协调下，双方参建企业密切合作、团结奋进，推动项目建设不断取得重大进展，[1] 目前已进入冲刺阶段。应再接再厉，推动雅万高铁如期高质量建成，为两国互利共赢增光添彩，推动两国关系不断迈上新台阶。[2]

2022 年 11 月 16 日，一列由中国铁路研发制造的高速铁路综合检测列车对雅万高铁德卡鲁尔站至 4 号梁场间线路进行了全面检测，获取的各项指标参数表现良好，标志着中国和印尼合作建设的雅万高铁试验运行取得了圆满成功。[3] 雅万高速铁路全线办理客运业务的车站数为 4 个（大雅加达都市区段 1 个、西爪哇省段 3 个）：哈利姆站、卡拉旺站、帕达拉朗站和德卡鲁尔站（见表 2）。[4] 中印尼两国元首于 16 日通过视频方式，共同见证了雅万高铁综合检测车在德卡鲁尔车站试验运行并观看了两国合作成果展示视频。作为中印尼发展战略对接和共建"一带一路"的旗舰项目，雅万高铁已成为两国友谊的象征、共同的骄傲。[5]

雅万高铁所在的爪哇岛是印尼第五大岛，也是印尼人口数量最多、人口密度最高的岛屿。雅万高铁通车后，印尼将拥有第一条高铁，也将成为东南亚地区第一个拥有高铁的国家。雅万高铁对于助力高质量共建"一带一路"

---

[1] "Percepatan Penyelenggaraan Prasarana Dan Sarana Kereta Cepat Antara Jakarta Dan Bandung", Kppip, Janurari 10, 2021, https：//kppip. go. id/berita/percepatan-penyelenggaraan-prasarana-dan-sarana-kereta-cepat-antara-jakarta-dan-bandung/.

[2] 《陆慷大使出席雅万高铁 2 号隧道贯通仪式》，中华人民共和国驻印度尼西亚共和国大使馆官网，2022 年 6 月 22 日，http：//id. china-embassy. gov. cn/sgyw/202211/t20221102_10797096. htm。

[3] 《中国和印尼合作建设的雅万高铁试验运行圆满成功》，澎湃新闻，2022 年 11 月 16 日，https：//www. thepaper. cn/newsDetail_forward_20761252。

[4] 《印尼总统佐科视察雅万高铁》，中国新闻网，2022 年 10 月 13 日，http：//www. chinanews. com. cn/gj/2022/10-13/9872642. shtml。

[5] 《相携相助 结伴同行（和音）》，人民网，2022 年 11 月 18 日，http：//paper. people. com. cn/rmrb/html/2022-11/18/nw. D110000renmrb_20221118_2-03. htm。

和建设"全球海洋支点",带动印尼铁路装备现代化升级,促进印尼经济社会发展、造福当地民众,具有着重大深远的意义。[1] 中国驻印尼大使陆慷表示,雅万高铁是中印尼发展战略对接和共建"一带一路"的旗舰项目,其成功推进将不断深化中印尼双边关系,为两国各领域务实合作特别是基础设施领域合作树立新标杆,推动两国高质量共建"一带一路"合作不断走向深入,是中印尼命运共同体建设的又一重要成果。雅万高铁建成通车后,不仅将有效缓解雅加达至万隆沿线交通压力,为当地民众创造方便快捷的出行条件,还将优化当地投资环境,带动沿线商业开发和旅游发展,加快形成高铁经济走廊。[2] 雅万高铁途经9个县市,将在车站周边形成新的商业区,大大提升印尼各地区互联互通的能力,为当地社会经济发展注入强劲动力,助推印尼加速实现经济发展战略。[3]

表 2　雅万高速铁路沿线车站

序号	车站名称	里程	车站位置	隶属单位
1	哈利姆站	0 千米	大雅加达都市区东雅加达区哈利姆	中印尼高铁合资公司（KCIC）
2	卡拉旺站	/	西爪哇省卡拉旺县卡拉旺	
3	帕达拉朗站	/	西爪哇省普哇加达县帕达拉朗	
4	德卡鲁尔站	142.3 千米	西爪哇省万隆市德卡鲁尔	

资料来源:笔者根据杨忠民《雅万高铁创新实践与启示》(《中国铁路》2018 年第 12 期,第 1~6 页)、《印尼总统佐科视察雅万高铁》(中国新闻网,2022 年 10 月 13 日,http://www.chinanews.com.cn/gj/2022/10-13/9872642.shtml)相关信息整理。

作为印尼乃至东南亚的第一条高速铁路,雅万高铁对加深中印尼合作、改善当地民生和促进经济发展具有重要意义,是打造中印尼互利共赢合作"新标杆"、加深中印尼友好合作"新情谊"、激发中印尼经济发展"新动

---

[1]《雅万高铁:共建"一带一路"的生动实践》,环球网,2022 年 11 月 21 日,https://opinion.huanqiu.com/article/4AYuMHItjLY。

[2]《专访:构建中印尼命运共同体是两国人民的共同心声和普遍期待——访中国驻印尼大使陆慷》,中国政府网,2022 年 11 月 13 日,http://www.gov.cn/xinwen/2022-11/13/content_5726662.htm。

[3]《雅万高铁:携手共绘中印尼发展新蓝图》,环球网,2022 年 11 月 13 日,https://opinion.huanqiu.com/article/4AaTF4wX5mt。

能"的新支点。雅万高铁的建设不仅将雅加达到万隆的通行时间由现在的 3 个多小时缩短至 40 分钟，更为沿线 4000 多万人口的出行提供了便利。同时，这也再次表明，双方致力于构建全方位、多层次、立体化的互联互通合作关系网络，"中国担当"正在推动"一带一路"建设走深走实。雅万高铁是共建"一带一路"的生动实践，双方在创造运输大动脉的过程中也释放出更多发展红利，带来了更多的新机遇、新发展。① 2022 年 11 月 15～16 日，二十国集团（G20）领导人第十七次峰会在印度尼西亚巴厘岛举行。雅万高铁在 11 月 9 日成功进行了试验段接触网热滑试验，并于峰会期间展示建设成果，向全世界展示高标准建设的"中国速度"。② 雅万高铁的建成，将进一步促进东盟高铁网络"中国标准"的推广，推动东盟高铁与中国国内的高铁全线贯通，打造全球顶尖的区域高速铁路网，推动亚太区域经济的全面融合发展。自 2018 年 6 月雅万高铁实现全面开工以来，国铁集团牵头组织，中国与印尼双方企业全力合作，不断克服印尼环境复杂、资金紧张、资源紧缺、疫情防控等各种困难，稳步推进工程建设。雅万高铁的意义不仅是缩短两大城市之间的通行时间，还在于能够让印尼民众有生活提速的感受，让人们感受到"半小时经济圈"的加速时代，这或许会加快印尼方面未来进行基础设施建设的脚步。截至 2022 年 11 月，雅万高铁项目整体进展已经达到 84% 左右，有望实现 2023 年按期通车。雅万高铁的高效率建成，将极大方便两地人员往来，带动沿线地区经济增长、增加沿线地区就业，其将成为造福当地人民的幸福路。③

（二）多方基建增进互联互通

近年来，中国以基础设施"硬联通"为优先领域，广泛参与印尼电站、

---

① 《雅万高铁：共建"一带一路"的生动实践》，环球网，2022 年 11 月 21 日，https://opinion. huanqiu. com/article/4AYuMHItjLY。

② 《人民财评：雅万高铁见证中印尼务实合作不断深化》，人民网，2022 年 11 月 18 日，http://opinion. people. com. cn/n1/2022/1118/c1003-32569397. html。

③ 《共筑中印尼"一带一路"高质量发展》，中华人民共和国商务部官网，2022 年 11 月 23 日，http://fec. mofcom. gov. cn/article/fwydyl/zgzx/202211/20221103369496. shtml。

公路、铁路、桥梁和港口等各类基础设施互联互通建设，一系列精品工程为印尼"联通千岛"做出积极贡献，也为当地人民带来实实在在的便利。① 随着新时代数字经济高速发展，网络数字信息建设也成为双方互联互通合作的新亮点。2022 年，中印尼继续推进双方在互联互通合作领域的进展，这不仅增强两国多方合作关系，也为印尼完善基础设施建设、创造新的经济增长点增添助力。

1. 陆上互联互通

陆上交通中，高速公路对社会经济发展具有重要意义，区域经济的发展离不开高速公路运输。印度尼西亚公路网面积巨大，但并不完善，所以亟须在更广泛的地区修建更多优质公路，尤其是工业化地区更需要改善公路，以减少物流成本和提高工业效率，印尼公路建设对于释放本国更多工业发展空间具有重要意义。早在 2015 年，印尼总统佐科就表示基础设施落后已成为印尼经济发展的巨大瓶颈。印尼历届政府都把加强基础设施建设作为施政重点，基础设施发展也是印尼政府 2023 年的政策重点之一。② 但由于资金匮乏，众多基建规划一直进展缓慢。中国在基建领域拥有丰富的技术经验以及一流的施工速度，印尼希望中国能为印尼提供帮助，加大在公路、铁路、电力、港口等基建领域的投资力度。③ 2021 年 7 月 13 日，公共工程与住房部部长巴苏基在投资者日报峰会上表示印尼政府拟加快高速公路和桥梁建设，④ 这一计划在 2022 年获得丰硕的成果。2022 年 1 月 27 日，中国电建亚太区域总部与印度尼西亚公共工程与住房部签署了印尼三宝垄—德马克海堤高速公路

---

① 《中国印尼贸易投资合作不断深化 发展成果惠及两国人民》，中国网，2022 年 11 月 14 日，http：//news. china. com. cn/2022-11/14/content_78518574. htm。

② "Pembangunan Infrastruktur Jadi Salah Satu Fokus APBN 2023", Kementerian Keuangan Republik Indonesia, Desimber 20, 2022, https：//www. kemenkeu. go. id/informasi－publik/publikasi/berita-utama/Fokus-APBN-2023.

③ 《期待中国助力印尼基础设施建设》，中国政府网，2015 年 3 月 24 日，http：//www. gov. cn/xinwen/2015-03/24/content_2837758. htm。

④ 《印尼政府拟加快高速公路和桥梁建设》，中华人民共和国商务部官网，2021 年 7 月 14 日，http：//id. mofcom. gov. cn/article/gccb/202107/20210703182034. shtml。

1C 标段商务合同。① 2022 年 8 月 8 日，使用中国政府优买贷款建设的印尼西冷—巴宁邦高速公路项目第三标段在万丹省举行开工仪式。② 2022 年 12 月 15 日，由中冶国际和中国十七冶联合实施的印尼 CISUMDAWU 收费公路二期项目举行通车仪式，印尼公共工程与住房部宣布全线正式通车试运行，标志着项目全面完工并投入运营。该项目是两国友好合作的重要成果，获得两国政府的高度评价。③ 2023 年 1 月 24 日，由中国企业承建的印度尼西亚万隆高速公路三期项目在万隆附近的工程现场举行通车典礼。万隆高速公路三期项目全长 10.5 公里，双向四车道，与现有的雅加达—万隆高速公路相连，是通往万隆新机场的关键路径，印尼西爪哇省省长里德万表示，项目通车后将极大改善万隆地区的交通状况，促进当地的经济发展，受到社会各界一致好评。④

　　除了公路建设外，新能源汽车合作也十分亮眼。印度尼西亚总统佐科表示，印度尼西亚希望特斯拉在该国生产电动汽车，而不仅仅是电池。中国上汽通用五菱率先吹响了中国品牌新能源汽车进军印尼市场的号角。2022 年 8 月 11 日，五菱首款新能源全球车正式在印尼国际车展重磅亮相，并全球首发上市。其刚亮相就引发了印尼消费者强烈的购买热情，并在预售期间收获了数千个订单，市场潜力十分强劲。上汽通用五菱是中国主要汽车制造商之一。总投资 10 亿美元、占地 60 公顷的上汽通用五菱印尼汽车有限责任公司生产基地于 2017 年 7 月建成并投入运营，目前已形成供应链体系、制造体系、销售服务体系完整的汽车工业园。"公司首款新能源全球车 Air ev 选择在印尼首发，这将会为印尼以及其他东盟国家面

①《中国电建签约印尼三宝垄—德马克海堤高速公路 1C 标段项目》，中国对外承包工程商会网，2022 年 2 月 11 日，https：//www.chinca.org/cica/info/22021013321311。

②《印尼西冷—巴宁邦高速公路项目第三标段正式开工》，中华人民共和国驻印度尼西亚共和国大使馆官网，2022 年 8 月 8 日，http：//id.china-embassy.gov.cn/yncz/202208/t20220809_10737512.htm。

③《印尼 CISUMDAWU 收费公路二期正式通车》，中国对外承包工程商会网，2022 年 12 月 19 日，https：//www.chinca.org/CICA/info/22121915490911。

④《中企承建的印尼万隆高速公路三期项目举行通车典礼》，新华网，2022 年 1 月 25 日，http：//www.news.cn/2022-01/25/c_1128296682.htm。

对新一轮能源革命提供中国经验。"同时，五菱也参与印尼新能源汽车政策、技术标准制定和生态建设工作。长期以来，印尼汽车市场几乎被日系品牌所垄断。但现在，面对中国力量的强势入局，日系品牌也有了危机感，争相加大在新能源方面的投资力度。能源技术是新一轮科技革命和产业革命的突破口，大力发展新能源已成为全球应对气候变化和推动绿色低碳转型的一致共识，这也为中印尼两国合作发展新能源汽车产业提供了前所未有的发展机遇。①

2. 海上互联互通

2022年中国海军"和平方舟"号医院船赴印尼执行"和谐使命-2022"任务，从2010年至今十次出国执行任务，"和平方舟"号医院船每次出征都成为中外媒体关注的焦点。这不仅在于"和平方舟"号医院船坚持用中国式现代化成果为世界人民提供优质高效的医疗服务，更在于这艘"大白船"坚持怀仁扬帆，在深蓝航程上，通过实实在在的举措践行构建人类命运共同体理念。印尼海军军事海运司令部司令阿古斯·哈里亚迪表示印尼海军非常荣幸地欢迎中国海军朋友的到来，此次访问对于增进两国海军的兄弟情谊非常重要，也证明了两国海军在各领域的良好合作关系。② 中印尼的海上互联互通也在不断加深。2016年11月15日下午，"一带一路"中国—印度尼西亚合作发展国际研讨会开设了基础设施建设专题讨论会，印尼国有航运公司德西·阿尔伯特·马马希特主席认为，印尼岛屿众多，船舶码头对于印尼经济发展的重要性不言而喻，希望促进中国与印尼在造船业的合作，实现两国造船业的共同发展。③ 2022年7月发布的中印尼元首会晤联合新闻声明表示，双方将加强海洋领域各对口部门沟通，强化制度化安排，实施好海

---

① 《中国—东盟在新一轮科技革命中实现优势互补》，新华网，2022年9月15日，http://gx.news.cn/newscenter/2022-09/15/c_1129003730.htm。
② 《海军和平方舟医院船：犁和平航迹 展中国担当》，中华人民共和国国防部官网，2022年11月24日，http://www.mod.gov.cn/gfbw/wzll/hj/4926820.html。
③ 《基础设施互联互通促进中国与印度尼西亚合作发展》，中国日报网，2016年11月16日，http://caijing.chinadaily.com.cn/2016-11/16/content_27396289.htm。

上合作基金项目。① 中国与印尼海洋合作的机遇在于"21 世纪海上丝绸之路"倡议与"全球海洋支点"构想的对接。两国的海洋战略具有互补性是两国合作的必要条件，印尼海洋战略着重于海上交通和岛屿的基础设施建设，这恰好是中国有技术实力且有一定融资能力、可以提供帮助的方面。② 2017 年中国国家发展改革委和国家海洋局联合发布的《"一带一路"建设海上合作设想》提出，要推进"东亚海洋合作平台"和"中国—东盟海洋合作中心"建设，共同推进海洋经济发展示范区建设，这得到印尼的欢迎和支持。③ 2022 年 7 月 26 日，印尼海洋渔业部和中国自然资源部同意恢复在海洋领域的合作，以支持加强两国的经济，并根据蓝色经济的原则，保持海洋生态系统的可持续性。印尼与中国之间的海洋合作内容包括与海洋部门有关的联合技术合作及沿海和小岛屿的综合沿海管理、缓解和适应。在蓝色经济发展领域及人力资源能力建设方面的合作也同时进行，双方希望通过海事合作的进行，为海洋贸易和渔业发展增添动力。④ 此外，2022 年双方还积极推动印尼码头建设。2022 年 1 月，中国港湾签约印尼青山工业园区码头泊位工程项目。⑤ 2022 年 6 月，中国港湾签约印尼西加 BJM 氧化铝厂配套码头项目。⑥ 双方依据 2022 年 7 月 26 日《中华人民共和国和印度尼西亚共和国两国元首会晤联合新闻声明》，持续加强海洋领域各对口部门沟通，强化

① 《中华人民共和国和印度尼西亚共和国两国元首会晤联合新闻声明》，中华人民共和国驻印度尼西亚共和国大使馆官网，2022 年 7 月 26 日，http：//id. china-embassy. gov. cn/zgyyn/202207/t20220726_ 10728212. htm。

② 薛松：《印度尼西亚海洋安全思维与合作逻辑》，《国际安全研究》2021 年第 3 期，第 78 ~ 101 页。

③ 《中国与印尼更高水平合作的前景光明》，中华人民共和国驻印度尼西亚共和国大使馆官网，2018 年 2 月 12 日，http：//id. china-embassy. gov. cn/zgyyn/201802/t20180212_2084517. htm。

④ "Siaran Pers Kementerian Kelautan Dan Perikana", Kementerian kelautan dan perikanan Republik Indonesia, Juni 5, 2022, https：//kkp. go. id/artikel/40981 - sdm - tangguh - dan - bertalenta - global-kunci-utama-wujudkan-ekonomi-biru.

⑤ 《中企海外项目双周报》，中国一带一路网，2022 年 2 月 3 日，https：//www. yidaiyilu. gov. cn/qyfc/xmzb/305218. htm。

⑥ 《中国港湾签约印尼西加 BJM 氧化铝厂配套码头项目》，中国一带一路网，2022 年 6 月 14 日，https：//www. yidaiyilu. gov. cn/qyfc/zqzx/252237. htm。

制度化安排，实施好海上合作基金项目，开展好印尼"国家鱼仓"项目等渔业合作，深挖海洋经济潜力。

3. 飞机航线互联互通

中国与印度尼西亚的空中合作也取得新的进展。2022 年 12 月 18 日，我国自行研制的具有完全自主知识产权的喷气式支线客机 ARJ21 正式交付首家海外客户印尼翎亚航空，这是中国的喷气式客机首次进入海外市场，对于"一带一路"建设、构建"双循环"新发展格局具有重要意义。此次向印尼国内航空公司交付 27 架 ARJ21 喷气客机，这是该飞机首次进入国外市场。印尼方表示，随着印尼与中国的合作不断加深，由中国自主研制生产的 ARJ21 喷气客机未来在印尼将有更大的市场。[1] 2023 年 2 月，海南自由贸易港推介会在印尼雅加达举行，海南联合航空董事长丁家斌表示："海南与东盟国家合作潜力大，未来海南联合航空将开通更多海南与东盟国家间的直航航线。目前我们正积极对接相关国家经贸、文化、旅游、媒体等领域代表，促成更多合作。"海南联合航空与印尼狮航将共同推进海南—印度尼西亚直飞航线开通，海南联合航空与印尼黄金罗摩旅行社意向互送每年 1 万人次以上的游客。[2] 双方深挖合作潜力，共同推进互联互通建设。2022 年 7 月 6 日，由广西九天航空服务有限公司运营、马来西亚瑞亚航空执飞的一架 B767-200F 全货机满载货物从南宁吴圩国际机场顺利起飞，前往印度尼西亚首都雅加达，标志着南宁—雅加达货运航线正式开通。雅加达作为印尼的首都和最大城市，是印尼的经济中枢和交通枢纽，该条航线的开通，为广西与印尼之间的经贸流动搭建了一座便捷的"空中桥梁"。[3] 2023 年初，疫情

① "China Delivers First Home-grown ARJ21 Jetliner Overseas, to Indonesia, After Year Delay", *South China Morning Post*, December 19, 2022, https://www.scmp.com/economy/china-economy/article/3203847/china-delivers-first-home-grown-arj21-jetliner-overseas-indonesia-after-year-delay? module = perpetual_scroll_0&pgtype = article&campaign = 3203847.

② 《海南自由贸易港推介会在印尼雅加达举行》，海南省人民政府网，2023 年 2 月 18 日，https://www.hainan.gov.cn/hainan/gdxw/202302/3ecc1b1d92f846899c15ac79dd3db4e1.shtml。

③ 《贸易进出口空中通道拓宽 南宁—印度尼西亚雅加达货运航线正式开通》，人民网，2022 年 7 月 10 日，http://gx.people.com.cn/n2/2022/0710/c179430-40031439.html。

状况有所好转，旅游业开始回暖。中国多家航空公司开通飞往印尼的航班，印尼也不断出台航线增开政策以鼓励在疫情之后增加国际交通，恢复国际旅游行业，印尼多家航空公司也积极增开两国直飞航班。

4. 网络数字互联互通

共享数字新机遇，共谋发展新动能，数字合作也加入中印尼双方的互联互通合作当中，成为中国—东盟合作新亮点。中国国家主席习近平在中国—东盟建立对话关系30周年纪念峰会上的讲话中指出："我们要全面发挥《区域全面经济伙伴关系协定》的作用，尽早启动中国东盟自由贸易区3.0版建设，提升贸易和投资自由化便利化水平，拓展数字经济、绿色经济等新领域合作，共建经贸创新发展示范园区。……倡议开展数字治理对话，深化数字技术创新应用。"[①] 2022年11月17日发布的《中华人民共和国和印度尼西亚共和国联合声明》中提到"两国高度重视可持续发展合作……加快培育绿色发展、数字经济等新增长点"[②]。发展数字技术和数字经济已成为中国和印尼两国抓住新一轮科技革命和产业变革机遇、以创新引领发展的重要举措。近些年，印尼的数字经济发展规模不断扩大，印尼政府正在加快促进印尼数字经济的快速发展和全国的数字化转型，正在实施增加数字基础设施和互联网服务、加快国家数据中心整合、培养数字化人才等一系列措施。开发新业态，探索新模式，是中国与印尼经济合作发展的活力所在。[③] 2023年3月，中国驻印尼使馆临时代办周侃在第四届印尼网络安全和人工智能峰会上发表主旨演讲并指出，中国大力培育人工智能、物联网、下一代通信网络等新技术新应用，5G、大数据、人工智能等数字技术在农业生产经营中融合应用，经济社会各领域从数字化、网络化向智能化加速跃升。印尼正在

---

① 《习近平在中国—东盟建立对话关系30周年纪念峰会上的讲话（全文）》，光明网，2021年11月22日，https：//m.gmw.cn/2021-11/22/content_35328858.htm。

② 《中华人民共和国和印度尼西亚共和国联合声明》，中华人民共和国外交部官网，2022年11月17日，https：//www.mfa.gov.cn/zyxw/202211/t20221117_10976699.shtml。

③ 《中国—印尼科技创新合作与发展论坛召开》，中国—东盟商务理事会网，2022年11月28日，http：//www.china-aseanbusiness.org.cn/index.php? m=content&c=index&a=show&catid=8&id=43975。

为实现"2045 年黄金愿景"努力奋斗，信息通信、创意经济、数字经济等新兴产业蓬勃发展。中印尼两国正不断加强在数字和网络方面的合作，已签署《关于发展网络安全能力建设和技术合作的谅解备忘录》和《关于加强数字经济领域合作的谅解备忘录》等相关合作文件，中国的华为、腾讯等一大批中国高科技和互联网企业也纷纷赴印尼投资兴业，为两国经济合作注入了新的强劲动力。与此同时，包括印尼在内的东盟各国都把数字经济作为未来发展的重点领域。近年来，中国同东盟在这方面的合作也不断拓展深化。双方先后发布了《中国—东盟关于建立数字经济合作伙伴关系的倡议》《落实中国—东盟数字经济合作伙伴关系行动计划（2021—2025）》等一系列文件，为持续加强双方合作凝聚了重要共识，开辟了广阔前景。中国愿同印尼以及东盟各国一道，在相互尊重和互利合作的基础上，进一步加强沟通、交流、合作，共同推进数字经济发展，并为构建更加公平合理、开放包容、安全稳定、富有生机活力的网络空间和智能世界携手做出更大贡献。①印尼通信和信息技术部部长称，印尼和中国政府将继续加强在信息与通信技术（ICT）领域的合作，以加快国家数字化转型。② 随着新一轮科技革命和产业变革的推进，数字经济拉动经济增长的作用日益显著。中国—东盟贸易额不断攀升，数字经济成为中国—东盟合作新引擎。中国—东盟信息港由中国和东盟各国共同建设，旨在推动中国—东盟数字互联互通，搭建双方在数字政府、数字企业、数字产业、新型通信和金融科技等领域的合作平台。"在印尼，中国东信将为 2.7 万所当地寄宿学校搭建完整数字教育生态系统，助力印尼教育行业数字化转型升级；与印尼邮政公司合作，向其提供智能 POS 机硬件，满足其日益增长的电子商务支付需求；此外，中国东信已成为印尼智慧城市解决方案合作伙伴。"在数字经济高速发展的时代，网络数字互联互通

---

① 《驻印尼使馆临时代办周侃在第四届印尼网络安全和人工智能峰会上的主旨演讲》，中华人民共和国驻印度尼西亚共和国大使馆官网，2023 年 3 月 10 日，http：//id.china-embassy.gov.cn/sgyw/202303/t20230310_11038745.htm。

② "Indonesia-Tiongkok tingkatkan kerjasama digital"，Indotelko，September 10，2022，https：//www.indotelko.com/read/1662775214/indonesia-tiongkok-digital.

成为中印尼合作的重要部分，将有力深化中国与印尼在人工智能、大数据等新技术领域的创新合作，促进双方技术优势互补。[1]

四 中国与印度尼西亚互联互通合作中的挑战

国际合作的主体是两个国家，而根据新古典现实主义的观点，在国际体系自变量因素影响下，单元层次因素会在各个方面深刻影响国家的政策选择。作为"一带一路"倡议和"全球海洋支点"构想对接的重大标志性项目，雅万高铁架起了当地百姓通往美好生活的"幸福桥"，打通了中印尼两国民众的"连心路"。[2] 中印尼两国的一系列基础设施合作项目建成后，大大便利了民众出行，提高物流运输效率，促进区域互联互通，带动沿线经济社会发展，有利于创造更多就业机会，为印尼增添新的经济增长点。中印尼合作取得了实实在在的成就，不仅造福了两国人民，还在地区和全球层面产生积极影响。但在两国互联互通合作发展过程中也凸显出阻碍两国合作更加高速发展的单元层次因素。

（一）印尼央地结构的限制

在印尼中央分权和地方分权制度的背景下，项目行政审批程序显得尤其繁杂。地方政府权力大，即使是在国家层面通过的项目，具体的执行政府部门或者地方政府也会拖延时间，进行各项重复手续。各部门之间互相推诿，印尼各级行政单位程序性贪腐的风气盛行，行政管理能力低下，政策的延续性差。尽管佐科上台以后，于2015年设立了全国投资许可"一站式"综合服务平台，希望通过政府服务的集成与整合，来缩短投资公司的设立周期和提高企业营业执照的核发效率。但在实际操作过程中，虽然中央努力提高效

---

① 《中国—东盟在新一轮科技革命中实现优势互补》，新华网，2022年9月15日，http://gx.news.cn/newscenter/2022-09/15/c_1129003730.htm。

② 《中印尼元首共同关心推动的这个项目，意义重大！》，中华人民共和国驻胡志明市总领事馆官网，2022年11月17日，http://hochiminhcity.china-consulate.gov.cn/xwdt/202211/t20221117_10977011.html。

率，但受制于政府公务员的文化水平较低和专业技能的不足以及各种不可控因素，实施效果仍不理想，印尼行政效率仍没有显著提升。因此，在印尼开展的项目即使属于国家规划，征地工作也难以得到地方政府的有效配合和支持。此外，印尼的民主化背景使印尼出台了各种各样对政府行为的限制和规范性措施，这些烦琐的规章和细则是导致政府效率低下的原因之一，直接影响到项目实施的效率和进度，使项目难以取得实质性进展。

例如，雅万高铁项目获得全线建设许可证后，2017 年 4 月 4 日，雅万高铁工程总承包合同在雅加达签署，这标志着作为"一带一路"建设早期重要成果之一的雅万高铁项目，正式进入全面施工的阶段。但征地进度缓慢，截至 2017 年 6 月，雅万高铁项目征地进度仅为 55%，远低于印中高铁公司于 2016 年年中和 2017 年初对外宣称的 60% 和 82.9%。项目本应在 2018 年完工，但直到 2019 年底，雅加达交通部部长布迪才宣布雅万高铁项目征地几近完成，将于 2020 年 1 月进行开工建设。[①] 2016 年，印度尼西亚总统佐科·维多多推出了"国家战略项目"（National Strategic Project）计划。其中的"基础设施先行"计划不仅在吸引投资方面遭遇困难，该计划引发的土地冲突也同样引人注意。非营利组织印度尼西亚土地改革联合会（KPA）的 2021 年年度报告显示，在印尼，基础设施开发是导致与土著居民和当地社区发生土地相关冲突的第二大因素，仅次于种植园开发。2020 年 10 月《创造就业综合法》获得印尼议会的通过，但却被环保团体、工会和土著居民组织告上了法庭。2022 年 2 月 8 日，印尼国家土地局在中爪哇省普沃雷霍的瓦达斯村进行的一次安山岩开采勘测也在混乱中结束。从未同意勘测的村民试图通过封锁道路来阻止在他们的传统土地上修建大坝和铁路，而警察却用暴力进行回应。[②] 印尼基础设施发展遭遇的瓶颈之一就是政

---

① "Jakarta-Bandung Bullet Train Project to Begin Construction in January", *The Jakarta Globe*, December 25, 2019, https://jakartaglobe.id/news/jakartabandung-bullet-train-project-to-begin-construction-in-january.

② "'Infrastructure-First' Approach Causes Conflict in Indonesia", *China Dialogue*, March 11, 2022, https://chinadialogue.net/en/business/infrastructure-first-approach-causes-conflict-in-indonesia/.

府部门的交叉管理导致各种关系无法理顺。例如，在营商许可和建筑许可方面的审批手续多且缓慢，针对工商企业的管制条例达到42000条；苏西洛政府《2011~2025年加快和扩张经济发展的总体规划》实施的第一年，遭遇挫折的59个项目中，有28个是缘于行政许可问题。[①]

（二）印尼投资环境尚待改进

印尼自1945年独立以来，多民族、多种族、多宗教、多党派、多元文化就一直是印尼的典型特征。这就导致各个政治派别意见多样，党派利益追求错综复杂，各党派为了自身利益诉求，通常会对国家政策的制定加以干预和影响。政府的政策难以获得有效的实施。印尼总统佐科想凭借印尼的镍储量与澳大利亚并列世界第一的资源优势来建构国内电动车产业，以及实施更早提出的迁都计划。由于迁都计划昂贵，8成资金本应由私人资本提供，但至今尚未成现实。2022年，知名投资者日本软银退出投资。其他投资者的意见是：虽然佐科执政的八年经济成绩十分亮眼，但是2024年大选将近，他仍没有明确的继任人选，选举结果可能会彻底改变印尼的长期前景，相关一系列投资项目，可能会在2024年之后变得很好，当然也可能会变得更糟糕甚至停滞。印尼复杂的国内政治环境和政治利益集团之间的博弈，使得政府在政策的制定时需要向各方利益妥协，且总统的更换常常会导致政策朝令夕改、难以执行等问题。宗教、族群、选举政治所造成的社会冲突与矛盾不断，社会稳定性较差。上述一系列政治因素都使得中资企业对于在印尼投资互联互通建设不得不持有谨慎态度，合作面临较高的政治风险。

首先，中印尼基础设施项目的特点本就是工期长、成本高、回本周期长。而印尼国家的经济基础薄弱，本身偿还货款的能力较低，因此存在违约可能性较高的情况，这也增加了我国金融机构在印尼推进项目时的风险，尤其是主要投资基础设施建设的"亚投行"。其次，虽然印尼的法律体系比较完整，

---

① 张俊勇、陈艳春：《印度尼西亚佐科政府基础设施建设》，《国际研究参考》2020年第6期，第23~28页。

但是很多法律规定存在模糊的现象，可操作性极差，不同的法律之间甚至存在矛盾和冲突，这对于投资企业到印尼投资的权利保护是很大的隐患。再次，在印尼投资设立公司涉及的手续繁多，且由于行政效率低下，审批时间较长，虽然印尼政府修订了《投资法》《公司法》，并完善了相关的配套措施，推行"一站式"审批服务，以促进和吸引外国投资，但执行效果仍不理想。最后，企业控制用工成本问题需高度重视，虽然印尼的用工成本相对来说较低，但《劳工法》对于印尼劳工保护的规定较为严苛，对投资方不利。如果职工离职，企业要支付离职费或者补偿金，即使工人罢工，只要程序合法，企业也要支付薪水。这不仅会影响项目进度，也会影响中国资方在当地的企业形象和成本控制。

印尼投资环境也存在诸多硬伤。如基础设施严重滞后、物流成本高、通信条件普遍较差、电力供应难以满足基本需求、基础工业落后、产业链上下游配套不完备、政府低效和腐败现象仍比较严重、部分领域如矿业等行政管理混乱、税费复杂繁多等，这些都在很大程度上降低印尼对外资的吸引力。

结　语

印尼"全球海洋支点"构想和中国提出的"21世纪海上丝绸之路"倡议高度契合，两国战略的最大公约数即"以海上互联互通带动两国整体发展"。全球互联互通是全球化时代的根本特征，中国与印尼建立互联互通的战略合作伙伴关系既有利于印尼"全球海洋支点"构想战略目标的实现，也有利于促进中国成为陆海全球互联互通的枢纽，从而使亚太经济圈结合得更加紧密。在国际形势深度变化的态势下，双方应一致秉承中华文明"敦亲睦邻""和而不同"的传统思想和印尼"互助合作""殊途同归"理念，共建中印尼命运共同体，打造发展中大国相互尊重、互利共赢的典范，建设共同发展的样板，成为南南合作的先锋。① 双方应以加强互联互通为平台，

---

① 《习近平同印尼总统佐科举行会谈》，中华人民共和国驻印度尼西亚共和国大使馆官网，2022年11月17日，https：//www.fmprc.gov.cn/zyxw/202211/t20221117_10976620.shtml。

保持双边良好对话，制定更加密切的合作框架，提供便利的政策条件，秉持互助合作、友好互通的理念，建设双方便捷联通平台，推进印尼基础设施建设，打造落实全球发展倡议亮点工程，提升两国应对复杂多变国际形势的能力，积极推进2022年11月16日习近平主席与印尼总统佐科达成的重要共识落地开花，以2023年中印尼建立全面战略伙伴关系10周年为契机，打造高水平合作新格局。

海上全球互联互通，是新时代赋予中国和印尼的伟大历史机遇。中国和印尼都是世界上重要的发展中大国和新兴经济体，在很多事务上有共同主张，两国高层交往频繁，各领域务实合作成果丰硕，将引领双边关系不断前行。① 中印尼应在加强互联互通的基础上，持续开展更高水平的治国理政经验交流，激发多领域合作潜能，共同推进现代化建设，提升两国人民福祉，为全球和平、合作和发展事业做出更大贡献。

---

① 《"印尼和中国关系具有广阔发展前景"》，人民网，2022年7月28日，http：//world. people. com. cn/n1/2022/0728/c1002-32487466. html。

"一带一路"框架下的中国与印度尼西亚体育人文交流合作

潘　玥*

摘　要：　近年来，中国和印尼的体育人文交流合作取得了长足的进步。两国间的体育人文交流不断深入，双方在体育领域的合作也取得了显著的成果。现在，交流目的从提高竞技体育水平拓展到加强体育人文交流合作，中印尼体育交流活动不断增多，范围不断扩大，双方还签署了一系列体育合作协议，交流方式也更为直接和创新。但是，中印尼体育人文交流也面临一些挑战。双方存在文化差异和语言交流障碍，这阻碍了双方之间的交流；印尼缺乏足够的财政支持，双方缺乏技术和知识分享；由于印尼的全民健身意识不足，印尼民众对体育人文交流不够重视，受到中国体育文化的影响较小。因此，为了进一步推进中印尼体育人文交流，需要实行针对性措施以应对上述挑战。双方在体育人文交流方面应建立更加紧密的合作关系，克服语言交流障碍，还应发展中印尼体育产业联盟，同时，加强体育技术和知识的分享，加强体育人文交流的宣传，以提高双方之间的交流水平。

关键词：　体育人文交流　中国—印尼　"一带一路"

人文交流是指人们通过文化、历史、宗教、语言等方式进行的交流。它

＊　潘玥，博士，暨南大学国际关系学院/华侨华人研究院副研究员。

是一种交流形式，旨在增进彼此的了解，提高文化多样性，促进文化交流与融合，以及提高文化的质量。体育交流是人文交流的现代路径之一。[①] 作为人类创造力的一种模式，体育具有非常复杂的活动形式，这些活动以游戏、比赛等为主要形式，鼓励个人激发身体和精神潜力，参与密集的体育活动，以获得娱乐、胜利的感受以及达到体能极限。在国际交流步入公共外交的时代，体育为促进不同人群和文明之间对话与理解、增进民心相通提供了有效途径。对于普罗大众而言，体育运动目前是一种潮流或生活方式，甚至已经成为生活的基本需求。民主改革时期，印度尼西亚（以下简称为"印尼"）将发展体育事业定为一项战略手段，旨在通过发展体育事业，实现国家发展，特别是提高人力资源的质量，以及塑造民族性格。[②] 而中国也将体育人文交流视为深化"一带一路"倡议的重要内容。根据《新时代的中国国际发展合作》白皮书，近年来，包括体育在内的中国各项事业为中国国际发展合作注入了新动力。[③] 这将为中国发展与周边国家的友好关系注入新活力，为推动"一带一路"建设、践行"构建人类命运共同体"理念做出新贡献。[④]

近年来，印尼加强与其他国家在体育方面的人文交流合作，其中，中国是印尼重要的交流合作对象，尤其是在竞技水平、获胜策略、训练设施、场馆建设和体育科技等方面。实际上，印尼和中国在体育方面的人文交流合作有着悠久的历史，尤其是羽毛球方面的教练和运动员的技术交流学习、赛事合作和场馆建设等。1992 年，印尼羽毛球运动员王莲香（Susi Susanti）在巴塞罗那夏季奥运会上夺得羽毛球女子单打金牌，这是印尼的第一枚奥运会金牌。她的成功离不开中国教练梁秋霞的指导。而王莲香后来的丈夫，由中

---

① 许利平：《中国与周边国家的人文交流：路径与机制》，《新视野》2014 年第 5 期，第 120 页。

② Muhammad Reza Aziz Prasetya, "Comparison of Achievement Sport Systems Between Indonesia and China," *Jurnal Moderasi Olahraga*, Vol. 1, Issue 2, 2021, pp. 56-62.

③ 彭训文：《以体育交流促民心相通（体坛走笔）》，人民网，2021 年 1 月 13 日，http://sports.people.com.cn/n1/2021/0113/c14820-31998170.html。

④ 《体育赛事助力"一带一路"人文交流》，人民网，2019 年 7 月 17 日，http://ydyl.people.com.cn/n1/2019/0717/c411837-31239287.html。

国籍教练汤仙虎训练的魏仁芳（Alan Budikusuma），也在同一届奥运会上获得羽毛球男子单打金牌。中国和印尼的体育人文交流合作取得了长足的进步。中国和印尼之间的体育交流领域不断扩大，活动不断增多，双方还签署了一系列体育合作协议，以促进两国之间的体育人文交流。此外，中国和印尼之间的体育人文交流也受到了国际社会的关注和认可。

当前，中印尼的体育人文交流合作已出现"现实倒逼研究"的现象。体育是中印尼人文交流的八大重点领域之一。中印尼的体育人文交流合作迅速发展，从单一的羽毛球逐渐拓展到多个体育项目，从教练和运动员的互访交流拓展到专业体育场馆合作建设，从专注于体育技术的交流合作拓展到文化体育等人力资源开发合作。然而，由于观念、语言和文化等障碍，中印尼的体育人文交流合作仍存在许多挑战。但现有的研究鲜少涉及中印尼的体育人文交流合作，[1] 以中印尼体育合作历史的描述性研究为主。在项目上，大多关注羽毛球和武术；在赛事上，主要研究奥运会、亚运会、新兴力量运动会等大型赛事；还有少量成果关注华侨华人在中印尼体育外交中的作用，[2] 已出现"现实倒逼研究"的现象。如果在学术研究上不对此问题加以重视，进行针对性的研究，寻求进一步推进中印尼体育人文交流合作的妥善举措，

[1] 参见陈菲、王佳宁《中国与印度尼西亚体育交流合作的历史发展与现状》，载韦红主编《中国与印度尼西亚人文交流发展报告（2021）》，社会科学文献出版社，2021，第71~82页；丁治鹏《中国与周边国家体育交流的历程、历史贡献与发展前景研究》，成都体育学院硕士学位论文，2017；Muhammad Zulfikar Rakhmat dan Yeta Purnama， "Opportunities in China – Indonesia Sports Relationship"，Modern Diplomacy，February 1，2021，https：// moderndiplomacy. eu/2021/02/01/opportunities – in – china – indonesia – sports – relationship/；Muhammad Reza Aziz Prasetya， "Comparison of Achievement Sport Systems Between Indonesia and China," *Jurnal Moderasi Olahraga*，Vol. 1，Issue 2，2021，pp. 56–62。

[2] 参见张焕焕《冲突与融合视野下的中华武术国际传播研究——以印尼阿拉扎大学孔子学院及合作院校为例》，福建师范大学硕士学位论文，2020；肖海东《武术在印度尼西亚的发展研究》，《武术研究》2018年第9期，第9~11页；陈惠娜、彭业仁《东南亚民俗体育文化研究——以印尼三宝垄"郑和节"为例》，《湖北体育科技》2017年第9期，第753~755页；郭惠杰《社会变迁下华侨华人与新中国体育发展研究》，福建师范大学博士学位论文，2016；张小欣《新兴力量运动会的缘起与中国和印尼的关系》，《当代中国史研究》2014年第2期，第82~87页；Alfiana Firda Afnaini， "Diplomasi Publik Indonesia Terhadap Tiongkok pada Masa Pemerintahan Joko Widodo Periode I（2014–2019）"，Skripsi Universitas Islam Indonesia，2022。

这一问题将在一定程度上影响"一带一路"倡议在印尼的落地和中印尼双边关系。因此，为了进一步推进中印尼体育人文交流合作，需要阐述并分析中印尼的体育人文交流现状、挑战和前景，以深化中印尼的人文交流合作。

一 中印尼体育人文交流的现状

当前，中印尼体育人文交流正在不断发展，在交流目的、交流内容和交流形式三个方面都有着显著的变化。

（一）交流目的更为长期和深入

双方的交流目的从单纯提升本国的体育竞技水平，转变为对增进友谊、实现民心相通等更深入、更长期的追求。早在2004年4月，为加强体育领域现存的友好关系和合作，进一步发展和促进体育组织间的合作，两国正式缔结《中华人民共和国体育运动委员会与印度尼西亚共和国青体事务国务部长办公室体育合作谅解备忘录》，其中强调"进行体育组织、俱乐部和国家队间各项目的团队交流；进行地区性体育项目的合作；加强协调两国奥委会在洲际和国际体育问题上的立场；进行两国体育领导人的互访，以进一步促进双边关系，交流体育经验；在平等互利基础上，互换各项目的体育专家和教练员"[1]。这些几乎都与提升双方在全球和专项大型赛事上的体育竞技能力和水平有关。

近年来，中印尼积极在"一带一路"倡议、中国—东盟合作等框架下开展体育交流，同时发挥中印尼高级别人文交流机制作用，采取了一系列措施来促进体育人文交流的进一步发展。相对于其他形式，体育人文交流的效果往往更深入人心。体育赛事通常具有很强观赏性，观众关注度高；体育明

---

① 《中华人民共和国体育运动委员会与印度尼西亚共和国青体事务国务部长办公室体育合作谅解备忘录》，中华人民共和国驻印度尼西亚共和国大使馆官网，2004年4月21日，http：//id.china-embassy.gov.cn/chn/zgyyn/zywx/200404/t20040421_2343771.htm。

星知名度高、国际影响力强。体育交流像涓涓细流，以其特有的亲和力、吸引力，搭建起国家和地区间民众心灵沟通和文化交流的桥梁。民众间有了基本好感和了解，国家和地区间后续开展经贸、政治交流合作就会顺利得多。在"一带一路"倡议框架下，双方顺利签署了一系列双边协议，明确了双方在体育领域的合作内容，促进了双方在体育领域的交流与合作。此外，双方也开展了一系列体育交流活动，比如联赛、研讨会和论坛等，以促进双方在体育领域的交流与合作。

同样，这种交流与合作也体现在相互支持举办大型体育赛事上。2019年11月，中国表示将全力支持印尼申办2032年奥运会。事实上，中国还承诺提供全面的技术支持，以帮助印尼实现上述宏愿。① 2022年，印尼奥委会官员也预祝北京冬奥会成功。② 另外，亚运会也是中印尼加强双边关系和国家间合作的重要机会。印尼在2018年亚运会期间通过青年与体育部与中国缔结关于体育项目、体育旅游和娱乐合作的协议，其中体育项目包括田径、排球、乒乓球、羽毛球和篮球。③ 而且，2018年亚运会也成为印尼向中国观众和媒体宣传的重要窗口。中国观众对雅加达亚运会很感兴趣。根据印尼驻华大使馆的数据，中国媒体预订了约2公顷的场地，以供300名媒体工作人员报道这一盛会。④ 中国也成为2018年亚运会期间申请媒体设施和场地最多的国家。印尼通过对亚运会等体育赛事的宣传推广，可以吸引中国游客前往印尼观光。⑤

---

① Abdul Majid, "China Dukung Penuh Indonesia Jadi Tuan Rumah Olimpiade 2032", Tribun News, Novermber 14, 2019, https：//www.tribunnews.com/sport/2019/11/14/china-dukung-penuh-indonesia-jadi-tuan-rumah-olimpiade-2032.

② 《印度尼西亚 冬奥来了 印尼奥委会官员预祝北京冬奥会成功》，央视网，2022年1月7日，https：//tv.cctv.com/2022/01/07/VIDEbJ5wkH5BKU09BqEvE5io220107.shtml。

③ Ayu Pratiwi, "Indonesia-China Bangun Kerja Sama Olahraga dan'Entertainment'", Kompas, Agustus 28, 2018, https：//www.kompas.id/baca/olahraga/2018/08/28/indonesia - china - bangun-kerja-sama-olahraga-dan-entertainment/.

④ Koran KBRI Beijing, "Wonderful Indonesia di Negeri Tirai Bambu", Kumparan, Januari 17, 2018, https：//kumparan.com/kbri-beijing/wonderful-indonesia-di-negeri-tirai-bambu/2.

⑤ Alfiana Firda Afnaini, "Diplomasi Publik Indonesia Terhadap Tiongkok pada Masa Pemerintahan Joko Widodo Periode I（2014-2019）", Skripsi Universitas Islam Indonesia, 2022.

在足球方面，中国和印尼都有举办世界杯的愿景。对此，中国计划到 2020 年让 3000 万名中小学生参与足球运动，并将创建 2 万所足球学校，建设 7 万个球场。中国政府的目标是，到 2030 年，确保平均每一万人拥有一个足球场。① 这是中国为实现 2050 年世界杯梦所做出的努力。与此同时，印尼也一直在努力申办世界杯。例如，根据印尼人类发展与文化统筹部发布的《2020 年第 1 号关于加快国家足球发展路线图的人类发展与文化统筹部条例》，印尼已经开始实施一些战略，例如翻新几座体育场馆，并为 2023 年的国际足联 U-20 世界杯建造 5 座新体育场馆。在未来几年，印尼还计划新建 245 个足球场。② 2023 年 1 月 28 日，中国足球协会（CFA）拜访印尼足球协会（PSSI），双方一致同意在足球发展的各个方面进行合作，并加强国际联系。中国足球协会计划在场馆建设和训练设施方面，对有意举办世界杯的印尼予以一定的帮助。③

（二）交流内容日趋多元丰富

在交流内容方面，中印尼体育人文交流内容日趋多元化，范围也越来越大。近年来，双方开展了丰富多彩的体育交流活动，在体育领域的交流合作日益增多，签署了体育方面的合作文件，互派运动队参加在对方国家举办的国际比赛，开展教练交流、运动员共同训练和体育人才培训等合作，相互交流有关体育、科学、文化等领域的最新发展和资讯。在内容上，中印尼体育人文交流大多围绕着羽毛球和足球。在印尼最受欢迎的运动莫过于足球与羽毛球。中印尼在羽毛球上的合作最为深入且历史悠久。20 世纪 50~60 年代，

---

① "FIFA President Gianni Infantino Meets President of People's Republic of China Xi Jinping", FIFA, June 14, 2017, https://www.fifa.com/about-fifa/president/news/fifa-president-gianni-infantino-meets-president-of-people-s-republic-o-2895099.

② Muhammad Zulfikar Rakhmat dan Yeta Purnama, "Opportunities in China-Indonesia Sports Relationship", Modern Diplomacy, February 1, 2021, https://moderndiplomacy.eu/2021/02/01/opportunities-in-china-indonesia-sports-relationship/.

③ "PSSI dan CFA Jajaki Kerja Sama Pengembangan Sepak Bola", PSSI, Januari 28, 2023, https://www.pssi.org/news/pssi-dan-cfa-jajaki-kerja-sama-pengembangan-sepak-bola.

由于受印尼国内政治运动的影响和新中国政府的感召，一批在印尼颇有成绩的华裔羽毛球运动员，如王文教、陈福寿、汤仙虎、侯加昌、丘玉芳、陈玉娘等，陆续回到中国，为中国国家队、广东和福建省队培养了一批优秀的羽毛球运动员。① 20 世纪 60~70 年代，部分华裔教练选择重返印尼羽坛执教，也带去了中国的先进经验。这种教练的互相往来为中国和印尼在羽坛上的长盛不衰奠定坚实的基础。中印尼两国的羽毛球选手在国际赛事中屡创佳绩，为各自的国家与人民带来了巨大的优越感与荣誉感。反观足球，在印尼，足球虽深受欢迎，但印尼足球队在国际赛事中的表现仍有许多进步空间，根据国际足联（FIFA）2022 年 12 月底的数据，印尼男足的世界排名为第 151 名，而中国是第 80 名。② 早在 2011 年，印尼国家体育委员会（KONI）就已开始与中国开展运动员培训合作，比如让印尼运动员在中国接受训练、招聘中国籍教练等，涵盖羽毛球、足球、乒乓球、田径、体操和击剑等 9 个项目。③

除了传统的热门领域，中印尼体育人文交流的内容也逐渐涉及民族体育和机械运动。在民族体育方面，中印尼的人文交流非常深入，中华文化和民族体育对印尼体育的影响深远，集中表现在舞龙舞狮和武术方面。印尼舞龙舞狮源于中国，长期以来，作为一种体现喜庆的民间娱乐方式，出现在印尼全国各地、各部族各种各样的节日庆典中，在保留中华龙狮文化传统的基础上，融入了印尼各地、各部族的不同文化元素，形成了独具特色的印尼"龙狮运动"。尽管舞龙舞狮仍然是印尼华人文化的象征，但该运动如今已具有更广泛的吸引力，不再是华人演出团体的专属。④ 2012 年，印尼龙狮运

---

① 郭惠杰：《归侨竞技体育人才群体研究（1949—1966 年）》，《华侨华人历史研究》2016 年第 2 期，第 63 页。

② "Men's Ranking", FIFA, December 22, 2022, https：//www. fifa. com/fifa－world－ranking/men？dateId＝id13869.

③ "Indonesia－Cina Kerja Sama Pembinaan Atlet", Tempo, Januari 27, 2011, https：//sport. tempo. co/read/309401/indonesia-cina-kerja-sama-pembinaan-atlet.

④ Johannes Nugroho, "Once Banned, Chinese Lion Dance Now Has Broad Appeal in Muslim-Majority Indonesia", *South China Morning Post*, October 3, 2022, https：//www. scmp. com/week－asia/lifestyle-culture/article/3194455/once-banned-chinese-lion-dance-now-has-broad-appeal.

动联合会成立，其是隶属于印尼青年与体育部的一个全国性体育组织。2015年，广西体育高等专科学校与印尼龙狮运动联合会签署了合作框架协议，合作涉及龙狮队伍人才培养、龙狮运动与文化交流、龙狮图书资料和体育发展信息交流等多个方面。[①] 2019年，广西电力职业技术学院应印尼龙狮运动联合会的邀请前往印尼参加东盟狮王争霸赛，并访问印尼龙狮运动联合会。[②] 而在武术方面，双方的互动更为密切，不仅太极拳、咏春等中国传统武术在印尼深受欢迎，而且印尼武术"班卡西拉"（Pencak Silat）也得以在中国发展。中国江苏省的张跃宁曾赴印尼任职，担任印尼武术套路队主教练长达7年。被誉为印尼"武术女王"的郭丽娟（Lindswell Kwok）也接受过张跃宁的指导，曾多次在世界级比赛中获得金牌。[③] 2019年3月25日，印尼武术健将走进中国驻印尼大使馆，为该馆及中国驻东盟使团外交官展演了独具特色的精彩印尼武术"班卡西拉"。[④] 随着双方在民族体育方面的交流合作日益深入，中印尼的体育人文交流也逐渐拓展到此前合作较少的机械运动领域。2023年2月，郑州市市长何雄一行访问印尼，与印尼青年与体育部、旅游与创意经济部、海洋与投资统筹部、棉兰市政府及国际摩联等就2023年4月28日至30日在郑州举办的F1世锦赛中国大奖赛筹备工作进行深入探讨。[⑤]

（三）交流形式更直接、更创新

在交流形式方面，中印尼体育人文交流也发生了巨大的变化。近年来，

---

① 《我校与印尼龙狮总会签署合作框架协议》，广西体育高等专科学校国际交流办公室网站，2015年9月8日，http://gjb.gxtznn.com/info/1240/1489.htm。

② 《我院龙狮队出访印尼参加东盟狮王争霸赛喜获佳绩》，广西电力职业技术学院网站，2019年11月21日，https://www.gxdlxy.com/ggjc/info/1036/2142.htm。

③ "Indonesian Wushu Champion Thanks Chinese Coach", *China Daily*, August 31, 2018, https://www.chinadaily.com.cn/a/201808/31/WS5b88d635a310add14f388e46.html.

④ 《印尼武术"班卡西拉"走进中国使馆献艺展演》，人民网，2019年3月26日，http://world.people.com.cn/n1/2019/0326/c1002-30996585.html。

⑤ 《何雄一行访问印度尼西亚 密切交流交往 加强经贸合作》，郑州日报App，2023年3月2日，https://www.zzrbnews.com/chengshi/zhengshi/202302/content-3a5131e1ffd20bf2.html。

双方的交流形式从依托东盟平台间接交流发展成依托两国的体育部门和院校直接合作。2015 年，印尼教育大学代表团到访北京体育大学，双方就专业设置、就业去向、留学生招收项目等进行会谈。① 两国不仅在相关赛事论坛和非体育大型峰会上进行交流，还开展了一系列创新型的交流，比如，双方在体育领域举办了一系列论坛和研讨会，以及举办体育比赛，以促进双方之间的交流和沟通。2013 年，第 19 届世界体育法大会在巴厘岛举办，此会由印尼体育法学会与世界体育法学大会联合举办，许多中国院校的老师应邀出席。②

但是，在全球蔓延的新冠疫情给体育国际交流合作带来了巨大挑战。早在 2016 年被在万隆举行的印尼全国运动会列为表演项目的舞龙舞狮，在 2021 年被在亚齐举行的全国运动会列入正式比赛项目，但比赛因新冠疫情而被取消了。③ 在此背景下，如何加强体育交流，这需要体育人不断创新交流方式，比如积极开展国际体育领域抗疫合作、进行线上体育交流合作、加强重大赛事疫情防控措施落实、支持社会力量积极参与国际赛事交流等。青年线上交流，已成为中印尼体育人文交流的重要方式。作为两国庆祝建交 70 周年活动的一部分，2020 年 11 月 18 日，中华全国青年联合会携手印尼青年与体育部，举办了中国印尼青年创新行动经验分享会，两国青年围绕创业创新之路上的挑战和机会畅所欲言，在云端延续传统友情。④ 2021 年 4 月，中国—东盟武术联合会成立，并于 10 月至 11 月举行首届中国—东盟太极拳网络大赛。⑤

① 《印尼教育大学代表团访问我校》，北京体育大学网站，2015 年 10 月 28 日，https：//www.bsu.edu.cn/xyyw/0297fd938f9c492bb6ea82d2cecac6dc.htm。
② 陈华荣：《体育法学路向何方——兼对中国体育法学发展现状与趋势的思考》，《搏击（体育论坛）》2013 年第 7 期，第 2 页。
③ 《印尼举办舞龙舞狮全国锦标赛 500 名运动员参赛》，中国新闻网，2022 年 10 月 10 日，https：//www.chinanews.com.cn/gj/2022/10-10/9869860.shtml。
④ 《特殊时期，中国印尼青年云端说创新》，中国青年网，2020 年 11 月 18 日，https：//m.thepaper.cn/newsDetail_forward_10039959。
⑤ 《中国—东盟合作事实与数据：1991—2021》，中华人民共和国外交部官网，2021 年 12 月 31 日，http：//new.fmprc.gov.cn/web/wjbxw_673019/202201/t20220105_10479078.shtml。

二 中印尼体育人文交流的挑战

虽然中印尼体育人文交流正在不断发展，但是，两国在进行体育人文交流时，仍存在一些不可忽视的障碍，面临一定的挑战。

首先，文化差异导致了语言交流障碍，双方缺乏充分有效的沟通。这是中国和印尼在运动员、教练的交流合作中最大的挑战。"一带一路"建设有五个重点，也称"五通"，即政策沟通、设施联通、贸易畅通、资金融通和民心相通。若要实现"五通"，则必须"语言互通"，它贯穿于"五通"全线，是"一带一路"建设的必要前提。中国和印尼有着不同的文化，其中，中印尼文化差异主要显现于语言上。"一带一路"沿线共涉及国家和地区65个，贯穿亚、欧、非三大洲，占世界224个国家和地区的29%，语言近60种，涵盖了世界九大语系的不同语族和语支。其中，占比大于0.25%的语言有26种，中文排名第二，仅次于英语，而印尼语排名第四。① 中文是中方最常用的语言，而印尼语是印尼的官方语言。印尼政府的文件必须用印尼语，合作合同及文件至少需要用印尼语，也可以翻译成英语或其他外语，但大部分中方项目的通信语言为中文。然而，有相关体育项目专业知识背景的中印尼语随同翻译凤毛麟角，中印尼只能用英语作为双方的工作语言，这使得双方的交流效率较低且困难重重。此外，由于中国与印尼的习俗和文化迥然不同，如果人们不懂两种不同的语言，很难真正理解彼此的文化。

其次，印尼缺乏足够的财政支持，双方缺乏技术和知识分享。印尼缺乏足够的财政支持是影响双方体育交流合作的主要原因。由于印尼的经济发展水平较低，印尼缺乏足够的财政支持来促进中印尼的体育人文交流合作。实际上，印尼政府在国内体育拨款方面捉襟见肘，遑论国际交流方面

---

① 《语言文化互通是"一带一路"建设的前提》，中国人大网，2017年8月15日，http://www.npc.gov.cn/npc/c16115/201708/be8cb787eeb347a7b24b641105fe6989.shtml。

的预算。这使得印尼国内绝大多数运动员和教练的生活非常清贫，甚至印尼还经常拖欠运动员和教练的工资，运动设施落后老旧，主办大型赛事的经费严重不足。2022 年开斋节前印尼国家体育委员会以及廖内青年与体育局还得出面敦促国家体育部门发放已拖欠的 3 个月工资和宗教节日津贴。① 在大型赛事方面，为成功主办 2018 年亚运会，印尼政府斥资 2.24 亿美元，用于翻新旧场馆、建造新设施、改造基础设施等项目，在安保、城市环境卫生、志愿服务等层面投入的人力更是难以计数，整个赛事期间，政府投入预计超过 32 亿美元。② 在亚运会的资金来源上，印尼政府出资 80%，剩余 20% 来源于国内赞助商。但面对政府预算的日益紧缩，印尼亚运会组委会将 8.6 万亿印尼盾的亚运会投入预算，大幅度缩减至 5.6 万亿印尼盾，降幅达 35%。③ 即使如此，单靠印尼政府的财政支持仍无法满足建设需要，印尼亚运会组委会多次呼吁国内赞助商的支持，尤其是现金支持，但收效甚微，导致亚运会期间出现许多不尽如人意之处。此外，由于印尼缺乏足够的财政支持，双方的体育交流合作自然就缺乏技术和知识分享。即使有技术和知识交流，也大多是单向的，即中国向印尼输出技术和先进经验。

最后，由于印尼的全民健身意识不足，印尼民众对体育人文交流不够重视，受到中国体育文化的影响较小。由于印尼的社会发展水平较低，印尼民众对健身的重视程度不够，从而影响了双方体育交流合作。根据《基础健康研究结果报告》，缺乏运动的印尼人比例从 2013 年的 26.1% 上升至 2018

---

① Nurmadi, "Dispora dan KONI Teken NPHD, Uang Pembinaan Atlet dan Pelatih Sebelum Lebaran Dicairkan", *Harian Haluan*, April 23, 2022, https：//riau.harianhaluan.com/riau/pr - 113262693/dispora-dan-koni-teken-nphd-uang-pembinaan-atlet-dan-pelatih-sebelum-lebaran-dicairkan.

② 《"小城"办大赛 亚运会"不能承受之轻"》，中青在线，2018 年 8 月 20 日，http：//m.cyol.com/yuanchuang/2018-08/20/content_17496246.htm。

③ Luthfie Febrianto, "Asian Games 2018: Inasgoc Masih Kekurangan Sponsor Lokal", Liputan6, November 14, 2017, https：//www.liputan6.com/asian - games/read/3162261/asian - games - 2018-inasgoc-masih-kekurangan-sponsor-lokal.

年的 33.5%。[1] 此外，横向对比的结果也不容乐观，根据世界卫生组织的数据，印尼人每日的步数在全球各国中垫底，[2] 印尼人的运动量严重不足，尚未形成全民健身意识。因此，由于印尼民众对体育人文交流不够重视，双方的体育人文交流合作受到了一定程度的影响。

三 中印尼体育人文交流的前景

中印尼体育人文交流取得了长足的进步，也面临一些结构性的挑战，但前景仍然乐观。为了进一步推进中印尼体育人文交流，需要实行针对性措施来应对上述挑战。

首先，双方在体育人文交流方面应建立更加紧密的合作关系，克服语言交流障碍，以促进双方之间的交流。为了解决中国和印尼在体育人文交流中的语言交流障碍，需要加强双方的语言教育。双方可以通过开设体育方向的中文和印尼语课程，使双方的参与者熟悉对方的语言，这样就可以更好地进行沟通和交流。此外，双方可以通过提供文化交流课程，使双方的参与者更深入地了解彼此的文化。形式上，双方还可以加强线上沟通，通过社交媒体、聊天工具等，使双方的参与者更方便地进行沟通和交流。同时，双方还可以持续举办一些文化交流活动，例如体育交流史展览、讲座、纪录片放映等，以便更好地拉近彼此的距离。2022 年 11 月 14 日起，由中国中央广播电视总台与印尼国家电视台联合制作的专题片《习近平喜欢的典故》（印尼语版）在印尼国家电视台播出。据介绍，《习近平喜欢的典故》（印尼语版）精心选取了中国国家主席习近平引用过的中国古代名言名句和经典故事，生

---

[1] Arira Celia Virta Parawansa, "Indonesia Termasuk Negara dengan Tingkat Aktivitas Fisik Rendah, Berikut Tips Anti Mager untuk Berolahraga", Fakultas Kesehatan Masyarakat Universitas Airlangga, Juni 26, 2021, https://fkm.unair.ac.id/indonesia-termasuk-negara-dengan-tingkat-aktivitas-fisik-rendah-berikut-tips-anti-mager-untuk-berolahraga/.

[2] Tim Althoff, Rok Sosič, Jennifer L. Hicks, Abby C. King, Scott L. Delp & Jure Leskovec, "Large-scale Physical Activity Data Reveal Worldwide Activity Inequality," *Nature*, Vol. 547, Issue 7663, 2017, p. 338.

动展现了习近平主席对中华优秀传统文化的深刻理解和治国理政的丰富智慧。[①] 而且，在 2022 年杭州亚运会期间，在印尼驻华大使馆和教育部的组织下，很多在华印尼留学生成为志愿者，为印尼、文莱、东帝汶、新加坡等说印尼语的运动员、教练提供最准确的语言志愿服务。[②] 中国和印尼在体育人文交流中的语言交流障碍是一个棘手的问题，但只要双方加强语言教育、文化交流和线上沟通，就可以突破这一障碍，推动两国的体育人文交流取得更大的进展。

其次，为了解决印尼缺乏足够的财政支持、双方的体育交流合作缺乏技术和知识分享的问题，应发展中印尼体育产业联盟，同时，加强双方的技术和知识分享。由于印尼方面缺乏足够的财力来支持两国之间的体育交流和联赛合作，双方合作可能无法发挥最大效益。因此，应加强体育人文交流的资源配置，以更好地提升双方之间的交流效果。2019 年，国务院办公厅印发了《关于促进全民健身和体育消费推动体育产业高质量发展的意见》，明确提出"优化产业布局，促进协调发展"，其中提到以"一带一路"沿线国家为重点，由国家体育总局、国家发展改革委、外交部负责发起组建国际体育产业联盟，推动在"一带一路"沿线国家举办马拉松、自行车、帆船、汽车拉力赛等系列体育赛事。[③] 这一意见也得到了地方的响应。广西体育局紧紧抓住中国—东盟博览会落户南宁、北部湾经济区规划建设和中国—东盟自由贸易区建成等机遇，更新观念，突出特色，立足实际，科学统筹，努力开创与东盟体育产业合作发展的新局面，积极促进广西与东盟国家体育产业共

---

① 《专题片〈习近平喜欢的典故〉（印尼语版、泰语版）开播》，新华网，2022 年 11 月 15 日，http：//www. news. cn/world/2022-11/15/c_1129128683. htm。

② "Komite Olimpiade Indonesia：The 'Country of Ten Thousand Islands' Pass Down The Asian Games Torch"，The 19th Asian Games Hangzhou 2022 Organising Committee，September 15，2022，https：//www. hangzhou2022. cn/En/presscenter/spotnews/latestnews/202209/t20220915 _52400. shtml。

③ 《国务院办公厅关于促进全民健身和体育消费推动体育产业高质量发展的意见》，中国国家体育总局，2019 年 9 月 4 日，https：//www. sport. org. cn/search/system/xgwj/2020/0221/310881. html。

同发展、共同繁荣。①

其中，中国—东盟国际汽车拉力赛就是最突出的交流合作成果。2019年，第13届中国—东盟国际汽车拉力赛（CAITA）的主题为"促'陆海新通道'建设，谋'一带一路'新发展"，围绕新中国成立70周年、推进"西部陆海新通道"建设和中国—东盟媒体交流年开展系列活动。为传承和弘扬丝路精神，响应"一带一路"倡议，车队在沿途东盟国家开展体育、文化、旅游、商贸等相关活动，如与上汽通用五菱海外合作部在老挝进行车辆保障、产品推广及商务洽谈等方面合作，推动"广西制造"在东盟各国的惊艳亮相；与马来西亚旅游局开展的马六甲旅游宣传周活动相结合，彼此推广旅游资源等，从而进一步加强与东盟国家和地区的民心相通，为推动"一带一路"建设进一步夯实社会基础和民意基础。② 已成功举办13届的中国—东盟国际汽车拉力赛所具有的意义和影响与国家的倡议高度契合，该赛事不仅成为中国对东盟国家展示形象的窗口，也极大促进了东盟各国与中国在多领域的交流。③

而在加强中印尼体育人文交流的技术和知识分享方面，双方可以通过技术论坛、学术会议、讨论会等活动，加强技术和知识的分享。定期举行体育会议，这不仅使中国和印尼都有机会分享经验，而且有助于双方寻求进一步加强合作的机会。此外，双方还可以开展更多文化交流活动，以便增强双方的文化意识，加深彼此的了解。

最后，为了提高印尼民众对体育人文交流的重视程度，应增强印尼民众的健身意识，加强体育人文交流的宣传，以提高双方之间的交流水平。双方可以通过报纸、电视、网络等媒体，向印尼民众宣传健身的重要性，使印尼民众更加重视健身，从而提高双方的体育交流合作水平。此外，双方还可以

---

① 《广西壮族自治区体育局局长容小宁：抢抓机遇突出特色 促进与东盟体育产业合作发展》，中国国家体育总局，2021年1月11日，https://www.sport.gov.cn/n315/n14379/n14385/n14419/c574578/content.html。
② 《2019中国—东盟国际汽车拉力赛正式启动》，人民网，2019年8月22日，http://sports.people.com.cn/n1/2019/0822/c22177-31311725.html。
③ 《中国—东盟国际汽车拉力赛在探索中前行》，《中国体育报》2019年9月23日，第2版。

组织一些体育活动，以便更好地吸引印尼民众参与体育交流合作，增强双方的文化意识，加深彼此的了解。

结　语

借助东盟的平台，体育将增进中国和印尼的友谊，而体育赛事有助于中国和印尼共享合作红利。构建更加紧密的中国—东盟命运共同体的倡议为中国—东盟关系的长远发展指明了方向。2021 年 11 月，中国与东盟成员国举行特别峰会，纪念建立对话关系 30 周年，双方就深化体育交流达成共识。印尼将在 2023 年成为东盟轮值主席国，预计将做出更多努力，促进中国与东盟国家之间的体育和文化交流。2022 年 7 月，应中国领导人习近平的邀请，印尼总统佐科·维多多访华，他是北京冬奥会后中国接待的首位外国元首，中国也是佐科 7 月 25 日至 28 日东亚之行的首站。两国取得了更多务实合作成果。① 雅加达—万隆高速铁路建设就是其中一个重要的里程碑，截至 2022 年 6 月，全线 13 条隧道全部完工，为 2023 年 6 月建成通车奠定了坚实基础。二十国集团峰会期间，中国国家主席习近平在巴厘岛同佐科总统共同视频观摩雅万高铁试验运行。正如佐科总统 2022 年 7 月访华时所说，雅万高铁是"印尼快速发展的象征"，印尼愿同中方共同努力，使其成为"两国友谊的又一丰碑"。② 得益于"一带一路"倡议和"全球海洋支点"构想的对接合作，中国和印尼的双边关系得到了全面的发展。预计未来，两国人民可以乘坐高铁进行各方面交流。

现在，体育已经成为一种新的交流方式——从雅加达到杭州，不仅是亚运会的火炬传递，也是文化的传递和友谊的传递。2018 年，杭州从雅加达

---

① 马子倩：《北京冬奥会后中国接待首位外国元首 印尼总统佐科访华 两国合作更"接地气"》，中青在线，2022 年 7 月 28 日，http：//news. cyol. com/gb/articles/2022 - 07/28/content_ z3zzMHYZo. html。

② 《在印尼，这首雅万高铁的说唱歌曲火了》，新华网，2022 年 11 月 16 日，http：//www. news. cn/world/2022-11/16/c_1211701617. htm。

手上接过亚运会的火炬，举办 2022 年亚运会，正如王莲香在接受杭州亚运会采访时说的，她对杭州亚运会的期望是："我相信杭州会是一个伟大的东道主。"① 中国和印尼的体育人文交流合作将迎来更璀璨的未来！

---

① "Love Makes Legends —Susi Susanti", The 19th Asian Games Hangzhou 2022 Organising Committee, May 24, 2022, https: //www. hangzhou2022. cn/En/presscenter/spotnews/latestnews/ 202205/t20220524_49060. shtml.

中国与印度尼西亚农业人才交流合作：
动力、现状及推进建议

吴炫美[*]

摘　要： 农业人才交流合作是中国和印尼两国合作的重要领域之一。双方农业人才交流合作有助于中国农业"走出去"，实现互利双赢，促进印尼农业人力资源质量的提升以及中印尼命运共同体的建设。目前两国就农业人才交流合作构建了不同层次的机制与平台，通过农业技术交流、人才培训、试验示范等多种方式开展合作项目。但相关合作仍存在合作领域狭窄、组织协调不足以及复合型人才队伍缺乏等问题。未来两国农业人才合作应坚持发挥政府的主导统筹作用，激发多元主体参与活力，加快复合型农业人才培养与储备，通过数字经济赋能印尼乡村发展。

关键词： 印尼　农业　乡村发展

　　印尼作为东盟最大的经济体，是我国"一带一路"倡议中重要的支点国家，双方合作具有重要意义。农业在印尼的国民经济中占有重要的地位，农业部门肩负着减贫、促进农村发展和增进人民福祉的重任。印尼政府高度重视农业的发展，颁布和执行了一系列促进农业经济发展的利农政策。然而，农业基础设施薄弱、现代农业技术和经验的缺乏等因素制约着印尼农业

---

　　* 吴炫美，华中师范大学政治与国际关系学院硕士研究生。

和农村的现代化。其中，缺乏农业技术人才是当前印尼农业发展面临的最大问题。中印尼两国农业生产要素的互补优势、政治关系的不断深化使得农业合作具有良好的基础和极大的发展空间，农业人才作为农业合作的第一资源和支撑不可或缺。中印尼加强农业人才交流合作既能促进中国农业"走出去"，也是印尼突破农业和乡村发展瓶颈的有效途径之一。

一 中印尼开展农业人才交流合作的动力

2017 年，中国发布《共同推进"一带一路"建设农业合作的愿景与行动》文件，中印尼两国农业合作迎来了重大的历史发展机遇。2021 年，两国将原有的政治安全、经济、人文三个副总理级机制整合，建立中印尼高级别对话合作机制，人文交流机制的不断升级为深化双边农业人才交流合作搭建了更高层次、更宽范围、更广领域的平台。① 进行农业人才交流合作，不仅是推动两国农业合作与农村发展的需要，也是构建中印尼命运共同体的必要路径之一。

（一）中印尼农业人才交流合作有利于提升印尼农业人力资源质量

印尼农村地区人口密度低，耕作方式相对传统，生产规模较小，约70%农业从业者的受教育程度为小学及以下，农业发展水平较低。在城镇化和现代化发展的背景下，越来越多的印尼年轻人不再从事农业，农民平均年龄不断提高，阻碍了印尼农业和农村的发展。因此，印尼农业部将"提高农业人力资源质量"列入了 2020~2024 年印尼农业部的政策方向和发展重点，通过引进外来先进技术解决饥饿和贫困问题、保障粮食安全的愿望强烈。中国是农业大国，改革开放 40 多年来，中国在杂交水稻、热带作物、动植物疫病防控等领域形成了较为完整的农业技术和产业体系。中国也积极

---

① 孙晓萌、傅聪聪：《"四轮驱动"构筑中印尼人文交流合作新格局》，《神州学人》2022 年第 5 期，第 16 页。

同发展中国家建立农业合作区，与 140 多个国家和地区开展农业科技交流，向广大发展中国家推广农业技术 1000 多项，带动项目区农作物平均增产 30%～60%①，中国的农业发展经验、农业科技、资金市场等相对优势有助于印尼破除现阶段农业发展瓶颈，加速印尼农业和农村现代化进程。而两国文明的相似性，也使得双方的相关合作更具可行性。

（二）中印尼农业人才交流合作有利于中国农业"走出去"，实现互利双赢

加强与共建"一带一路"国家合作、积极支持有条件的农业企业"走出去"，是中国构建农业对外开放新格局，促进农业高质量发展的重要策略。2021 年中央 1 号文件明确指出：截至 2021 年 7 月，我国已成为世界第一农机制造大国和使用大国。② 印尼是棕榈、咖啡、烟草等作物的主要生产国，是我国在东南亚地区最大的投资地之一，印尼农机设备和农业技术人才匮乏使得在印尼投资生产的中资企业只能从国内进口农机设备和聘请大批农业管理及技术人员，这一方面提高了企业的生产经营成本，另一方面也引起当地人的不满，认为影响了当地人的就业机会。如印尼议会第四委员会议长德德·优素福（Dede Yusuf）认为，中国是借"一带一路"倡议让大量失业者去外国工作。③ 民间也有谣言称中国"一带一路"倡议打着合作共赢的旗号，实际上连工人都自己带来，是"新中国式殖民主义"的典型表现，要求印尼政府取消对中国人的免签政策。④ 要让印尼本土人才参与中资企业的

---

① 《王毅国务委员兼外长圆满完成印尼之行》，中国驻印度尼西亚大使馆官网，2022 年 7 月 13 日，http://id.china-embassy.gov.cn/chn/zgyyn/202207/t20220713_10719483.htm。

② 《手中有粮，心中不慌在任何时候都是真理》，《人民日报》2021 年 7 月 13 日。

③ "Ini Penyebab Ekspansi Tenaga Kerja Cina ke Indonesia"（《这是中国劳工涌入印尼的原因》），*Berita Jatim*（《东爪哇日报》），Desember 24，2016，http://m.beritajatim.com/politik_pemerintahan/285753/ini_penyebab_ekspansi_tenaga_kerja_cina_ke_indonesia.html，4 Januari 2017。

④ Isyana Artharin，"Berapa sebenarnya jumlah tenaga kerja asal Cina yang masuk ke Indonesia?"（《究竟有多少中国劳工进入印尼？》），BBC Indonesia，Desember 23，2016，http://www.bbc.com/indonesia/indonesia-38407825，4 Januari 2017。

建设，让两国合作带动当地就业，并减少中资企业的经营成本，两国农业人才培养合作必不可少。

（三）中印尼农业人才交流合作是构建中印尼命运共同体的路径之一

当前，新冠疫情反复，气候变化影响深远，自然灾害频发，局部地区冲突引发国际粮油市场波动，粮食安全面临严峻挑战。2022 年 7 月，习近平主席在与印尼总统佐科的会晤中提到："中国和印尼发展阶段相似，共同利益相连，理念道路相通，前途命运攸关。"① 两国元首确立起了共建中印尼命运共同体的大方向。中国和印尼都是地区性的农业大国，拥有丰富的农业资源，农业在国民经济中占比较大。我国在粮食安全保障、减贫、农业农村发展、南南合作等领域成果显著，积累了丰富经验，两国在这些领域的合作切合广大民众利益，是共建"利益共同体"和"命运共同体"的最佳纽带。"中国愿意在力所能及的范围内承担更多责任义务，在国际粮农治理体系建设中贡献中国智慧，与沿线国家分享中国经验，为全球农业发展和经济增长做出更大的贡献。"② 通过农业人才交流合作促进印尼乡村发展和振兴，助力实现联合国 2030 年可持续发展议程，推动两国命运共同体的构建。

二 中印尼农业人才交流合作现状

中国同印尼恢复外交关系以来，双方就农业人才交流合作构建了不同层次的机制与平台，在农业技术交流、人才培训、试验示范等方面，以各种形式进行多个领域的合作，达到两国农业合作的互利共赢。

（一）两国农业人才交流合作主体

目前，中印尼开展农业人才交流合作的主体主要有政府、企业和科研机

---

① 《习近平同印度尼西亚总统佐科会谈》，中华人民共和国外交部官网，2022 年 7 月 26 日，http://new.fmprc.gov.cn/web/zyxw/202207/t20220726_10728298.shtml。

② 《共同推进"一带一路"建设农业合作的愿景与行动》，中华人民共和国农业部官网，2017 年 5 月 12 日，http://www.moa.gov.cn/xw/zwdt/201705/t20170512_5604724.htm。

构，形成了"政府主导，企业和科研机构为辅"的合作格局。双方政府通过签订农业合作谅解备忘录、举办农业博览会和农业科技交流会议、互派农业人才来交流经验和探讨技术，陆续搭建了"中国—东盟农业培训中心""中国—东盟技术转移中心""南亚东南亚农业科技创新联盟"等农业科技交流合作平台，培养了大量的专业技术人才和应用型人才。一些农资企业作为投资主体，通过搭建农业合作园区促进农业新品种、新技术的示范推广。[1] 例如中国的农业科技企业先正达集团受印尼经济事务协调部邀请参与其"闭环农业计划"，在印尼爪哇岛、巴厘岛、苏拉威西岛等地为印尼农民定期免费提供从种植培训、施肥指导到销售推广的全流程服务。除线下服务外，该集团在云端举办了超9000场的教学培训活动，有效帮助印尼农民解决育种栽培、病虫害、农产品滞销等问题，受到了《雅加达邮报》等印尼媒体的关注。[2]中印尼两国的科研机构发挥自身研究特色与优势，互派教师与学生进行实地访问与培训学习，例如山东省农科院玉米研究所与印尼国家谷物研究所、中国热带农业科学院香料饮料研究所与印度尼西亚布拉维基亚大学农学院、南京农业大学与印尼玛琅国立大学都建立了稳定的合作关系。

随着一些中国企业和农业科研机构"走出去"的步伐不断加快，人才交流不仅限于政府对政府、企业对企业、科研机构对科研机构的互访，而是呈现多元主体互动的局面。比如山东省农科院玉米研究所与印尼和荣农业公司联合开展技术培训，协助该公司种植示范玉米面积超过 2000 hm^2，推广其自有品种1.1万 hm^2[3]；2019 年，中国热带农业科学院访问印尼农业部合作局和2家大型甘蔗农业公司，推动了中国热带农业科学院与印尼大型农业

① 邱书钦、王延青：《RCEP框架下中国与东盟农业科技合作的成效、问题及对策》，《"一带一路"与中国—东盟合作发展研究》2021年第1辑，第46页。
② 《推动国际合作 维护粮食安全（全球与共·全球发展倡议）》，《人民日报》2022年6月14日。
③ 赵苏娴等：《中国—印尼玉米产业科技合作进展及展望》，《中国农学通报》2020年第27期，第52页。

公司在热带农业科技领域的全方位、多领域交流与合作①。

（二）两国农业人才交流合作机制

目前两国农业人才交流合作主要在两个层面的机制下开展。一是多边机制下的合作。自 2002 年《中国—东盟农业合作谅解备忘录》签署后，中国与东盟的农业合作开始逐步加速发展。在此背景下，双方通过农业技术交流、人才培训、试验示范等多种方式开展多领域的积极合作。② 随后，《落实中国—东盟面向和平与繁荣的战略伙伴关系联合宣言的行动计划》也将举办农业技术和管理培训班、建立农业技术示范农场、促进专家交流和加强人力资源开发合作作为农业合作的重点领域。在泛北部湾经济区合作、中国—东盟"10+1"农业合作机制等多个合作机制，以及中国—东盟博览会、中国—东盟技术转移与创新合作大会、南亚东南亚农业科技创新联盟等多个平台的支持下，截至 2018 年，中国累计向东盟国家派出 400 多名专家和技术人员进行技术推广工作，举办 800 余期农业技术培训班。③

二是双边机制下的合作。中国和印尼主要通过签订的农业合作谅解备忘录以及农业科技合作协议进行技术交流，利用人文交流机制进行农业人才的互访。同时，高层频繁互动也为人才合作带来更多平台与机会，两国农业部门负责人多次进行访问与会谈。在高层的推动下，2017 年中国—印度尼西亚科技创新合作论坛成立，双方搭建了中印尼生物技术联合实验室、中印尼技术转移中心，有力地推动了技术攻关，促进了双边农业的创新发展。④

---

① 《中国热带农业科学院代表团赴印度尼西亚深化交流合作》，《世界热带农业信息》2019 年第 10 期，第 1 页。
② 王永春、王秀东：《中国与东盟农业合作发展历程及趋势展望》，《经济纵横》2018 年第 12 期，第 90 页。
③ 《中国—东盟农业合作"提质升级"创新凸显活力》，中国新闻网，2018 年 9 月 16 日，https://baijiahao.baidu.com/s? id=1611775669265695419&wfr=spider&for=pc。
④ 《中印尼科技创新合作论坛在雅加达举行》，云南省商务厅官网，2017 年 12 月 11 日，https://swt.yn.gov.cn/articles/17370。

（三）两国农业人才交流合作形式

近年来中印尼农业人才交流合作形式不断创新，主要包括农业产业园区、联合示范项目、人才培训班、交流研讨会等。境外农业产业园区是由政府引导、企业参与的农业国际合作新形式，有助于整合政府和企业资源优势，发挥集聚效应。例如，天津聚龙集团按照"一区多园、合作开发、全产业链构建"模式，开发建设以农业开发、精深加工、收购、仓储物流为主导的农业产业园区，初步形成以油棕为主产业及相关产业链配套的集群式发展和产业聚集的重要平台，大规模起用、系统培训印尼员工，自2015年来累计吸纳就业9000余人。[1] 两国也联合开展了许多人才交流项目。2019年，由中国农业农村部国际交流服务中心承办的印尼农村管理研修班在北京举行，印尼派遣了1000名农村管理者和农村企业代表赴中国研习农村发展经验，研修班为印尼农村管理者和村企代表提供了可复制的乡村发展范本。[2]

（四）两国农业人才交流合作领域

中国与印尼农业人才交流合作领域不断拓展，主要集中在以下几个领域。首先是粮食领域。粮食安全是中印尼两国最重要的农业议题，双方紧扣提高粮食产量的目的，开展了杂交水稻、玉米等粮食作物的种植、提纯、示范推广、商业化生产、技术人员培训、疾病防控等方面的一系列交流合作，在印尼试验的杂交水稻种植示范组合相比当地品种实现大幅增产。随着互联网和数字经济飞速发展，中印尼的农业人才交流合作也逐渐向高新技术领域扩展。在智慧农业领域，2017年，洛克希德（武汉）无人机科学研究院向

---

[1] 《2018"一带一路"境外农业产业园区建设创新案例中国·印尼聚龙农业产业合作区》，《世界热带农业信息》2018年第12期，第57页。

[2] 王勇辉：《印度尼西亚农业》，中国农业出版社，2021，第216页。

印尼推广无人机喷洒有机化肥和农药技术。[①] 天津市东丽区职业教育中心学校在波诺罗戈市第二职业技术学校建立印尼第一家鲁班工坊，重点教授无人机技术等，工坊运营以来，学校新生规模扩大到千人以上，毕业生就业率稳步提升，学生里瓦说："现代技术对推动农业发展具有重要作用，我们很珍惜这样的学习机会，希望新技术能助力印尼农业生产实现更加高效和精细化发展。"[②]

三 中印尼农业人才交流合作之不足

中印尼农业人才交流合作虽然取得了一定成效，但仍存在一些不足，主要体现在合作领域、组织协调以及人才队伍建设等方面。

（一）合作多集中于生产技术领域，其他方面人才交流合作不足

现阶段中国与印尼的农业人才交流合作主要表现为中国对印尼进行农业技术援助、技术培训以及技术展示，农业技术又主要集中于优良作物品种培育、种植技术示范及疫病防治方面。这些合作为印尼农业产能的提高发挥了较大的作用，但对于印尼农村全面发展和农民能力全面提高仍是不够的。我国在《共同推进"一带一路"建设农业合作的愿景与行动》中提出："加强以农民为主体的能力建设和民间交流，共同开展'一带一路'沿线国家农民职业教育培训，提高农民素质以及农民组织化水平，增进沿线国家间交流互信。加强'一带一路'沿线国家企业之间交流合作，共建跨国经营管理人员培训基地，培养复合型跨国经营管理人才。"[③]显然，目前中印尼两国在农民的职业教育、农业经营管理人才培养方面的合作未能有效开展。

[①] 陈仕玲、叶明霞、蒋辉：《中国与东南亚国家农业合作的战略空间与展望》，《农业展望》2020年第12期，第134页。

[②] 《印尼农业科技人才："我们很珍惜这样的学习机会"》，光明网，2021年1月4日，https://m.gmw.cn/baijia/2021-01/04/1301997675.html。

[③] 《共同推进"一带一路"建设农业合作的愿景与行动》，中华人民共和国农业部官网，2017年5月12日，http://www.moa.gov.cn/xw/zwdt/201705/t20170512_5604724.htm。

（二）缺乏统筹协调，人才交流体系建设不完备

完善的工作机制和制度保障是人才交流合作和可持续发展的基础。前文提到，中印尼的农业人才交流合作机制和主体多种多样，项目数量多，涉及面广，但是缺少一个统一的信息集成和规划平台，在人才选拔标准、培训流程、权益保障和后续管理等方面，都没有统一的制度规范。此外，农业技术的应用和推广是一个周期，在印尼，技术经常在专家离开后变形，出现"专家走技术无"的现象。要通过国内外联合培训、远程培训、梯队化管理等方式，建立高效的培训和跟踪评估体系，不断完善人才供应链和储备库，使培训成果切实落地。目前，在印尼的中资企业及产业园中的管理及技术人才仍多为中国人，人才本土化率不高，不利于技术的传播。

（三）人才队伍不完备，复合型人才数量不足

"走出去"的人才不仅需要具备良好的专业能力，还需要精通印尼语，了解印尼农业发展状况，更要能吃苦耐劳，有较强的综合素质。当前，大多数人才合作项目主要采取"项目管理人员+农技人员+翻译"的初级人才配套模式，这需要三倍的人力资源支撑，[①]造成合作人员冗余，使得人力成本较大，合作交流也受到限制，效率低下。根据印尼农业部的数据，在印尼1.4亿农民当中有80%的人年龄在45岁或45岁以上，农民群体受教育程度低，学习中文或英语的困难较大。因此，要建设一批以中青年为主体，有经验且懂印尼语的"懂技术、能沟通、精运作"的素质过硬的复合型人才队伍[②]。然而，农业人才一般由农业专业院校培养，开设印尼语专业的农业院校在中国几乎没有，中国需要整合相关教育资源，面向印尼农业开设特色人才培育项目。

---

① 郭昕：《回顾与展望：中国——东盟农业合作现状、问题与建议》，《中国-东盟研究》2018年第4期，第62页。
② 李斐、杨枝煌：《中国—东盟农业合作提升战略》，《国际经济合作》2016年第10期，第36页。

四 推进中印尼农业人才交流合作的建议

面向更加紧密的"中印尼命运共同体"，未来中印尼的农业人才交流合作应坚持发挥政府的主导统筹作用，激发多元主体参与活力，加快复合型农业人才培养与储备，通过数字经济赋能印尼乡村发展。

（一）系统布局，发挥政府的主导统筹作用

发挥现有双边高层合作机制在推进农业人才交流合作中的引导和服务作用，充分利用中国—东盟（10+1）、东盟与中日韩（10+3）等机制开展多层次、多渠道沟通磋商，签署农业合作备忘录或编制农业合作规划，推动建立更多高水平、常态化农业合作机制，促进中印尼农业人才在各领域务实合作。充分利用重大会议论坛资源，分享农业农村发展理念和经验，为人才交流提供契机，为服务乡村振兴发展搭建务实平台。进一步探索与联合国粮农组织、世界粮食计划署、农发基金等机构及其他多边组织和发达国家开展三方合作，共同为印尼农业发展和乡村振兴做出努力。同时，中国政府要加强顶层设计和制度建设，协调各主体开展的人才交流活动，制定和完善人才管理办法来保障交流实效和保护人才权益。[①]

（二）加强协作，激发多元主体参与活力

首先，建立政府、企业和科研机构协同发展的多元合作主体协作体系。强化政府宏观指导、政策引导、管理监督和公共服务的作用，充分发挥各类企业的主体作用和市场在资源配置中的决定性作用以及高校作为农业人才的孵化器作用，促进企业实践与政府服务有效对接，支持农业科研机构和院校开展国际合作，激发多元主体参与两国农业人才交流合作的活力，从而培育

---

① 王荧、沈志忠：《日本农业"走出去"人才体系建设及对我国的启示》，《农业考古》2021年第3期，第210页。

合作的新优势与新动能。其次，发挥中央和地方协同作用。中央政府作为主轴，发挥各地方政府的优势，支持如广西、海南等与印尼合作历史久、基础好的省份开展人才交流项目，将技术合作、人员培训、示范园区搭建等手段密切结合，提升人才合作总体效果。在将农业对外合作与农业对外投资贸易等方式密切结合，提高农业合作效益的同时，带动中国技术、产品、产能"走出去"。最后，线上线下人才交流合作相结合。除传统的线下交流培训，充分利用现代信息技术手段搭建人才交流信息化平台，开展灵活便捷的在线培训，既能减少疫情下人员往来的风险与不便、节省人力资源成本，又能建立人才在线档案库，及时进行长效双向反馈，减少"专家走技术无"现象。

（三）对称需求，加快复合型人才培养与储备

在中国人才选派方面，要创新人才培养机制，整合高校与科研机构中的农业、印尼语与管理学等优质教育资源，打破学科壁垒，成立复合型人才培养联盟。不仅要重视农业技能与农学教育，更要重视语言和人文通识课程的设置，协同提升农业人才的专业水平、外语水平与综合素质。尝试"校企互动"式的合作办学模式，以印尼需求为导向，结合在印尼投资办厂的企业对人才培养的要求和建议，有针对性地在学生的农业科学技术运用、语言表达沟通能力、社会交际能力、外语应用能力等方面加大培养力度，增强其"走出去"的能力。[①]

在印尼本土农业人才培育方面，继续通过农业技术交流与培训提高粮食作物产量，保证粮食安全。同时要加强第二、第三产业相关技能培训，使农民适应农业技术的不断进步和产业链的不断延伸，培养一批乡村工匠、农机技师、电商达人，从而提升农民技能竞争力，拓宽农民就业渠道，并为乡村其他产业储备大量的本土化人才，促进乡村产业融合发展。[②] 特别是要加强印尼农业管理人才的培养，用当地的管理人才去开展当地农民能力的建设必

---

① 吴文良、薛海波：《"一带一路"建设与农业跨国经营人才培养》，《中国大学教学》2017年第9期，第38页。

② 陈艳红：《乡村振兴战略下新型农民职业培训研究》，《教育与职业》2022年第10期，第87页。

将起到事半功倍的效果。此外，授人以鱼不如授人以渔，通过开办"田间学校"进行农民职业教育培训，从田间学校毕业的"农民技术员"可以成为辅导其他农民的本土化人才资源①，实现"传帮带"效应，从而提升印尼农业自我造血的能力。

（四）创新驱动，利用数字经济赋能印尼农村发展

在继续做好传统的农业人才交流合作项目外，需根据新形势进一步拓展新领域，如大力推进数字农业、跨境电商等新业态发展，并在此领域加强人才培养合作。人口总量超过 2.7 亿的印尼是东南亚最大的电商市场，2022年印尼电子商务交易额达 590 亿美元，排名世界第九。RCEP 中的电子商务章节首次就跨境信息传输及数据本地化等议题达成共识，为区域内电子商务合作提供制度保障。协定下，多数商品将适用较低税率，采取简化的海关程序，这将提升物流通关效率，有利于破除贸易壁垒，为两国的跨境电商发展创造新机遇。2018 年李克强总理对印尼进行访问，提出支持中印尼两国在电子商务和互联网经济等新兴领域合作，印度尼西亚驻华大使周浩黎也表示期待中国助力东盟数字经济发展。② 中国在跨境电商和农村电商领域已经形成了成熟完整的产业链，目前，阿里巴巴、腾讯、京东等多家互联网企业已经进入印尼市场③，第 17 届东博会农业展已尝试采用"直播带货"的新营销模式，引入农业电商平台、农业大数据机构等，利用数字化为中国—东盟农业合作赋能，发挥数字经济对于乡村振兴的增收、节支和提能作用。中国可为印尼在数字人才培养方面多做贡献。

"致天下之治者在人才。"习近平在党的二十大报告中指出教育、科技、人才是全面建设社会主义现代化国家的基础性、战略性支撑，强调"必须

---

① 吴崇伯：《印尼农业发展成就、政府扶助农业的主要政策措施及存在的问题》，《南洋问题研究》2009 年第 1 期，第 8 页。

② 白波：《印尼驻华大使周浩黎：中国和东盟的关系是如此重要》，北晚在线，2022 年 7 月 15 日，https：//www.takefoto.cn/news/2022/07/15/10118104. shtml。

③ 李宁：《互利合作，中印尼同向远方》，中国商务新闻网，2022 年 7 月 24 日，https：//www.comnews.cn/content/2022-07/14/content_12909.html。

坚持科技是第一生产力、人才是第一资源、创新是第一动力"。① 农业人才交流是实现中国与印尼农业合作的有效形式和途径，其直接关系到民生福祉，最能促进民心相通，具有良好的政治效益、经济效益和社会效益。中国应结合印尼当地的资源和技术实际，拓展农业人才交流的范围和内容，将中国先进的农业生产技术和经验推广到印尼，实现农业技术合作与投资同步推进。在新时代，通过农业人才交流合作带动印尼农业稳产增产、农民稳步增收、农村稳定发展，推动中印尼合作向更高水平迈进，促进中国—印尼命运共同体的构建。

---

① 《习近平：高举中国特色社会主义伟大旗帜 为全面建设社会主义现代化国家而团结奋斗——在中国共产党第二十次全国代表大会上的报告》，中国政府网，2022 年 10 月 25 日，http：//www.gov.cn/xinwen/2022-10/25/content_5721685.htm。

附　　录

中国与印度尼西亚人文交流大事记
（2022）

周容姜*

　　1月8日　印度尼西亚三一一大学孔子学院联合韩国延世大学孔子学院、延世大学中国研究院联合举办"巴蜀文旅国际大讲堂"活动的第一期，本期活动主题为"走进天府名县阆中"，通过线上方式进行。

　　1月22日　由印度尼西亚雅加达华文教育协调机构和重庆市教育国际交流协会主办的中国—印尼少年新春"云联欢"活动在渝北区青少年活动中心举行。中方少年儿童在主会场全球网络同步直播，来自印尼的小朋友也首次通过网络互动参与中国的联欢活动。

　　1月24日　由中国企业承建的印度尼西亚万隆高速公路三期项目在万隆附近的工程现场举行通车典礼。印尼西爪哇省省长里德万表示，项目通车后将极大改善万隆地区的交通状况，促进当地的经济发展。

---

　　*　周容姜，华中师范大学政治与国际关系学院硕士研究生。

2月1日 春节来临之际，印度尼西亚数位领区政要发来视频，祝福中国人民和印尼华人春节快乐，祝愿中印尼友好关系不断深化。

2月3日 印度尼西亚三一一大学孔子学院在印尼中爪哇省梭罗市举办"庆春节 迎冬奥"文化活动，庆祝中国新年到来，喜迎北京冬奥会。

2月9日 中国国防部向印尼国防部提供的新冠疫情防控物资于今日交付印尼方，此举有利于推动国际抗疫合作。

2月15日 2022年汉语桥线上团组项目"遇见中国，心动广西"桂林营在广西桂林旅游学院开营，来自印尼特里莎克蒂旅游学院的147名师生参加活动。

2月17日 中银香港雅加达分行联合印尼中华总商会成功举办"2022市场展望及印尼—中国双边本币结算机制最佳实践"线上研讨会。活动旨在增进印尼企业对中印尼双边本币结算机制的了解，充分发挥其优势，助力两国企业合作，共享中国发展机遇和广阔市场。

3月4日 朱明冬＆周渊基金会向雅加达一家专门救助新冠患者的民间公益机构捐赠了价值110万元人民币的抗疫药品，用于救治感染新冠病毒的中印尼两国患者。

3月5日 福建高校开设包括印尼语在内的多门课程，以服务于中国—印尼"两国双园"项目，力图满足园区的人才需求。

3月8日 中国第25批赴刚果（金）维和工兵分队与印度尼西亚维和部队快速反应营举行竣工仪式，热烈庆祝瓦伦古营区扩建工程圆满完成。竣工仪式上，印尼快反营指挥长高度赞扬中方维和官兵并向他们表示衷心的感谢。

3月11日 中企印尼德龙工业园与印尼国家警察安全维护局签署安全战略合作协议，标志印尼国家警察机构将为该"一带一路"建设重点项目保驾护航。

3月22日 印尼三一一大学中文与中国文化系成立揭牌仪式举行，顾景奇总领事应邀线上出席并致辞。仪式由印尼三一一大学与中国西华大学联合举办，两校校长及其他主要领导出席上述活动。

4月7日 位于印尼雅加达的彩电生产基地 PT. GAS 工厂举办了开工投产仪式，中国企业"海信"自主技术兴建的彩电基地在印尼正式投产。

4月8日 由中国教育部中外语言交流合作中心、中国—东盟中心、印度尼西亚驻华大使馆共同主办的 2022 印尼"中文+职业技能"本土师资培训在线上举办，以满足印度尼西亚职业院校在职教师"中文+职业技能"的学习需求。

4月8日 成都市人民政府外事办公室、成都市教育局联合中国驻泗水总领馆、中国驻胡志明市总领馆共同举办以"留学成都"为主题的在蓉高校与奖学金政策海外宣讲会。宣讲会采用视频会议形式，共 11 所在蓉高校面向印尼、越南参会师生介绍招生与奖学金政策。

4月20日 由中国驻印尼使馆和阿拉扎大学孔子学院联合主办的"国际中文日"庆祝活动在阿拉扎大学举行。活动中，该校学生们表演了大合唱、太极拳、古筝、京剧和现代舞等极具中国特色的节目。

4月23日 驻印尼使馆与印尼最大的穆斯林群众组织伊斯兰教士联合会安梭青年团以线上线下结合方式联合举办共同开斋暨慈善捐助活动。

4月26日 中国驻印尼大使陆慷代表中国政府向印尼国家研究创新署署长、印尼科学院前院长汉多科博士颁授 2021 年度中国政府友谊奖奖章和证书。

4月29日 开斋节前夕，中国驻泗水总领馆向泗水印尼哈夷郑和基金会捐赠 500 个斋月爱心包。在泗水郑和清真寺，中国驻泗水总领馆与郑和基金会以视频方式联合举办云捐赠仪式，《爪哇邮报》、TV9 电视台等媒体对活动进行了报道。

5月13日 "孔子学院在'一带一路'倡议中的角色"院长国际论坛在印尼三一一大学孔子学院举办。通过线上线下结合的方式，西华大学副校长费凌教授，三一一大学副校长夏启丹教授，6 位来自印度尼西亚、菲律宾、阿富汗和斯里兰卡等共建"一带一路"国家孔子学院的中方和外方院长以及合作院校领导和部分学生代表参与此次论坛。

5月24日 2022 年"华文创想曲"海外华裔青少年创意作文大赛全球

启动仪式在江苏南通举行。活动旨在鼓励世界各地的青少年朋友们学习、使用中文。来自印尼、美国、西班牙、澳大利亚等国的政府代表或教育人士参加了启动仪式。

6月1日 印尼阿拉扎大学孔子学院同中国福建师范大学共同举办线上庆端午主题活动，来自该孔院的120余名师生参加了活动。

6月2日 第17届中国—东盟文化论坛在广西北海举行，来自中国、印尼、泰国、柬埔寨、马来西亚等国家文化部门官员及相关人士通过线上线下相结合的方式参加了此次论坛。

6月12日 40余家印尼中资企业和单位的121名男女羽毛球爱好者在雅加达FKS羽毛球馆决出了印尼中国商会总会"德龙杯"第十一届羽毛球赛女单、男单、混双、男双四个项目冠亚军。

6月14日 第53届印尼雅加达博览会在马腰兰国际展览中心举办，中国品牌产品和服务在近3000家企业展示中脱颖而出。

6月15日 由印尼央行西爪哇省代表处主办的2022年西爪哇产业会议在该省首府万隆市举行，中国银行雅加达分行作为唯一一家外资金融机构受邀参加。

6月21日 雅万高铁2号隧道贯通仪式举行，陆慷大使出席并致辞，中印尼高铁合资公司（KCIC）董事长德维亚纳和KCIC中印尼董事及雅万高铁承包商联合体、中国中铁、中国电建等项目负责人参加。

6月23日 由中印尼高级别对话合作机制印尼方秘书处主办的印尼—中国商业伙伴论坛举行。印尼海洋与投资统筹部部长卢胡特、海洋渔业部部长瓦赫尤、卫生部副部长丹帝，以及在印尼的中资企业、印尼商界和媒体代表等200余人参加。

6月24日 第21届"汉语桥"大学生、第15届"汉语桥"中学生和第2届"汉语桥"小学生世界中文比赛印尼赛区总决赛颁奖典礼在线成功举行。活动由中国驻印尼使馆主办，雅加达华文教育协调机构和阿拉扎大学孔子学院联合承办。

6月27~30日 "合志同方共话未来——红西凤走进大使馆"系列活

动在京成功开展。27 日下午，陕西西凤酒股份有限公司副总经理高洪涛、品牌管理部部长姜承辉一行到访印度尼西亚大使馆，与印尼驻华大使周浩黎进行了深入的沟通交流，积极寻找文化共通点。

6 月 28 日 驻登巴萨总领事朱兴龙应邀出席西努省龙目基督真理学校"汉语拼音培训"开班式并致辞。此次活动承办方湖南科技职业学院和印尼华文教育联合总会有关负责人及中文教师 192 人在线参加。

6 月 29 日 中工国际工程股份有限公司与印度尼西亚公共工程与住房部在雅加达签署杰那拉塔大坝建设项目商务合同。该项目是近年来中印尼两国政府间合作框架下的首个涉及民生的项目，使用中国优惠买方信贷资金。

6 月 29 日 印尼首届全国中学校长及本土中文教师论坛在雅加达举行。中国驻印尼大使馆文化教育参赞周斌、印尼驻中国大使馆教育文化参赞苏亚德、中国福建师范大学副校长陈庆华线上出席并致辞。

7 月 12 日 浙江—印度尼西亚新能源与医疗健康产业对接会在浙江杭州举行。聚焦新能源与医疗健康产业，浙江与《区域全面经济伙伴关系协定》（RCEP）区域重要经济体印度尼西亚开展洽谈对接，共探合作新机。

7 月 12 日 中国驻棉兰总领馆与襄阳市政府联合举办"疫情下海外务工人员心理调适"视频辅导讲座，张敏总领事、襄阳市龙小红副市长出席并发表讲话，付爱民副总领事主持会议。领区主要中资企业负责人及员工代表等与会。

7 月 18 ~ 19 日 由中铁高铁电气装备股份有限公司子公司保德利生产制造的 439687 套件中国标准"简统化"接触网装备从天津港、青岛港发往印度尼西亚丹戎不碌港，助力印尼雅万高铁建设。

7 月 24 日 由印尼雅加达华文教育协调机构承办的 2022 年"文化中国·水立方杯"中文歌曲大赛印尼赛区总决赛在雅加达莱佛士学校 PI 校区采用线上线下相结合的方式顺利举行。

8 月 3 日 印尼阿拉扎大学孔子学院举办该院印尼警察学院教学点学员结业仪式。20 名优秀警察学员参加仪式，印尼警察学院教师表示，学校一直重视学员们的中文学习，自与孔子学院合作开展中文教学活动以来，警官们都踊跃参加。

8月8日 五菱印尼首款电动汽车 Air EV 下线仪式在西爪哇省勿加泗市五菱工厂举行。中国驻印尼大使陆慷、印尼经济统筹部部长艾尔朗加、工业部部长阿古斯等出席。

8月27日 "汉语桥"俱乐部雅加达站和印尼雅加达华文教育协调机构举办的"喜迎中秋"中华文化体验活动通过线上线下相结合的方式举行，近200名印尼华文教育界人士、大中学生和家长参加。

8月31日 印尼制造业投资峰会在雅加达举行。此次峰会旨在宣传印尼的各项投资优惠政策，促进印尼制造业的发展并推广优质工业园区，为园区招商引资；同时帮助中国企业了解在印尼设立工厂的落地流程与手续，提高企业落地效率。

9月2日 中国江西省和印尼巴厘省视频交流会举行，近年来，两省在团组互访、中文教育、人文交流等方面展开了一系列务实合作。

9月10日 印尼丹戎布拉大学孔子学院在该大学汉语言中心举办了主题为"悠悠月饼香，浓浓家国情"的中秋节活动。该校孔子学院中方院长及副校长出席，双方表示希望中印尼各方携手合作，共同促进两国友好往来，并祝中秋节活动圆满成功。

9月11日 苏北华社联谊会举办中华传统文化暨美食节活动，共庆中秋佳节。活动中潮州公会、客属联谊会等社团带来的中文歌曲、古筝、街舞等才艺表演吸引了近500人参加。此举为弘扬中华传统文化、深化中印尼友好交流做出贡献。

9月15日 由印尼工商会馆中国委员会主办的中秋联欢活动顺利举行。陆慷大使和印尼政法安统筹部部长马福德、贸易部部长祖尔基弗利、国企部部长艾瑞克及工商会馆中国委员会主席博伊等出席活动。

9月26日 印尼茂物莎华丽野生动物园举办大熊猫抵印尼五周年纪念活动。陆慷大使、环境林业部遗传和物种多样性保护司司长英德拉、印尼各界人士及媒体代表等出席。

10月22日 由印尼阿拉扎大学孔子学院和印尼书法家协会联合主办的

"2022 传承书法——全国书法比赛决赛仪式暨书法展览"在印尼阿拉扎大学礼堂举行。活动旨在带动更多的印尼朋友领略汉字的美妙和中国文化的丰富内涵，进一步深化两国人民的友好交流。

10 月 26 日 印尼独立校园独立校园教育文化交流系列活动在印尼丹戎布拉大学举行。活动中，中国文化展区内独具中国特色的展品受到众多参与嘉宾的喜爱与欢迎。

10 月 28 日 工银印尼联合银联国际成功发布印尼境内首张银联三币种借记卡产品，为中印尼两国"一带一路"倡议合作发展和中印尼两国人员往来提供了便利。

11 月 2 日 印尼阿拉扎大学孔子学院开展阿拉扎孔院海信基金捐赠仪式。此举有助于印尼学生学习中国文化，该校校长表示，希望海信印尼公司与阿拉扎大学开展多方面的合作。

11 月 4 日 中国驻棉兰总领馆开展物资捐赠活动，通过领区 10 个宗教团体、伊斯兰教学校向受自然灾害和疫情等影响的困难民众捐赠基本生活物资。

11 月 7 日 "2022 视听中国·优秀视听节目印尼展播活动"在雅加达启动，来自两国的多家影视制作和传播机构共同见证《山海情》《三十而已》等优秀中国影视作品在印尼的落地播出，达成拍摄制作意向，并现场观看了优秀中国影视作品视频合集。

11 月 8 日 由环球网和中国驻印度尼西亚大使馆主办的中国—印尼"Z世代"对话专场活动在线上和线下同时举办。活动当天，中印尼两国青年代表在"全球卫生治理、亚洲共同发展、数字化转型、能源转型"四个议题上展开讨论。

11 月 10 日 于本月 2 日从浙江舟山启航，执行"和谐使命–2022"任务的中国海军"和平方舟"号医院船抵达印尼雅加达北区丹戎不碌港，开始为期 8 天的友好访问。其间，"和平方舟"号医院船为印尼当地民众、华人华侨等开展门诊常见病、多发病诊治，视情开展所需手术治疗和住院治疗等医疗服务。

11月11日 华人华侨产业交易会（简称"侨交会"）"2022智能科技展"在印尼首都雅加达国际展览中心开幕。此次侨交会聚焦智能科技领域，通过链接中印尼两国科创产业资源和资本，将搭建起基于电商服务的供应链采销平台，以及基于科创产业的企业孵化与服务平台，深入产业链、供应链、营销链聚拢资源，为两国企业提供切实高效的服务。

11月11日 由中国食品土畜进出口商会和印尼棕榈油协会等行业协会共同主办的中印尼农产品贸易促进活动在京召开。在中印尼双方领导的见证下，中国食品土畜进出口商会与印度尼西亚棕榈油协会、印度尼西亚植物油行业协会及印度尼西亚食用油行业协会等8家印尼农产品协会签署合作协议。

11月12日 印尼"学中文·走进汉语桥"线上活动顺利举行，来自印尼各地的近400名师生相聚云端，共研共学。

11月18日 中国银联下属子公司银联国际与印尼国家银行签署合作协议，推动印尼银联受理网络进一步完善。印尼国家银行旗下所有线下商户将支持银联卡、银联手机闪付，当地主要电商也将受理银联卡。印尼银联卡受理覆盖率将提升至95%，其中超半数支持银联移动支付服务。

11月24日 中国驻棉兰总领馆联合苏北省警察厅向当地受自然灾害和疫情等影响的困难民众捐赠基本生活物资。

12月12日 中国（金华）—印尼经贸洽谈会在雅加达举行。这是中国对新冠疫情防控政策调整以来，浙江首个经贸代表团到印尼举办线下活动。参加当天洽谈会的有20多家来自金华地区的企业和20多家印尼企业。

12月13日 中国（宁波）—印尼经贸洽谈会在印尼雅加达举行，宁波贸促会和国际商会在洽谈会上推广"甬通全球"——RCEP贸易促进计划。

12月14日 中国驻印度尼西亚大使馆向雅万高铁沿线部分学校和清真寺捐赠物资，当地学校、清真寺代表及中印尼高铁合资公司、雅万高铁承包商联合体、中国企业等代表出席了交接仪式。

12月14日 2022年度"中国总领事奖助学金"线上颁发仪式举行。印尼三语学校协会、东爪哇省华文教育统筹机构负责人和来自领区17所当地学校的领导教师及 50 名奖助学金获得者参加。

12 月 16 日　印度尼西亚中国商会总会 2022 年会员大会暨第八届理事选举大会在雅加达隆重召开，200 多家会员企业代表参会。陆慷大使应邀出席并致辞。

12 月 27 日　中国驻棉兰总领事张敏向北苏门答腊省省长艾迪移交广东省捐赠的呼吸机。印尼华裔总会执行主席黄印华等出席活动。

图书在版编目（CIP）数据

中国与印度尼西亚人文交流发展报告. 2023 / 韦红，
刘明周主编；陈菲副主编. -- 北京：社会科学文献出
版社，2024.1
ISBN 978-7-5228-2905-0

Ⅰ.①中⋯　Ⅱ.①韦⋯　②刘⋯　③陈⋯　Ⅲ.①文化交
流-研究报告-中国、印度尼西亚-2023　Ⅳ.①G125

中国国家版本馆 CIP 数据核字（2023）第 232515 号

中国与印度尼西亚人文交流发展报告（2023）

主　　编／韦　红　刘明周
副 主 编／陈　菲

出 版 人／冀祥德
责任编辑／仇　扬
文稿编辑／邹丹妮
责任印制／王京美

出　　版／社会科学文献出版社·当代世界出版分社（010）59367004
　　　　　　地址：北京市北三环中路甲 29 号院华龙大厦　邮编：100029
　　　　　　网址：www. ssap. com. cn
发　　行／社会科学文献出版社（010）59367028
印　　装／三河市尚艺印装有限公司

规　　格／开　本：787mm×1092mm　1/16
　　　　　　印　张：13.5　字　数：204千字
版　　次／2024 年 1 月第 1 版　2024 年 1 月第 1 次印刷
书　　号／ISBN 978-7-5228-2905-0
定　　价／158.00 元

读者服务电话：4008918866